中国企业品牌国际化路径研究

跨国并购视角

谌飞龙◎著

ZHONGGUO QIYE PINPAI
GUOJIHUA LUJING YANJIU

图书在版编目（CIP）数据

中国企业品牌国际化路径研究：跨国并购视角 / 谌飞龙著 . —北京：企业管理出版社，2019.12

ISBN 978-7-5164-2094-2

Ⅰ. ①中… Ⅱ. ①谌… Ⅲ. ①企业兼并 – 跨国兼并 – 研究 – 中国 Ⅳ. ① F279.214

中国版本图书馆 CIP 数据核字（2019）第 299468 号

书　　名：中国企业品牌国际化路径研究：跨国并购视角
作　　者：谌飞龙
责任编辑：刘一玲　崔立凯
书　　号：ISBN 978-7-5164-2094-2
出版发行：企业管理出版社
地　　址：北京市海淀区紫竹院南路17号　　邮　　编：100048
网　　址：http://www.emph.cn
电　　话：编辑部 (010) 68701322　发行部 (010) 68701816
电子信箱：80147@sina.com　zbs@emph.cn
印　　刷：北京虎彩文化传播有限公司
经　　销：新华书店
规　　格：710毫米 × 1000毫米　16开本　15印张　200千字
版　　次：2019年12月第1版　2019年12月第1次印刷
定　　价：45.00元

前言

21世纪初，全球爆发金融危机后，美国、日本、欧洲发达国家和地区的企业遇到经营困难，中国企业顺势而为、抓住机会开展大规模的跨国并购活动，既帮助美国、日本及欧洲企业走出困境，也为自己获得了先进技术和海外市场。

由于发达国家市场对中国产品“低廉”的刻板印象存在，中国企业在自创品牌国际化道路上艰难前行之后选择跨国并购进入对方市场，这是一种现实选择，它具有鲜明的时代特征。本书选择吉利汽车、雅戈尔、珠江钢琴、西王食品、好孩子、海尔、中国化工、华为等企业跨国并购（或股权境外投资）活动，先采用单企业案例连续事件分析方法对各企业跨国并购案例展开深度分析，并对各企业案例进行开放式编码，然后利用主轴编码、选择性编码等手段，结合研究的“故事线”，构建跨国并购视角品牌系统国际化的基本路径模型，帮助理解并解释跨国并购后企业品牌国际化行为，并将之理论化、概念化。

中国企业家们通常会把跨国并购而来的品牌称为自有品牌，认为并购国际品牌后就实现了企业品牌国际化。与发达国家具有先发优势的企业开展跨国并购不同，中国企业的“逆袭并购”以横向并购为主要类型，以获取先进技术、国际品牌为主要目标，这决定了中国企业不会与发达国家采用品牌吞噬型并购去雪藏或弃用被收购品牌那样，而是会选择品牌保留或品牌租赁的方式构建国际化的品牌系统。在国际化的品牌系统中，不同的品牌承担着不同的角色功能，如担保性、驱动性、修饰性等，这些角色功能不是固化的，特定条件下会发生变换。一般情况下，中国企业在跨国并购初期会选择将并购来的品牌作为驱动品牌，而自创品牌通常作为修饰性的“落款品牌”，或者暂时“隐藏”在品牌系统中，伴随着被并购品牌若隐若现地展示在国际消费者面前。

“让外国人讲中国故事”是品牌国际化传播的有效方式。跨国并购事件承载着并购双方丰富的品牌信息，逆袭并购由于能吸引社会关注从而更能引发新闻媒体报道。以吉利集团的系列跨国并购为研究对象，通过对Google搜索数据和Bloomberg资讯的描述性数据的编码分析，检视品牌传播效果。研究表明，跨国并购高端品牌能够提升自创品牌知名度，被并购品牌的影响力越大，对并购者品牌的国际化传播效果就越好。

跨国并购高端品牌能推动品牌系统的国际化升级。专业化企业在跨国并购中实现品牌国际化升级路径，主要有收购相同领域的高端品牌，或面向全球合作推出国际高端品牌，以提升整个国际化品牌系统；或收购关联产业更高端的业务板块，实现产品结构高级化带动品牌系统升级。研究发现，OEM 企业试图通过并购国际渠道商以实现自创品牌的国际化升级，这一做法在中国鲜有成功案例。

跨国并购本土品牌是实现品牌系统全球化布局的现实选择。中国企业在发达国家通过并购本土品牌，编织全球化的“品牌关系谱”，并凭借不同市场、不同品牌的本土化运营，以及卓越的研发、生产制造能力，从而在全球范围内的行业中获得领先地位。研究发现，并购方自身为受尊敬企业是成功并购国际优质企业/品牌的先决条件，而企业之所以会受同行尊敬，通常是因为企业拥有一个受人尊敬的企业领导者，以及企业注重产品研发和国际化运营，并在行业中有较高的市场地位。

在梳理、探究中国企业大量的跨国并购事件时，发现国际上已经形成了“中国并购”事件品牌。“中国并购”是中国智慧的产物，具有独特品牌内涵。“中国并购”表现为以对被并购企业的“维持现状”承诺为条件，奉行保留被并购企业管理团队并允许其独立运行的做法，中方企业的“不对等承诺”可以从国家品牌的刻板效应，以及基于员工的品牌资产国际化等角度给予品牌学解释。“维持现状”承诺貌似“无奈之举”，其实也体现了一种文化自信，坚信未来会朝着良性方向发展。不过，随着国际政治经济局势的变化，以及中国企业实力的变迁，“中国并购”的品牌内涵、表现形式可能会发生变化。

本书是国家社会科学基金项目（13CGL062）的研究成果，获得了江西财经大学工商管理学院和江西省高校人文社科重点研究基地产业集群与企业发展中心的出版资助，在此对上述单位的支持表示感谢！

由于本人研究能力和知识水平有限，书中存在不当与不足之处，还望读者批评指正！

谌飞龙

gacflong@163.com

目　录

第1章　绪　论 / 1

第5章 跨国并购中多品牌全球化布局 / 123

第1章 绪 论

一、“品牌”一词在中国从产生至今始终孕育着“国际化”冲动

《政府工作报告》是中华人民共和国政府的一种公文形式，它既是过去一年的成绩单，也是新一年的任务书，极具权威性，对社会各界产生广泛影响。1978年以后，国务院总理每年代表国务院向全国人民代表大会发布这一报告，以报告政府工作。“品牌”一词在国务院《政府工作报告》中相关表述经历过从“名牌”到“品牌”的变迁，并透露出中国政府自改革开放之初，就希望企业积极开展品牌国际化。

（一）从“创造传统名牌产品……满足……出口的需要”到“扩大……优质名牌产品的出口”

1978年，“名牌”一词首次写入《政府工作报告》，报告指出：“在加强基础工业的同时，要积极发展轻工业。……保持和发展传统名牌产品，安排好日用工业品、小商品、手工艺品和少数民族特需商品的生产。”该表述具有明显的“计划经济”色彩，但难能可贵的是看到了“传统名牌产品”的价值。与1978年使用“传统名牌产品”的表述有所区别，1979—1999年的20年间，有7次用的是“优质名牌产品”或“名牌优质产品”表述（见表1–1）。

表 1-1 国务院《政府工作报告》中有关“名牌”的表述

年份	有关“名牌”的表述
1978	保持和发展传统名牌产品
1979	要努力创造出一大批优质名牌产品，以满足国内市场和出口的需要
1981	以生产名牌优质产品的工厂为中心，……发展多种形式的经济联合
1985	促进优质名牌产品的迅速增长
1988	增加优质名牌产品和市场紧俏商品的生产
1989	努力增加名牌优质产品和市场紧缺的产品
1990	增产名牌优质产品和市场紧缺产品，尤其要增产适应农村需要的日用消费品
1999	扩大机电产品、高附加值产品和优质名牌产品的出口

1979 年，在党的十一届三中全会召开后的第一个“全国两会”上，《政府工作报告》提出“要努力创造出一大批优质名牌产品，以满足国内市场和出口的需要”，并指出“优质名牌产品”不仅要满足国内市场，而且还要满足出口的需要。这充分说明，改革开放之初，中国政府就对中国品牌走出国门给予了期望，不过因生产能力不足以及国内市场的巨大缺口，以后的 20 多年时间里，品牌产品主要还是以内销为主。1992 年中央明确“建立社会主义市场经济体制”以后，1999 年提出要用优质名牌产品扩大出口。

（二）“品牌”与“出口”“国际竞争力”紧密关联

自 1992 年党的十四大提出“我国经济体制改革的目标是建立社会主义市场经济体制后”，“品牌”一词首次正式出现在 1997 年《政府工作报告》中——“努力提高产品质量，开发新产品，发展名优品牌，增强市场竞争能力”。指出利用“名优品牌”增强市场竞争能力。该表述还在延续前面的提法，“名优品牌”，即“名牌”。2003—2017 年的 15 年间，每年《政府工作报告》都有提到“品牌”，特别是 2017 年有 3 处提到“品牌”，还有 4 年是两处提及“品牌”，分别是 2006 年、2009 年、2011 年和 2016 年（见表 1-2）。

表 1-2 国务院《政府工作报告》中关于推进品牌发展的表述

年份	关于推进品牌发展的表述
1997	开发新产品，发展名优品牌
2003	加快形成主业突出，拥有自主知识产权和知名品牌，国际竞争力强的大公司大企业集团
2004	形成一批核心竞争力强，拥有自主知识产权和知名品牌的大公司大企业集团
2005	积极发展具有自主知识产权，知名品牌和国际竞争力的大公司大企业集团
2006	大力实施品牌战略，鼓励开发具有自主知识产权的知名品牌 支持具有自主知识产权、自主品牌、高附加值的产品和服务产品出口
2007	支持具有自主品牌和高附加值产品出口
2008	鼓励自主知识产权和自主品牌产品出口
2009	支持自主品牌和自主知识产权产品出口 重点支持中小企业开拓国际市场和培育出口品牌
2010	努力培育出口品牌和营销网络
2011	重点增强制造业新产品开发能力和品牌创建能力 积极扩大自主品牌产品出口
2012	支持企业培育自主品牌、营销网络和研发中心
2013	促进形成以技术、品牌、质量、服务为核心的出口竞争新优势
2014	支持企业打造自主品牌和国际营销网络
2015	加强质量、标准和品牌建设
2016	培育精益求精的工匠精神，增品种、提品质、创品牌 打造中国制造金字品牌
2017	引导企业增品种、提品质、创品牌……更好满足消费升级需求 培育众多“中国工匠”，打造更多享誉世界的“中国品牌” 加快推进农产品标准化生产、品牌创建和保护

在 2002 年党的十六大提出“全面建设小康社会，开创中国特色社会主义事业新局面”后召开的第一个“全国两会”上，“知名品牌”一词组首次正式出现在 2003 年《政府工作报告》中，其中提出“加快形成主业突出、拥有自主知识产权和知名品牌、国际竞争力强的大公司大企业集团”。该表述体现了对品牌发展更高层次的要求，从“名牌”变成了“知名品牌”，还是强调“名”，即名气；明确提

出了大公司、大企业集团的基本特征是拥有自主知识产权、知名品牌和国际竞争力。

知名品牌具有“自主”的属性，这一界定显然是带有中国特色和时代特征。2003—2006 年，《政府工作报告》连续 4 年提及“知名品牌”，同时，这 4 年间都是将发展“自主”知识产权和知名品牌一起提出的，发展知名品牌是与掌握“自主”知识产权密不可分的。2006 年是关于“品牌”词组提法“承前启后”的年份，因为这一年的《政府工作报告》有两处出现“品牌”，分别是“知名品牌”和“自主品牌”，其中“自主品牌”首次出现——“支持具有自主知识产权、自主品牌、高附加值的产品和服务产品出口”。2006 年以后“知名品牌”没有出现在《政府工作报告》中，取而代之的是“自主品牌”，这表明中国对品牌发展更进一步的要求，强调具有“自主知识产权”的“自主”，而不仅仅是“名”。

2006—2014 年，《政府工作报告》中关于推进品牌发展的表述大多与“出口”二字联系紧密，利用产品出口带动 GDP 增长。2006—2009 年的 4 年间，以及 2011 年、2012 年、2014 年份的《政府工作报告》都有提到“自主品牌”，其中 2006—2009 年、2011 年的提法是鼓励支持自主品牌出口，2012 年和 2014 年的提法是支持培育自主品牌和国际营销网络。2013 年及 2015 年以后，“品牌”一词前面不再加限定语，表明“品牌”基本有了约定俗成的内涵，并已深入人心。

2015—2017 年的《政府工作报告》中，关于品牌的表述不再强调“出口”和国际市场，这充分说明中国对品牌的认识更加成熟，认识到品牌的创建以及品牌产品既要能满足国外市场的需要，也要满足国内消费需求，做到在“品牌”面前要一视同仁对待国内国外市场。2017 年更是提出“培育众多‘中国工匠’，打造更多享誉世界的‘中国品牌’”，这是中国对品牌认识的“升级版”，它看到了“中国品牌”这一国家品牌的价值所在，即打造国家品牌并用它助力中国企业的品牌国际化。

二、中国企业品牌国际化的发展现状

对于中国品牌的发展现状，业界有一个判断——“制造大国，品牌小国”。为什么会得出如此结论？因为按照联合国产业分类目录中的工业体系完整度来算，中国以拥有41个工业大类、191个中类、525个小类，成为全世界唯一拥有联合国产业分类中全部工业门类的国家。“在500多种主要的工业品当中，中国有220多种产品产量居全球第一位”（苗圩，2013），而且2012年中国成为世界最大贸易国，但是中国出口的世界级品牌少。这一判断至今还是社会各界共识。与此同时，全球最大的品牌咨询机构、品牌价值的研究先驱Interbrand（国际品牌）公司自2000年开始发布“全球最佳品牌排行榜”100强，至2013年没有一个中国内地品牌进入该榜单，这似乎更是强化了中国是“品牌小国”的认识。被公认为为世界上最著名的品牌价值评估机构Interbrand公司，创建于1974年，自1999年发布首届“全球最佳品牌排行榜”（Best Global Brands）以来，不断完善评估方法，其评估结果逐渐被法律、证券交易等专业机构广泛认同。品牌价值评估的国际标准ISO 10668（2010）正是在Interbrand品牌价值评估体系基础上完善并发布的。

2014年华为首次进入Interbrand最佳品牌排行榜单，成为第一个进入该榜单的中国大陆品牌，排在第94位；2015年，联想也进入Interbrand最佳品牌排行榜单，华为和联想分别排在第88位和第100位；华为的排名在2016年上升至第72位，2017年上升至第70位；联想的排名在2016年和2017年分别排在第99位和第100位。由此可见，中国品牌开始进入世界的舞台，但是数量不多。

然而，在另一个世界级品牌排行榜“BrandZ最具价值全球品牌100强”却是不一样的景象。Interbrand中文官网2010年曾发表过

《品牌价值评估方法及品牌排名的意义》一文，指出 Interbrand 以及 Millward Brown（华通明略）的 BrandZ 排行榜目前在全球范围内富有影响力。BrandZ 创建于 1998 年，是由世界广告业巨头 WPP 集团旗下权威调研公司 Millward Brown 执行的品牌研究项目，自 2006 年起，每年发布"BrandZ 最具价值全球品牌 100 强"。由于母体公司的强大背景和专业的评估实践，Interbrand 榜单和 BrandZ 排行榜业已具有很强的公信力，成为品牌价值评估领域的两大榜单。

中国品牌在"BrandZ 全球品牌价值百强榜"中表现（见表 1-3）与"Interbrand 全球最佳品牌排行榜"中迥然不同。BrandZ 排行榜中，中国品牌不仅在 2006 年第一届就有品牌（中国移动）上榜，而且 2011—2018 年间均保持在 11~15 席之间，其价值数额合计在全球百强中比例超过 10%；而且 2017 年，腾讯排名第八，这是中国品牌首次进入 BrandZ 榜单前十名；2018 年，腾讯在榜单排名第五，阿里巴巴排名第九，首次有两个中国品牌跻身前十。这说明中国品牌与 Interbrand 榜单中的表现形成了鲜明对比。这种差异不禁让人产生疑问——是不是这两个品牌价值评估机构的评判标准或评价方法有问题？

表 1-3　中国品牌在"BrandZ 最具价值全球品牌 100 强"的表现

年　份	2006	2007	2008	2009	2010	2011	2012
入选数量	1	4	4	5	7	12	13
价值数额在全球百强的比例（%）	2.7	5.1	6.4	7.8	8.4	10.9	10.8
年　份	2013	2014	2015	2016	2017	2018	
入选数量	12	11	14	15	13	14	
价值数额在全球百强的比例（%）	10.6	9.9	13.2	12	11.2	14.1	

数据来源：2006—2018 年 BrandZ 发布的"全球品牌价值百强榜"。

为此，我们将 Interbrand 和 BrandZ 的品牌价值评估方法做个简单对照。Interbrand 评估法的估算模型为“品牌价值（V）= 经济附加值（EVA）× 品牌作用指数（RBI）× 品牌强度系数（BSI）”，其中经济附加值与品牌作用指数决定品牌收益，品牌强度系数是由品牌强度得分转化为品牌未来收益所适用的贴现率而定，它反映了品牌在未来获得此项收益的风险大小。BrandZ 评估模型为“品牌价值（V）= 品牌收益（BE）× 品牌乘数（BM）× 品牌贡献（BC）”。品牌收益是将企业净收益分解到产品品牌上的收益；品牌乘数是由品牌动力、市场价值、增长潜力等指标聚合而成；品牌贡献则是反映品牌收益中真正归因品牌因素（非促销等其他因素）的比例，它体现了消费者选择中的品牌态度（品牌偏好、品牌忠诚等）。

两种评估方法采用都是收益法，品牌价值估算的基础数据都是主要来自上市公司的财务报告，形式上非常相似，思路非常相近。当然，也存在一些重大差异：①在分析消费者决策行为上，Interbrand 主要通过模拟消费者选择时在各个选择因子上的品牌影响力进行品牌作用力分析，而 BrandZ 则是依据自建的全球品牌资产数据库来确定品牌贡献，该数据库以深度采访 30 多个国家超过 200 万消费者累积的材料为基础，收录了上万个品牌。②在品牌收益调节系数的处理方式上，Interbrand 通过建立品牌强度与品牌风险之间的关联，运用收益折现调整法调整品牌收益，而 BrandZ 则使用品牌乘数调整收益，这个品牌乘数参考了股票市场的市盈率倍数，对品牌收益有着明显放大的作用。这两项不同造成了品牌价值评估值的巨大差异。比如，苹果（Apple）的品牌价值，2016 年 Interbrand 估值为 1781.19 亿美元，2017 年为 1841.54 亿美元，而 2016 年 BrandZ 将其评估为 2284.60 亿美元，2017 年为 2346.71 亿美元；再比如，谷歌（Google）的品牌价值，2016 年 Interbrand 估值为 1332.52 亿美元，2017 年为 1417.03 亿美元，而 2016 年 BrandZ 将其评估为 2291.98 亿美元，2017 年为 2455.81 亿美元。可见，同一品牌经由不同的评估方法可能会产生上千亿美元的估值差异。

虽然两种评估方法对两项数据的处理方式不同造成了品牌价值评估值的差异，但从评估实践看，它们对排行榜影响不大。比如在 Interbrand 的排行榜中，2016 年，前五位分别是苹果、谷歌、可口可乐、微软、丰田；2017 年，前五位分别是苹果、谷歌、微软、可口可乐、亚马逊；在 BrandZ 榜单 100 强中，2016 年，前五位分别是谷歌、苹果、微软、美国电话电报公司（AT & T）、脸书（Facebook）；2017 年，前五位则分别是谷歌、苹果、微软、亚马逊、脸书。品牌在两个排行榜的排序有不同，但差别并不大，如两年度榜单中谷歌、苹果、微软都位列前五，2017 年亚马逊在两个榜单中分别位于第五和第四。

既然一个品牌在两个排行榜的排序差别并不明显，为何中国品牌在 BrandZ 和 Interbrand 两个排行榜中的表现会迥然不同？分析发现，这主要是因为 Interbrand 对“全球最佳品牌排行榜”时设置了一个“入榜门槛”——上榜品牌必须有至少 30% 的收入来自除本土市场以外的海外市场。囿于这一条件的限制，Interbrand 将中国大品牌拒之“排行榜”外。

然而，Interbrand 如此设定“入榜门槛”是否合理？这里包含两个问题：①“30%”的收入必须来自海外市场，这一比例是否过高？②为何不将“门槛”改为品牌价值是构成因子？对于收入来源比例为多少才算合理，这一点暂且不讨论。但实际上 Interbrand 评估方法已经将“品牌国际性”考虑到品牌强度的构成因子中，2010 年前的品牌强度七因子加权综合法中，“品牌国际性”作为一个重要因子，与“领导地位”一样，都给予了最高权重——25 分；在 Interbrand 目前运用的“品牌强度 10 指标”中，“品牌地理分布”构成“品牌保护”指标的重要内容，评估时需要给予分值。因此，Interbrand 设定“30% 的收入必须来自海外市场”作为“入榜门槛”的合理性值得商榷。如果将“入榜门槛”放开，对照 Interbrand“最佳中国品牌价值排行榜”与“全球最佳品牌排行榜”100强，发现中国品牌可入围Interbrand100强排行榜的数量并不少（见表1-4），2012—2013年能保持在10席（以上）。

表1-4 2006—2013年中国品牌按价值数额达到“全球最佳品牌排行榜”100名的数量

<table>
<tr><th>年份</th><th>2006</th><th>2007</th><th>2008</th><th>2009</th><th>2010</th><th>2011</th><th>2012</th><th>2013</th></tr>
<tr><td>可入围数量</td><td>5</td><td>6</td><td colspan="2">未公布“最佳中国品牌价值排行榜”</td><td>9</td><td>9</td><td>10</td><td>11</td></tr>
</table>

注：判定方法是，Interbrand公布的“最佳中国品牌价值排行榜”中高于“全球最佳品牌100强榜单”的第100名品牌价值的品牌个数（计算时要考虑当时汇率）。

随着2014年的华为、2015年的联想进入Interbrand发布的“全球最具价值品牌排行榜”，那么华为和联想在同样为Interbrand发布的“最佳中国品牌价值排行榜”的排名表现如何？其中2016年Interbrand没有发布“最佳中国品牌价值排行榜”。将Interbrand发布的全球榜单和中国榜单进行对照，又会有新的发现（见表1-5）。

表1-5 华为在两个“Interbrand品牌价值排行榜”表现

年 份		2014	2015	2016	2017
全球最具价值品牌排行榜	位次	94	88	72	70
	价值（亿美元）	43.13	49.52	58.35	66.76
最佳中国品牌价值排行榜	位次	13	13		12
	价值（亿元人民币）	265.11	286.69		376.71

表1-5显示，2014—2017年，华为在Interbrand“全球最具价值品牌排行榜”的品牌价值总量有增加，但位次没有前移，反而下降，这至少说明中国品牌的品牌价值增长还算是明显。表1-6显示，

联想在Interbrand“全球最具价值品牌排行榜”位于第99位和第100位，在“最佳中国品牌价值排行榜”排在第14位（见表1-6），这说明，如果按品牌价值量来衡量的话，中国有14个品牌可能进入全球百强。

表1-6 联想在两个“Interbrand品牌价值排行榜”表现

年份		2015	2016	2017
全球最具价值品牌排行榜	位次	100	99	100
	价值（亿美元）	41.14	40.45	40.04
最佳中国品牌价值排行榜	位次	14		14
	价值（亿元）	258.39		259.78

通过前述分析表明：①从整体上讲，中国品牌正在崛起。从品牌价值评估的结果来看，中国品牌在全球品牌体系中的地位开始凸显，并在世界上谋求一席之地。②中国品牌的品牌价值增长主要得益于庞大的国内市场。中国是一个有着近14亿人口的大国，是一个规模巨大的消费市场，因而，在中国品牌从海外市场获取的品牌收入不多的情况下，中国市场自身也能够支持中国品牌成长。这也是中国品牌的品牌价值获得迅速增长的支撑条件和重要原因。③中国离真正意义上的“品牌强国”还有好长的路要走。世界经济全球化是一种趋势，所以品牌国际化是顺应这一趋势的必然选择。一个国家全球化品牌的规模和品牌国际化的程度是衡量该国国际竞争力强弱的重要尺度。根据Interbrand品牌榜单的信息，中国离“品牌强国”还有很大差距，还有很多工作要做。

尽管中国品牌在Interbrand“全球最具价值品牌排行榜”上的表现逐渐趋好，但我们不禁也产生了困惑：改革开放40年来，为什么只有华为、联想等品牌符合“收入的30%来自海外市场”这一条件，而绝大多数品牌的收入只是依靠国内市场？在比较华为、联想等品牌的国际化之路后，发现两个品牌国际化的路径有非常大的不同。华为在 2014 年进入 Interbrand“全球最具价值品牌排行榜”，2015 年进入“BrandZ 最具价值全球品牌 100 强”。在此之前，华为通过“农村包围城市”，以及跨国并购的方式基本完成了全球化布局，并通过品牌延伸，将业务领域由运营商业务延伸至消费者业务（即智能手机等）。如果华为不进入消费者业务领域，就很难进入全球品牌 100 强，因为品牌价值评估强调基于消费者评价的品牌强度分析。换言之，不开展消费者业务的品牌其进入榜单的可能性很小。联想品牌之所以能够达到“收入的 30% 来自海外市场”门槛，主要原因是其并购 IBM 的个人电脑业务以后，海外收入大增，如 2017 年 BrandZ 发布的中国 100 强排行榜信息显示，联想品牌 72% 的收入来自海外。因此，对比华为、联想等品牌国际化道路，它们除了在跨国并购行为上取得一点共同点外，其他的做法差异非常大。

三、中国企业跨国并购的风起云涌与回归理性

随着 2008 年全球金融危机爆发，中国企业在国际上力量对比上开始逆转，迎来了新一波的跨国并购浪潮，如吉利集团收购沃尔沃轿车、三一重工收购世界混凝土机械巨头普茨迈斯特等，“逆袭”跨国并购不断涌现，2017 年，中国化工更是以 430 亿美元巨资收购先正达公司，成就了中国企业跨国并购史上的规模最大的并购事件。

（一）中国企业由被外资并购转变为主动发起跨国并购

2008 年以后，中国由外资并购的主要目的地变为跨国并购（海外并购）主要发起方，据中国知网“报纸”数据库（不含期刊）显示，新闻界对国内外并购事件的报道、关注由外资并购（中国企业）

转变为（中国企业）跨国并购、海外并购境外企业，是分别以外资并购、跨国并购、海外并购为主题进行检索的数量（见图 1–1）。中国知网“报纸”数据库收录了 2000 年以来，中国国内发行的 500 多种重要报纸刊载的学术性、资料性文献。

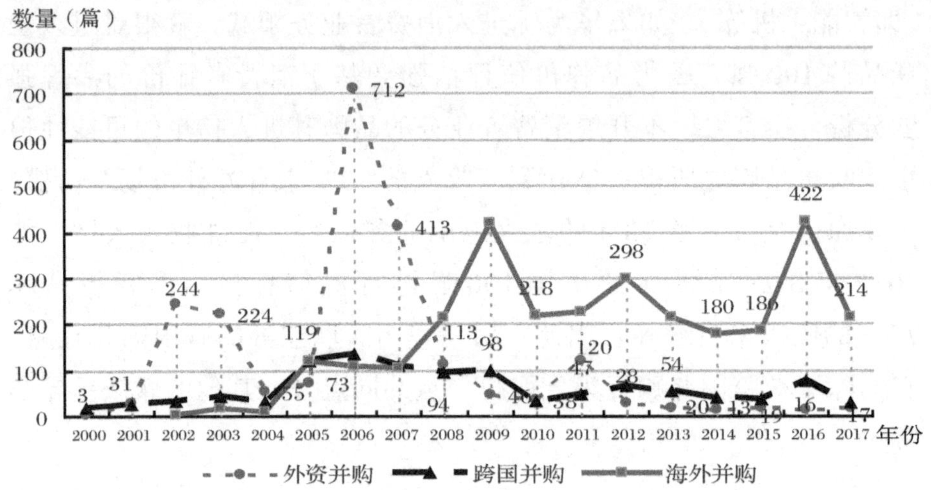

图 1–1　中国知网“报纸”数据库三项主题词检索数量对比（2000—2017）

（二）中国企业掀起跨国并购高潮

普华永道发布的中国企业并购相关报告显示，在这一轮中国企业跨国并购浪潮中，并购金额由 2008 年的 103 亿美元跃升到 2012 年的 652 亿美元，2016 年更以 2087 亿美元达到一个“现象级”高度，但也是一个转折点，这一年无论从交易数量，还是从交易金额都达到了历史最高点，并于 2017 年开始回落（见图 1–2）。跨国并购活动回落有着深刻的国际背景与原因，这一现象也表明，中国企业在投资领域和投资规模等跨国并购行为渐趋理性。

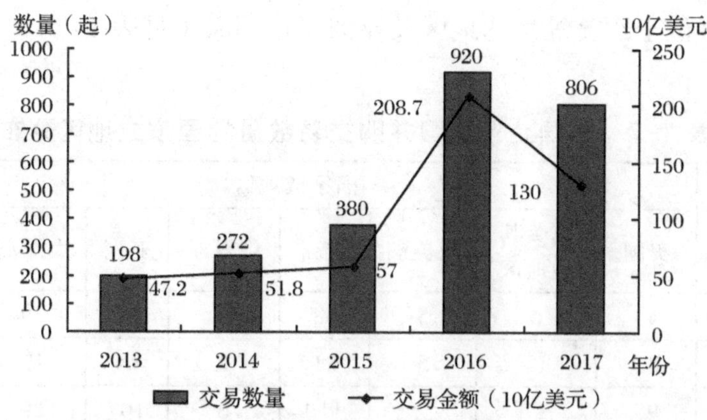

图 1-2 中国企业跨国并购交易数量和交易金额（2013—2017）[①]

资料来源：普华永道《中国企业并购市场2017年回顾与2018年展望》，2018年1月23日。

（三）中国企业为什么热衷于开展跨国并购

中国企业热衷于开展跨国并购，这其中有着不同的目的，有的获取技术，有的为了获得品牌与市场，有的纯粹就是为了抓住国际企业售卖的机会。不过对“跨国并购是企业全球化的通行证”的认识，获得了很多专业人士的认可并使一些企业积极将之付诸实践。王海忠（2013）提出，中国企业国际化分三个阶段，其中“1.0——输出产品”“2.0——输出资本”“3.0——输出品牌”；汝毅、吕萍（2014）在对企业国际化绩效进行实证研究后，得出“相比绿地投资，跨国并购确实提供了初期进入东道国产业的捷径”。中国政府和企业形象地将企业国际化表述为“走出去、走进去、走上去”，潘秋玥、杨洋、魏江、李卅立（2017）认为，“海外并购和深度合作创新”是“走进去”的主要方式。在企业界，中国航空工业公司（2018）提出，要实现“从国际化1.0到国际化2.0的跨越”，其中国际化1.0是跨国并购，国际化2.0是“并购+整合”。总之，大量的案例表明，中国企业跨国并购主要以寻求高科技及知名品牌为诉求，且收效颇丰，这些企业大多位于欧美等发达地区及亚洲发达国家（见表 1–7）。

表 1–7　中国企业跨国并购交易数量的国家或地区分布

年份	国家或地区							
	美国	北美其他地区	南美洲	欧洲	俄罗斯	亚洲	大洋洲	非洲
2013	43	6	5	63	11	33	29	8
2014	85	11	5	81	2	64	17	7
2015	95	17	7	110	6	107	29	9
2016	217	46	22	300	34	219	69	13
2017	221	25	22	254	11	208	49	16

资料来源：普华永道《中国企业并购市场 2017 年回顾与 2018 年展望》。

事实上，中国一些企业在用自创品牌开展国际化经营的过程中，品牌国际化实施得非常艰难，不是国际通行做法：企业经历过从“国际营销”到“海外制造”，再到“跨国收购”的发展历程。最典型的是海尔，在美国市场推行“三位一体”（即研发、生产、销售）本土化策略 10 多年后，市场占有率仅为 1% 左右，最后不得不以跨国并购 GEA 的方式布局这一全球最大市场；还有如广西柳工，其国际化也是经历过三个阶段：海外营销、海外制造及跨国收购，其中跨国收购发生在 2012 年，波兰工程机械企业胡塔 – 斯泰奥瓦 – 沃亚（Huta Stalowa Wola）公司等。

（四）中国企业的跨国并购回归理性

跨国并购活动回归理性的原因是多方面的，既有国内原因，也有国外因素，从而增加中国企业海外投资难度，跨国并购由“井喷式”增长逐渐放缓。在国内方面，从 2016 年下半年开始，中国政府加大对企业海外投资的监管力度。2016 年 12 月，国家发展和改革委员会等四部门就中国政府加强对外投资监管召开新闻发布会，指出中国企业“在房地产等领域出现非理性对外投资的倾向”，以及“大额非主业投资、有限合伙企业对外投资、‘母小子大’‘快进快出’”等类型对外投资中存在的风险隐患，要求企业审慎决策。2017 年 1 月，国务院国有资产监督管理委员会新修订了《中央企业境外投资监督管理办法》等文件，提出中央企业要“加强境外风险防控”，明确规定：“中央企业境外投资必须符合企业发展战略和国际化经营规划，坚持聚焦主业，原则上不得在境外从事非主业投资。”2017 年 8 月，国务院办公厅转发了国家发展和改革委员会、商务部、人民银行、外交部等四部委联合推出《关于进一步引导和规范境外投资方向的指导意见》（国办发〔2017〕74 号），对包括跨国并购在内的境外投资做出了规范，提出采用“鼓励发展 + 负面清单”模式，将境外投资活动分为“鼓励、限制、禁止”等三类，其中将前几年很多企业热衷的“房地产、酒店、影城、娱乐业、体育俱乐部等境外投资”列为“限制”范围。

外国政府对境外企业，欧美等发达国家对外资进入战略性行业提高准入门槛，并加强国家安全审查。美国外国投资委员会（CFIUS）对中国企业在美国的投资、并购一直采取谨慎态度，2018 年发起的对华贸易战以及加强对中国企业投资和收购美国公司设限，严格限制中国企业对美国企业（特别在高科技领域）投资收购。[①] 欧盟也收紧外资准入政策，2017 年 2 月，德国、法国和意大利等三国经济部部长呼吁在欧盟层面上制定更具保护措施政策，加强对非欧盟国家出于政治动机收购欧洲高科技公司的交易进行审查。2017 年 6 月，欧洲议会国际贸易委员会（INTA）在欧洲贸易政策问题上发表了有关就战略领域的外国投资进行审查的提案。2017 年 7 月，德国政府发布

---

① 据全球知名律师事务所贝克・麦坚时（Baker & McKenzie）与荣鼎咨询（Rhodium Group）发布报告显示，2018 年 1—6 月，中国对外直接投资已从北美转向欧洲。2018 年上半年中国企业对北美地区的投资额仅 20 亿美元，达到 9 年来的最低水平，年度同比跌幅达 92%。在这一时期，中国对欧洲并购已宣布的交易额（220 亿美元）9 倍于北美地区（25 亿美元），已完成的中国在欧洲投资额（120 亿美元）是北美（20 亿美元）的 6 倍。

了有关外国投资控制更为严格的规定的修正案，要求规范对外国投资的行政审核程序。2017 年 10 月，英国商业和能源部宣布了一项新提案，要求对影响国家安全的（关键国家基础设施或先进技术企业）并购交易加强审查。

四、研究设计与思路

（一）研究方法

项目以跨国并购视角的品牌国际化路径选择为主题，在研读大量的跨国并购理论，以及查阅了大量的跨国并购案例后发现，源自发达国家的跨国并购理论隐含着一个前提是，发起并购者在国际市场拥有包括品牌或者技术在内的竞争优势，然后对被并购企业（弱势企业）进行整合。然而，拥有竞争优势——这一前提条件在中国企业跨国并购过程中并不存在。中国企业跨国并购多属于“逆袭并购”，并购者并不具有品牌或者技术优势，反而是希望通过并购去获取并购者的品牌或者技术。与此同时，发达国家企业在对发展中国家企业实施跨国并购时，通常对被并购品牌采取淡化、雪藏、弃用等措施，最终会让被并购者品牌在市场中消失，与这一做法不同，中国企业跨国并购发达国家企业，不仅会予以保留品牌，还会在品牌推广上面继续加大投入。因此，现有的跨国并购理论无法解决中国企业跨国并购中遇到的品牌国际化问题。

研究问题的特点决定了研究方法的选择。除了现有的跨国并购理论无法解释中国企业跨国并购现象，中国企业跨国并购行为的动机也存在多样性，甚至同一家企业在不同时间段、不同国家、不同领域等也有很大差异。罗伯特 · K. 殷（2009）指出：“在现有理论无法有效回答研究的问题时，以及问题以‘为什么’和‘如何做’的形式提出，而现实中研究者又不能对其进行控制时，案例研究的方法是最佳选择。”

本书将针对跨国并购与品牌国际化耦合的不同话题，以单个企业为研究对象，采用连续事件研究法，探索性研究中国企业跨国并购中品牌国际化方式方法及其效果。连续事件是特指一家企业发起的多起跨国并购事件。在研究过程中，将这家企业发起的所有跨国并购（或股权投资）活动全面梳理，分析这些事件对企业品牌国际化的影响。品牌国际化表现形式具有多样性，发展过程具有复杂性，借助连续事件研究法，通过研究不同企业跨国并购（或股权投资）事件，归纳提炼出能解释复杂现象的品牌国际化理论，探究跨国并购与品牌国际化之间的逻辑关系以及彼此关联因素。

（二）案例选取

普华永道《中国企业并购市场2017年回顾与2018年展望》显示，高科技行业和工业品领域是中国企业跨国并购最活跃之地，消费品紧随其后（见表1-8），该现象也符合中国产业升级要求，以及获取海外先进技术、品牌等标的的需要，从某种程度上，它也规定了案例研究对象的选择，同时不去研究国家明令列为“限制、禁止”等类型的境外投资活动的企业品牌国际化。

表1-8 中国企业跨国并购交易数量按行业分类

年份	行业							
	高科技	工业品	消费相关	金融服务	医疗健康	原材料	媒体和娱乐	其他
2016	158	201	133	82	86	69	92	99
2017	176	158	123	94	70	59	43	83

为了更好地开展项目研究，得出更具有指导性的研究结论，在选择案例时基本遵循了以下原则：① 2016年前后发生过跨国并购行为的企业。如果该企业有多次跨国并购活动，则将所有发生过的国际并

购或股权投资活动进行全部梳理。②跨国并购事件对中国企业品牌国际化理论有一定的贡献。在跨国并购中，其对企业品牌和并购品牌处置的做法，有代表性以及总结提炼的价值，并有助于丰富品牌国际化理论。③并购企业在行业（或细分行业）中处于领导地位。为更全面反映我国企业跨国并购中品牌国际化行为，所选案例企业注意考虑不同行业，且在行业中或行业的细分领域处于领导性地位。④上市公司或者非上市但定期发布年度报告的企业。⑤跨国并购事件属于中国政府列为“鼓励”类别境外投资活动。遵循《关于进一步引导和规范境外投资方向的指导意见》（国办发〔2017〕74号）提出的“支持境内有能力、有条件的企业积极稳妥开展境外投资活动，推进‘一带一路’建设，深化国际产能合作，带动国内优势产能、优质装备，适用技术输出，提升我国技术研发和生产制造能力，弥补我国能源资源短缺，推动我国相关产业提质升级”，以及“加强与境外高新技术和先进制造业企业的投资合作，鼓励在境外设立研发中心”等。

鉴于此，本书从在跨国并购中实现品牌国际化传播、品牌国际化升级、品牌全球化布局，以及企业全球化布局以后的跨国并购行为等视角，选择吉利汽车、雅戈尔（纺织服装）、珠江钢琴、西王食品（食用油）、好孩子（儿童用品）、海尔（家用电器）、华为（通信设备）等企业跨国并购（或股权投资）活动展开全面梳理和深度分析。

（三）资料收集与分析思路

研究数据主要分为两种：一种是文本数据；一种是数值数据。由于一手数据获取较为困难，本书主要采用了二手数据，“案例研究者完全可以基于二手数据进行案例研究”（苏敬勤、刘静，2013），这当然需要在案例研究规范性的基础上进行。为了保证资料、数据的可靠性，研究过程中注重从多角度、多渠道获取信息，形成相互印证的数据链。①国内外的新闻采访报道，包括国外财经媒体（如彭博社等）、中央地方新闻媒体（如人民日报、参考消息、经济日报等）、门户网站（如网易、搜狐、新浪等），以及行业性媒体（如汽车之家网站、电器杂志、玩具世界等）。②案例研究文章，主要包括中国管理案例共享中心、中欧国际工商学院等机构收录的案例，以及发表于各大期刊的案例研究论文。③企业年度报告以及内部刊物，主要包括每次跨国并购事件发生前1~2年、发生后3~4年的年度报告，以及发表于官网的企业领导讲话、内部文件等。④专业的研究报告，主要包括各大证券基金公司的调研报告、分析报告等。⑤网络评论，主要包括门户网站新闻评论与跟帖、网络社区中网友（特别是专业型网友、意见领袖）关于并购事件及品牌的评论等。

YIN（2012）曾提出“同一案例内部的嵌套式多案例研究也能够提高研究结果的普适性”，本文在对一家企业跨国并购（或股权投资）的案例资料、数据分析过程中，按照并购事件发生时间先后顺序，遵循连续事件分析方法，围绕着“品牌国际化”主题，对案例进行纵向多角度的开展研究。①将选定企业发生的跨国并购事件全部查找出来，梳理事件发生的来龙去脉、并购金额及各方态度（资本方、员工工会、政府等）。②根据网友评论、跟帖的专业水准，用来验证新闻报道的真实性或剔除一些夸大性宣传，以此决定相关材料是否在案例中体现出来。③检视并购企业与被并购企业在事件前后（考虑时间长短）的经营状况变化，简要分析跨国并购事件效果。④尝试回答：“并购企业为什么能够逆袭并购，被并购企业为什么愿意出售？”“‘中国并购’事件品牌背后的商业逻辑”“中国企业并购海外品牌是要推动国际品牌的中国化，还是中国品牌的国际化？”“跨国并购中，中国企业做出的‘不对等承诺’是出于‘中国自信’，还是‘被迫选择’？”“跨国并购中能否实现‘母以子贵’式品牌升级？”“并购国际企业的中国业务能否带来品牌国际化升级？”等问题。⑤重点关注并购企业在品牌国际化方面的举措。从谈判环节开始（关注有无“并购承诺”），直至并购交割完成后若干年内，在此期间并购企业如何对待被并购企业的品牌，以及自创品牌如何实现“买（借）船出海”。⑥挖掘中国企业跨国并购事件与品牌国际化之间的发生背景及逻辑关系，探讨企业跨国并购中的品牌国际化策略能否复制移植到其他企业。

数据分析过程是对数据、文献、涌现构念和理论的不断反复比对（Eisenhardt，1989；谢洪明，等，2019）的三个步骤。

第一步，数据清洗。通过梳理企业跨国并购中涉及品牌国际化方面的关键节点对原始数据（含客观数据、文本数据等）进行初步梳理。在第一阶段，把不同来源的数据进行比对，在多重查找并验证后，形成可靠的原始数据文本。

第二步，初始构念涌现。①从文本数据库中识别出跨国并购事件中品牌国际化因素，并形成跨国并购的叙事分析。②把每次并购进行独立的开放式编码分析，以期涌现出初始概念。③对不同跨国并购事件的关键因素、凝练的关键词进行两两比较，找出共同点和差异点，并与文献进行对比，形成规范、严谨的多个构念。在这一过程中，为保证信度和效度的提升，团队不同成员先是开展独立的分析工作，而后就不一致的分析结果进行讨论，最终形成一致结论。

第三步，理论框架建立。基于涌现的构念、文本数据、客观数据、编码结果和文献之间的比对形成了不同构念间的关系，最终涌现出“跨国并购视角品牌国际化路径”理论框架（含各模块框架）。

（四）研究的思路与框架

由于发达国家市场对中国产品“低廉”的刻板印象存在，中国企业的自创品牌在国际化道路上艰难前行，与此同时，全球爆发金融危机后，美日欧等发达国家和地区的企业遇到经营困难，中国企业顺势而为、抓住机会开展大规模的跨国并购活动，既帮助美日欧企业走出困境，也为自己获得了先进技术以及海外市场。这是本书研究的基本背景（第1章）。

中国企业家们通常会把跨国并购而来的品牌称为自有品牌，认为并购国际品牌后就实现了企业品牌国际化。然而，这一认识与理论界所阐释的品牌国际化理论有冲突。在理论界的解释中，品牌国际化中的“品牌”是“一个品牌”，从国外收购而来的品牌，并不能说明，其自身实现了品牌国际化。因此，有必要突破现有理论束缚，即对品牌国际化理论做出新诠释（第2章），把品牌国际化中“一个品牌”扩展到由自有品牌形成的品牌系统，即跨国并购后，企业品牌系统实现国际化。

第3、第4、第5、第6章是本书的主体部分，主要以案例的形式阐释中国企业如何通过跨国并购实现品牌系统国际化。其中第3章以吉利集团等企业跨国并购（或股权境外投资）活动为研究对象，探讨了跨国并购活动以事件传播——“让外国人讲中国故事”的方式及其带来的品牌国际化传播效果等。第4、第5章重点研究了在跨国并购中实现品牌系统国际化问题。其中第4章以雅戈尔、珠江钢琴、西王食品等企业跨国并购活动为研究对象，探讨通过并购同行业高端品牌及相关联行业新兴产业的领导品牌等方式，实现品牌系统国际化升级问题。第5章以“海尔、好孩子”等企业跨国并购活动为研究对象，探讨并购不同国家、区域市场领导品牌等方式实现多品牌全球化布局问题。第4、第5章还探讨了跨国并购过程中新推出国际高端品牌，以及OEM企业转型发展问题。第6章以华为、中国化工等企业跨国并购（或股权境外投资）活动为研究对象，探讨了“中国并购”作为一种国家形象的国际存在、一个事件品牌的国际存在，以及“中国并购”事件品牌背后的商业逻辑。当然，不同案例之间存在一定的相通性，之所以将不同案例置于不同研究领域，是因为它们在某些领域具有鲜明特点。

第7章为研究结论与展望。首先，分析了企业禀赋与品牌国际化路径选择之间的关系，指出企业禀赋不同，品牌国际化路径会存在差异。其次，尝试回答现阶段中国企业为什么热衷于通过跨国并购的方式实现品牌系统国际化的问题，主要是因为中国企业在国际化征程中一些共同的禀赋——“中国市场”、中国国家信用等。再次，分析了民营企业与国有控股企业在跨国并购行为上的不同。同时，在第3、第4、第5、第6章对多个跨国并购案例进行开放式编码的基础上，再利用主轴编码、选择性编码等手段，结合研究的“故事线”，构建出跨国并购视角品牌系统国际化的基本路径模型。最后，给出了“中国并购”下品牌系统国际化策略，以及“中国并购”变迁下中国制造业的品牌国际化路径可能突破（见图1–3）。

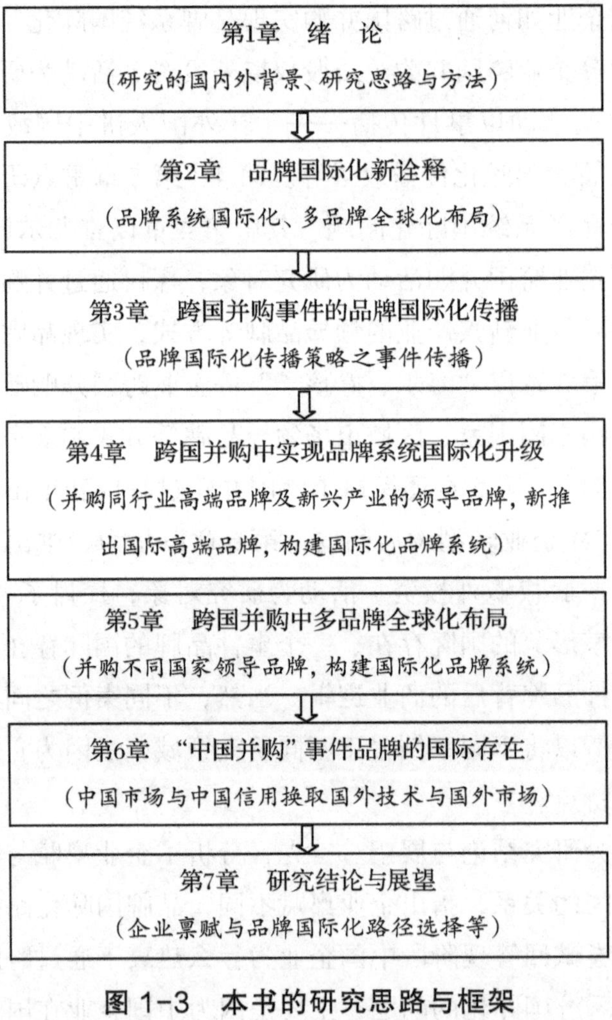

第1章　绪　论
（研究的国内外背景、研究思路与方法）
↓
第2章　品牌国际化新诠释
（品牌系统国际化、多品牌全球化布局）
↓
第3章　跨国并购事件的品牌国际化传播
（品牌国际化传播策略之事件传播）
↓
第4章　跨国并购中实现品牌系统国际化升级
（并购同行业高端品牌及新兴产业的领导品牌，新推出国际高端品牌，构建国际化品牌系统）
↓
第5章　跨国并购中多品牌全球化布局
（并购不同国家领导品牌，构建国际化品牌系统）
↓
第6章　“中国并购”事件品牌的国际存在
（中国市场与中国信用换取国外技术与国外市场）
↓
第7章　研究结论与展望
（企业禀赋与品牌国际化路径选择等）

图1–3　本书的研究思路与框架

五、研究发现与创新

（一）研究发现

企业禀赋决定着品牌国际化路径选择。品牌国际化路径有多种多样，不同企业的品牌国际化路径不同，这主要是由于企业所具有的禀赋不同。中国企业得益于国内经济迅速增长，掌握着大量的资金，这成为中国企业在国际化征程中一个共同的禀赋，但因为发展太快，没有经过一段沉淀期，技术、管理、品牌等生产要素并没有得到发达国家市场认可，自创品牌开展国际化处处碰壁，当置身在全球金融危机大背景下，中国企业选择了一条特有的品牌国际化路径——跨国并购。

"让外国人讲中国故事"是品牌国际化传播的有效方式。中国企业赴发达国家开展跨国并购事件牵动着许多人的敏感神经，容易引发国际新闻媒体竞相报道。研究还发现，跨国并购高端品牌能够提升自创品牌知名度；被并购品牌的影响力越大，对并购者品牌的国际化传播效果越好，以及先前的并购行为对后来的并购活动有正向影响等。

跨国并购对品牌国际化升级以及全球布局有帮助。研究发现，企业跨国并购国际高端品牌有利于品牌系统国际化升级，但并购国际企业的中国业务，以及并购国际渠道商都难以带来品牌国际化升级；并购发达国家市场本土品牌是实现品牌系统全球化布局的现实选择。

（二）研究的创新点

创新性地提出并诠释了品牌系统国际化。中国企业家们包括张瑞敏、宋郑还等杰出企业家在内，认为企业跨国并购后就实现了品牌国际化，本书去理解企业家们的观点，把品牌国际化中"一个品牌"扩展到"品牌系统"，即品牌国际化可理解为企业品牌系统的国际化。品牌系统国际化的提出有助于消除品牌国际化理论与中国企业实践对比造成的认知冲突，有助于丰富品牌国际化理论体系和基本内涵，并指导中国企业品牌国际化实践。

创新性地总结并提炼出跨国并购中“落款品牌”策略。在国际化的品牌系统中，企业通常会构建清晰的“品牌关系谱”，不同的品牌会赋予着不同角色，如担保性、驱动性、修饰性等。这些角色不是固化的，特定条件下会发生角色变换。一般情况下，跨国并购初期，中国企业会选择将并购来的品牌作为驱动品牌，而自创品牌作为起修饰性的“落款品牌”跟随被并购品牌一同出现公众面前。当然，中国很多品牌由于担心混淆国外消费者认知，也会选择“隐藏”在品牌系统中，不直接在国外消费者面前展示。

创新性地提出并诠释了“中国并购”事件品牌。中国企业跨国并购在发生前后均具有明显的“与众不同”事件特征，由于这一现象发生频率高，持续时间长，影响面广，将不断强化人们的记忆和认知，于是在国际社会上已经形成品牌——“中国并购”。作为一个时代的产物，也是中国智慧的结晶，将成为中国国家形象的重要组成部分。

第 2 章 品牌国际化新诠释

一、学术界理解的"品牌国际化"

"品牌国际化"概念在 20 世纪 80 年代提出以后引起全球学者的广泛关注。韩中和（2008）对品牌国际化的国内外研究成果进行了梳理，指出其概念还没有形成一个完整的定义，不过经过文献研究得到了一些重要的观点，如"企业国际化是品牌国际化的基础""品牌国际化是企业跨国经营的高级阶段"，以及"品牌国际化使世界各地的消费者都能选购到同一品牌，从而降低营销成本""品牌国际化的实施要从产品（构件、价格等）、品牌（名称、标识、定位），以及品牌认同等领域，在标准化与本土化之间寻求平衡"等。吴友富、章玉贵（2008）认为，"自主品牌升级为国际知名品牌的过程亦即品牌国际化过程"。张敏、武齐（2010）提出，品牌国际化是一个企业品牌与国际市场需求动态匹配的一个"阶段性过程"。牟宇鹏、汪涛、周玲（2017）在研究品牌国际化为何难以推进的原因时，认为"外来者处于劣势的根本原因是制度距离"。

在品牌国际化的基本模式和评价指标方面，Chernatony 等人（1995）将品牌国际化主要分为"标准品牌国际化、模拟品牌国际化、标准品牌本土化、体制决定国际化"等四类基本模式。肖明超（2011）认为，品牌国际化状态要通过"国际市场对企业的贡献率、品牌的国际影响力、海外市场销量、产品与技术的全球领先度、海外产业基地布局"等指标来衡量。邓兴华、梁正、林洲钰（2017）和李淼、邓兴华（2018）认为，品牌国际化运营是以跨境商标注册为代表（核心途径）。

还有与“品牌国际化”相近的提法——“品牌全球化”（Theodre Levitt，1983）。在《哈佛商业评论》发表《市场的全球化》（Globalization of Markets）一文，首次提出“全球化”概念。王分棉、林汉川（2011）从时间维度和空间维度对“国际品牌”做了界定，认为“品牌年龄 >6 年，海外销售额占比大于 20%”，可以称得上“国际品牌”。当然，一些互联网品牌具有“天生国际化”外，没有品牌年龄要求。同时规定如果一个品牌在“三极市场”（包括欧洲、北美和亚洲等）的销售额占总收入的比重分别都超过 20%，且在任一极市场不超过 50%，该品牌界定为“全球品牌”；此外还有“双区域国际品牌”（任两极市场都超过 20%，且任一极市场不能超过 50%）和“区域国际品牌”（母区域市场超过 50%，且有超过 20% 来自其他国际市场）。Keller（2013）指出，“全球品牌化是品牌战略的高级阶段”；在品牌全球化过程中，吴东英（2014）认为，需要先“去文化化”，然后“再文化化”。对于企业为什么要推进品牌全球化？吴漪、何佳讯（2017）认为，“全球性的品牌名称能够为产品带来额外的价值，即全球品牌资产”。

总之，无论“品牌国际化”，还是“品牌全球化”，它们都有一个基本的属性要求：一个品牌满足不同的国际市场（特别是发达国家市场）的消费需求。如果一家企业国际化用多个不同的品牌满足不同的国际市场，每个品牌仅在特定的市场区域范围内产生影响，则不是理论界认为的“品牌国际化”。然而，这一理解与中国企业界的做法却有着很大不同。

二、品牌资产理论类型与实业界理解品牌国际化

Aaker（1991）提出品牌资产理论时指出：“品牌资产是指与品牌（名称和标志）相联系的，可为企业或顾客增加或削弱产品价值或服

务价值的资产和负债。”这一概念奠定了品牌资产的基础理论框架，并在后来被称为基于顾客的品牌资产（Customer-Based Brand Equity，CBBE），以及基于“符号”的品牌资产。除此之外，品牌资产类型还发展演变出分为基于员工的品牌资产（Employee-Based Brand Equity，EBBE）、基于股东的品牌资产，以及基于利益相关者的品牌资产等类型。依据此逻辑，品牌国际化可以分解出基于顾客的品牌国际化、基于员工的品牌国际化、基于股东的品牌国际化等基于利益相关者的品牌国际化等类型（见图2-1），由于基于顾客的品牌资产即为通常意义上的品牌资产，那么基于顾客的品牌国际化也可以理解为通常所称的“品牌国际化”。

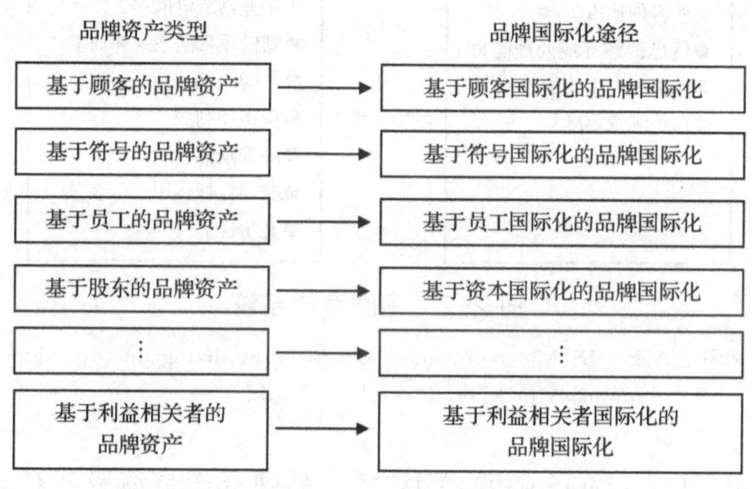

图2-1　品牌资产类型与品牌国际化

（一）基于顾客的品牌资产及其国际化

品牌是一个以消费者为中心的概念，如果没有消费者的认可，就无法形成品牌资产。目前，理论界对基于顾客的品牌资产的认识已基本成熟，绝大多数学者都是从消费者角度来界定品牌资产。David A.Aaker（1991）将品牌资产区分为五类资产，并提出了品牌资产模型，且获得广泛认可，它是指品牌资产是由“品牌知名度、品质认知、品牌联想、品牌忠诚度和其他品牌专有资产”等五类所组成（见图 2–2）。由于该模型由五部分组成，因此，Aaker 的品牌资产模型被称之为“品牌资产五星模型”。

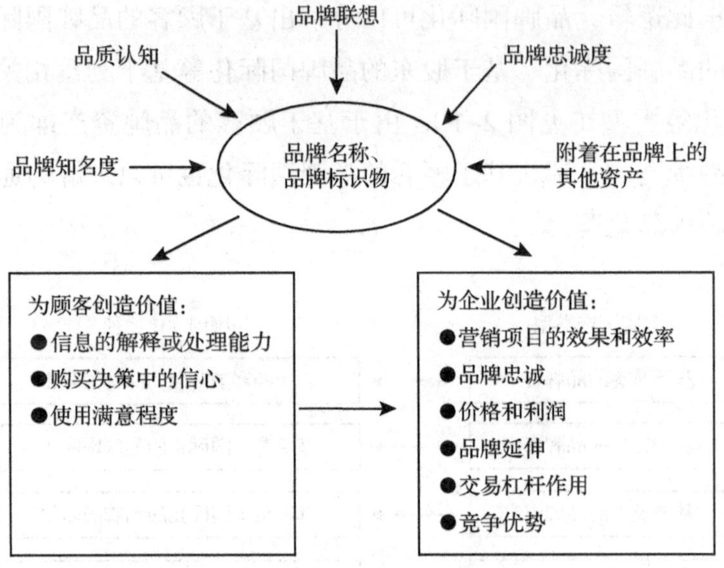

图 2–2 品牌资产系统

资料来源：Aaker D, Managing brand equity: capitalizing on the value of a brand name [M].Free Press, New York, 1991.

Park 和 Srinivasan（1994）认为，“品牌资产是消费者对某一品牌的整体偏好与多重属性客观评估加总的差异”；Lasser、Mittal 和 Sharma（1995）将品牌资产理解为“品牌名称加诸于产品上为消费者所增加的认知效用与好处”；美国品牌资产委员会（1996）将品牌资产界定为“品牌向顾客提供的一种值得信赖的承诺”；Kevin Lane Keller（1993，2001）指出，品牌资产是“由于顾客头脑中已有的品牌知识导致的顾客对品牌营销活动的差别化反应”，并提出了基于顾客的品牌资产（CBBE）模型。在 Keller 的基础上，于春玲、赵平

（2003）提出“品牌资产是消费者对企业营销活动在认知、情感、行为意向、行为方面的差别化反应”。由此可见，品牌资产是一个离不开消费者的概念，其实质是一种来源于或基于顾客的资产。基于顾客的品牌资产有三个重要组成部分：①差异化反应；②品牌知识；③顾客对营销的反应（Keller，2013）。三部分之间的逻辑关系是：品牌资产源于顾客的差异化反应，而差异化反应又源于顾客的品牌知识，同时这种差异化反应表现在顾客对营销的反应。

品牌资产不但能为顾客创造价值，同样也能为企业创造价值。在五类品牌资产中，品牌忠诚度是品牌资产的集中体现，是第一类品牌资产，因为在很多市场中，即使顾客转换品牌的成本非常低、即使顾客对现有品牌的忠诚度不高，但顾客仍有着巨大的购买惯性，不愿意做出改变；同时如果没有消费者的品牌忠诚，品牌不过是一个几乎没有价值的商标或用于区别的符号；销售并不是最终目标，它只是消费者建立持久有益的品牌关系的开始，也是建立品牌忠诚，把品牌购买者转化为品牌忠诚者的机会。品牌忠诚度也被直接列为品牌资产为企业创造价值的一种方式。当然品牌知名度、品质认知、品牌联想是顾客购买产品的理由，同时也会影响顾客使用产品时的满意度，进而影响品牌忠诚度。

凯文·莱恩·凯勒（Kevin Lane Keller）于 1993 年提出 CBBE（Customer-Based Brand Equity）模型，即基于顾客的品牌资产模型，并在后来系统阐述了 CBBE 模型的内涵。CBBE 模型隐含了一个前提，即品牌资产存在于消费者对于品牌的知识、感觉和体验，换言之，品牌资产是一个品牌随着时间的推移存在于消费者心目中的所有体验的总和。这一结构如图 2-3 所示。基于顾客的品牌资产模型对品牌资产理论影响极其深远，除了基本结束了品牌资产在概念上的争议外，还使品牌资产成为“基于顾客的品牌资产”的代名词。

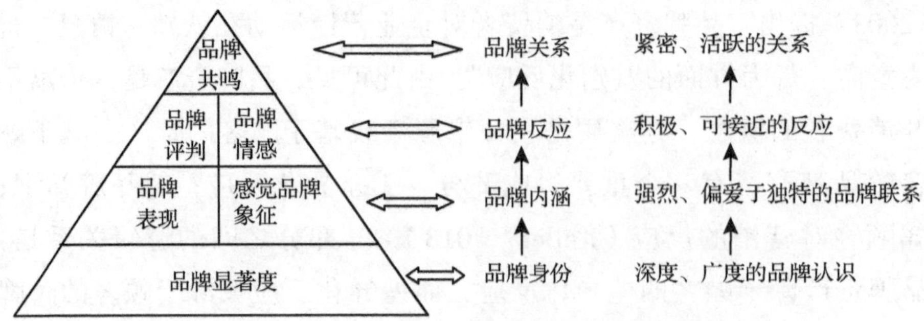

图 2-3 基于顾客的品牌资产金字塔模型

资料来源：（1）Keller K.Building Customer-based Brand Equity[J].Marketing Management, 2001, 10（2）：15-19.

（2）黄静．品牌营销 [M] 第 2 版．北京：北京大学出版社，2014.

从品牌资产的内涵看，无论是 Aaker 的“品牌资产五星模型”，还是 Keller 的 CBBE 模型，其实质都是以顾客的品牌认知为核心的“基于顾客的品牌资产”。不同之处是两者看问题的方式不一样，品牌资产五星模型更“平面”、更“粗略”，但非常“管用”；CBBE 模型更“立体”、更“详细”，但略显复杂。

顾客的国际化程度和品牌资产的国际化程度之间呈正相关关系。基于顾客国际化的品牌国际化就是在全球范围内创建拥有国际知名度、国际认知、国际性联想、国际身份、国际关系等品牌资产，即品牌资产的国际化。一般情况下，国际化程度越高的顾客，其购买能力越强，同时对品牌 / 产品也越挑剔，如果拥有这类顾客既能获得丰厚利润，又能明晰品牌 / 产品的改进方向，这也是为什么很多企业在国际化程度不高的发展中国家赢得市场后，仍愿意花大代价开拓发达国家市场的原因之一。

（二）基于符号的品牌资产及其国际化

符号作为一种简约、独特“沟通语言”，是有稳定形式的、有意义的、有所指的。现代符号学的创始人是瑞士语言学家索绪尔（Ferdinand de Saussure）与美国哲学家皮尔斯（Charles Sanders Peirce），他们在这方面的研究成果丰硕、影响深远。索绪尔运用语言学创作的术语，创造性地提出“符号由能指（Signifier）和所指（Signified）两部分构成”，其中“能指”为符号的形式，是人们看到、听到或触摸到的实体，“所指”为符号的“事实”，是人们所领悟到的意义，两者的关系具有任意性。

品牌符号是品牌信息的存储器，在社会上存在着“品牌是一种符号”等观点。品牌符号是品牌最先跟消费者的“接触物”，它关乎品牌给消费者的最直接印象。事实上，由于符号具有承载品牌信息的功能，逐渐产生了特殊的价值——符号价值，由此，基于“符号”的品牌资产逐渐形成并随着品牌符号内涵的丰富不断增长。基于“符号”的品牌资产可以表述为，它是特指品牌符号“能指”部分形成的品牌资产，包括品牌名称（含标准字、标准色等）、品牌标志、主题曲、广告口号、产品包装与造形、产品味道、企业吉祥物等直接与顾客接触的符号。

品牌符号的国际化是品牌国际化的基本要件。以文字、图案等视觉符号构成的标志，是品牌核心价值的外在呈现，是品牌资产的重要承载者，有时甚至会成为一个公司实力与公众形象的象征，在现实中企业品牌标志经常“变脸”就是旨在改进品牌载体。一些企业为了适应国际市场需要，更改品牌标识（Logo），以建立国际化元素的品牌显著度，在国际上获取全球消费者的品牌共鸣，如 2017 年美的集团对品牌标识进行调整，从品牌标识中移除了“美的”两个汉字，仅保留“Midea”的艺术字形（见图 2-4）；还有联想集团为了强化品牌形象的国际化性质，多次更新品牌标志（见图 2-5），不断向世界传达出“创新的、高端的、可信赖的”等品牌信息，其中 2015 年在美国纽约发布的新标志，更改了旧的斜体标志，并且采用了新品牌口号“Never Stand Still”。美的、联想等更改品牌标识，其目的都是为了让品牌形象更加国际化。

图 2-4　走向国际化中的美的品牌标识调整

注：杨子浩．为彰显国际化，美的集团移除品牌 LOGO 中文字标 [EB/OL]. https://www.logonews.cn/meidi-logo-2017.html.

lenovo联想

Lenovo

1988—2003年　　2003—2011年　　2011—2015年　　2015年后

图 2-5　联想走向国际化中的品牌标识变迁

（三）基于利益相关者的品牌资产及其国际化

基于顾客的品牌资产理论由于其“研究方法始终难以突破认知心理学的范畴”，以及“研究视角多局限于顾客与 / 或企业，忽略了其他利益相关者在品牌资产培育中的作用”（卫海英、姚作为、梁彦明，2010）而备受批评；同时这一理论关于“品牌属于顾客”的假定即品牌归属问题也引起了很大争议，为寻求这些问题的解决之道，张锐、张燚、周敏（2010）认为，“品牌是与社会组织（或个人）、顾客和其他利益相关者都有着千丝万缕的联系，但不完全属于其中任何之一”。

Freeman（1984）为利益相关者理论的先驱者，他将利益相关者定义为“任何群体或个人能够对组织想要达成的目标发生影响，或者反过来说，任何被组织想要达成的目标所影响的群体或个人”。一般的，企业的利益相关者被划分为股东、管理层、内部员工、债权人、顾客、合作伙伴、供应商、分销商、竞争者、政府、非政府组织和社会等组织或个人。GYLLING AND LINDBER GREPO（2006）从企业视角，将基于利益相关者的品牌资产定义为企业拥有的关于与各种顾客、利益相关者、投资者之间关系的知识。这一认识继承了“品牌资产即为品牌知识”的主流观点，但将基于利益相关者的品牌资产理解为“企业拥有的知识”的做法有待商榷；Saila Saraniemi、Mari Juntunen 和 Tiina Niemelä 等人（2010）揭示了影响基于利益相关者的品牌资产 7 个内在要素：品牌名称、组织行为、员工、管理者、公司核心价值、组织文化和产品 / 服务等；徐颖、殷娟娟、李远远（2012）从不同利益相关者群体对品牌活动的关注点存在差异性视角出发，认为基于利益相关者的品牌资产是“利益相关者对相关品牌活动表现出的差异化关系强度”，且由“品牌知晓、品牌认可和品牌共鸣”三个品牌关系强度层级构成；张锐（2013）认为，利益相关者理论对企业品牌研究发挥着日益重要的影响，并逐渐形成了“基于利益相关者模型的企业品牌建设”思想。

卫海英、姚作为、梁彦明（2010）认为，企业是品牌资产的“法定所有者”，品牌资产可视为“顾客、企业、利益相关者头脑中积累的品牌知识的总和”，其中“顾客心目中的品牌知识是品牌资产的核心内核”；王红君、刘进平（2012）认为，品牌关系“由顾客——品牌关系演变为利益相关者——品牌关系”；张婧、邓卉（2013）认为，在围绕品牌的社会网络中“多个关键利益相关者通过互动共同创造品牌价值，最终影响品牌绩效”；侯立松、刘永新、张燚（2014）从品牌关系理论角度，提出“品牌的实质是企业品牌与利益相关者之间的互动关系”。在此背景下，基于利益相关者的品牌资产（Stakeholder-Based Brand Equity）概念在中国引起了广泛关注。

员工是品牌利益相关者的重要主体，基于员工的品牌资产在近些年开始受到关注。张辉等人（2011，2016）围绕基于员工的品牌资产来探索品牌资产管理之道（比如酒店品牌资产管理），指出基于员工的品牌资产包括员工掌握的品牌知识、角色认知，做出的品牌承诺，以及员工具有的品牌满意、品牌忠诚等。张婧、蒋艳新（2016）认为，员工代表着组织的形象，以及“基于员工的品牌资产的建立有利于提升基于顾客的品牌资产”，因为员工拥有的品牌知识越多，越能够为顾客创造品牌价值，并带来积极的品牌响应。比如青岛双星并购韩国锦湖轮胎被称为“最离奇”收购案，为什么会有这样的社会评价，因为2017年1月，青岛双星以非价格因素中标获准收购锦湖轮胎股权，并于3月签署股权买卖协议，但由于韩国各界的强烈反对，9月双方宣布无责任终止股权买卖协议，2018年4月由2741名工会成员投票决定是否出售，在获得60.6%员工赞成出售后，又重新签订协议并完成交割。按理说，企业所有权归股东所有，是否转让出售由股东决定，但事实上并不完全是这样，这充分显现了员工在品牌资产管理中的地位和作用。

研究表明，国内外对“基于利益相关者的品牌资产”的存在性基本形成了共识。同时，我们在继承Keller提出的“基于顾客的品牌资产”（CBBE）概念的基础上，认同卫海英、姚作为、梁彦明（2010）的观点，即将“基于利益相关者的品牌资产”定义为“利益相关者积累的有关品牌的知识的总和”。由于不同类型的利益相关者对品牌的认识、评价不一样，有些甚至是冲突的，从而导致“基于利益相关者的品牌资产”的构成非常复杂。

因此，当品牌的利益相关者构成主体具有国际性时，品牌就被赋予了国际化特性；品牌的利益相关者的国际化范围越广、程度越高，品牌的国际化程度越高。如果一家企业的股东、管理层、债权人、员工、合作伙伴、供应商、分销商等利益相关者实现全面国际化，显然对基于顾客的品牌国际化有极大的促进作用。同时公司总部迁移到发达国家和地区也能通过利益相关者的国际化实现品牌国际化，比如2004年联想集团收购IBM公司PC业务后，2005年将集团总部迁移到美国纽约，通过一系列国际化运作，联想的品牌国际化程度逐年升高，据BrandZ中国出海品牌榜单显示，联想的品牌海外收入占比常居榜单首位；2017/2018 财年年报显示，中国市场收入仅占总收入的 25%，海外收入占总收入的 75%，其中，美洲占 31%、亚太占 16%、EMEA 地区（欧洲、中东、非洲）共占 28%。成为名副其实的全球品牌。

（四）实业界理解的“品牌国际化”

与理论界强调“品牌国际化”中的“一个品牌”，以及“国际消费市场”不一样，企业界理解的“品牌国际化”更具有灵活多样性，在实践中依靠自己掌握的资源和所处的环境条件，有的从生产要素国际化入手，有的借助跨国并购品牌，走出了他们所理解的不一样的品牌国际化道路。

长城汽车是国内第一家在境外上市的民营汽车企业，董事长魏建军（2007）在谈到赴境外上市时，指出“出口仅仅是走向国际化的第一步。……资本市场的国际化，才是一家企业完全国际化的标志”。长城汽车出口之路与中国多数汽车品牌相似，主要出口到发展中国家，很少出口到发达国家，而境外上市基本上用的发达国家和地区的资本，有机会与发达国家投资者展开交流，因此，中国很多企业希望以资本国际化带动品牌国际化。

双汇集团董事长万隆（2013）表示：“要由中国企业向国际化大公司转变，（通过并购美国史密斯菲尔德公司）使双汇的产品质量国际化、管理国际化、市场国际化、品牌国际化，全面走向国际，成为具有国际竞争力的双汇。”因此，品牌国际化需要构成企业经营全体要素上的竞争力。

好孩子集团董事会主席宋郑还（2014）表示：“全球化就是本土化。在中国你是一家中国公司，在美国你是一家美国公司，在欧洲你又是一家欧洲公司，这样你就是一家全球化公司。只有本土化，你才能与当地市场任何一个竞争对手充分竞争。”当理论界在讨论品牌国际化，如何在标准化与本土化之间寻求平衡的时候，企业家非常明确地表达出“全球化就是本土化”的理念。

光明食品集团在收购新西兰新莱特（Synlait）、以色列图瓦（Tunva）、澳大利亚玛纳森（Manassen Foods）、法国（DIVA）和西班牙米盖尔（Miquel Alimentació）等，“在当地市场具有较强的食品品牌集成分销能力的行业领先企业”后，2015年开始推行“集团品牌在海外的商标注册工作，加速集团品牌的国际化”，2017年又收购新西兰乳业公司（NZDC）。在这个过程中，表明食品集团注重“打造全球食品的采购、集成、分销、物流体系，延伸拓展国际市场网络渠道，实现集团和国内其他厂商生产的优质产品的全球分销”。

比亚迪董事长王传福（2017）认为，“（比亚迪）不仅要有世界领先的创新技术，还要有一些世界级团队加入，作为中国的顶级品牌，我们希望用创新科技和工匠精神成为百年老店”①。王传福董事长道出了这么一个道理：中国企业国际化既要追求品牌国际化，也要追求技术国际化、团队国际化等。

TCL集团董事长李东生（2017）在谈到如何对待跨国并购品牌时表示，用“大历史的眼光”来审视追逐“中国企业世界级梦想”，从长远的国际化战略来讲，“TCL集团会逐步转向TCL品牌，……未来TCL品牌的比例会越来越高，切换的时间点完全取决于怎么有利于提升我们的国际竞争力”。言外之意，品牌国际化有个阶段性的动态过程，不同的阶段应该有不同的做法，不应该用苛求的态度来对待品牌国际化。

匹克集团董事长许景南（2018）把匹克国际化战略分为六个步骤：①名称国际化；②标准国际化；③商标国际化；④品牌国际化；⑤资本国际化；⑥市场国际化。甚至还得出“弱国没品牌，小国没品

① 自2014年起，在纯电动大客车销量方面，比亚迪已连续稳居全球第一。截至2017年，比亚迪已经占领了美国纯电动大巴80%以上的市场份额，占据英国纯电动大巴市场50%以上的市场份额，在伦敦，这一数值更是超过90%；自伦敦后，比亚迪又陆续攻下了利物浦、诺丁汉等英国其他城市。特别在2017年，英国市场全部为比亚迪中标。

牌，强国必须有品牌”的经验与认识。目前，匹克集团处在市场国际化的阶段。从许景南董事长对品牌国际化的诠释来看，他讲的更多的是包括代言的体育明星，以及国际赛事在内的品牌传播载体的国际化。

当然，对于跨国并购品牌，在企业界也有不同的声音。格力电器董事长董明珠（2018）认为，“收购外国品牌，贴了别人的品牌在别人的国家销售，看起来有了生产力，但是不一定能够代表品牌的实力”。基于此，格力电器在董明珠董事长领导下坚持用格力、晶弘、TOSOT等自创品牌开拓国际市场，2017年海外收入占到总收入的20%，不过这些海外收入主要来自发展中国家市场。

在企业家眼里，只有品牌在高端市场实现了国际化（全球化）才算成功。比如珠江钢琴集团发展史上的功勋人物，曾任该公司董事长、总经理童志成先生在谈到要进军欧洲市场时曾表示，“钢琴源自西方，只有在那里获得成功才是对钢琴质量的真正证明”。因此，企业家倾向于用更简洁、更开放、更现实的态度去理解品牌国际化，他们不拘泥于品牌国际化中是“一个”品牌还是“几个”品牌。同时，在追求品牌国际化过程中，他们可能会先行追求品牌要素的国际化，以及品牌支撑要素的国际化等。

三、逆袭跨国并购与品牌国际化的耦合

（一）品牌国际化路径的国内外研究现状

企业在积极探索品牌国际化之路的同时，理论界在不断提炼总结出品牌国际化路径。发达国家企业与不发达国家在品牌国际化之路存在差异，发达国家由于开放的早、开放的程度高，其企业的国际化程度也高，该类企业品牌更容易被不发达国家的消费者接受。相比较而言，不发达国家企业品牌国际化之路显得要艰难得多。中国在

品牌国际化领域的理论研究，更多集中在找切入点、实施路径等方面。Julian Ming–Sung Cheng 等人（2005）对品牌国际化的具体过程进行了实证分析，他们深入访问了韩国和中国台湾地区的 8 家制造企业，并根据品牌国际化、小企业的成长阶段模型，以及国际化进程模型三部分理论而构建了国际品牌发展阶段模型。他们通过模型分析了韩国和中国台湾地区的企业在进行品牌国际化进程中面临的变化和挑战，并且进一步指出这些企业如何进行深化改革的措施，表明了全球化过程中品牌价值开发的重要性，建议企业应该积极从 OEM 向 OBM 模式转变。Raveendra Chittoor 和 Sougata（2007）结合印度制药企业国际化的具体案例，对印度制药企业的国际化路径进行了具体的研究探索，指出印度制药企业善于采用的集团化国际战略，并根据印度制药企业的特点提出了企业国际化的相关建议。孙晓强、苏勇等人（2007）从市场进入和品牌成长两个方面探讨了中国企业品牌国际化的路径。市场进入路径包括从不发达国家到发达国家、从发达国家到不发达国家、中间路线和其他路线；品牌成长路径包括发展自有品牌、OEM–ODM–OBM、收购国外品牌。中国中车企业文化部李敏副部长（2017）在介绍中国中车企业国际化战略时，指出出口贸易仍是中车公司进入国际市场最主要方式，其次还有对外投资、海外并购、合资合作等方式。邓兴华，梁正，林洲钰（2017）从全球价值链视角研究我国企业通过海外商标注册实现出口贸易转型升级以及推进品牌国际化。因此，现有文献表明，品牌国际化路径研究的重点在于产品出口、投资建厂等。

作为品牌国际化的路径之一，跨国并购重要性的研究可追溯到 20 世纪 50 年代。George（1950）对公司并购产生的垄断的原因及其特点进行了较为深入的研究；Weston（1953）用统计分析方法系统分析了公司并购对生产集中的影响；Hamel（1991）表明，企业进行跨国并购能够使其向目标国家吸取经验，有利于企业获得更多竞争对手信息。Vermeulen、Barkema（2001）提出，如果两国的文化差异较大，并购后企业需要对双方的文化进行适应。由于这种双重文化适应的难度较大，一定程度上可以促使并购企业进行适当的学习与调整，使得该跨国并购企业的海外子公司的生存持久性得到明显提高。

韩中和（2003）从成本、资源获取、风险等层面分析通过跨国并购路径完成品牌国际化的原因，从而认为跨国并购是品牌国际化的优选之一。谢岚旭（2010）认为，跨国并购至少可以帮助企业在品牌国际化的过程中获取一定的影响力、知名度，并购行为本身可以通过事件营销等方式为企业制造影响，由此来提升企业、品牌的国际影响力。同时，善用跨国并购、合理整合资源，有助于品牌核心竞争力包括技术、文化等方面的提升。然而，跨国并购方式也存在一定的制约因素，孙晓强、苏勇（2007）认为，通过并购方式品牌成长路径存在资金需求大、品牌整合困难等不利因素。相应的，因为在中国企业品牌国际化道路中，以跨国并购方式作为路径、手段时也出现了一些问题，所以也有学者对跨国并购路径实现品牌国际化抱有疑虑。但是这些问题可以通过企业加深对品牌国际化、跨国并购等理论知识的理解，加强对其应用，降低风险，从而得到合理、有效的解决。王晓玉、汪俊（2017）以信息整合理论为基础，构建了一个跨国并购对本土品牌国际化形象提升效应的模型。研究结果表明，本土品牌跨国并购对其国际化形象的提升效应来自并购方和被并购方并购前的国际化形象的迁移效应以及消费者对并购事件态度的溢出效应。

（二）跨国并购中的自有品牌与自创品牌

在中国，“自有品牌”（Private Brand）一词出现在多种不同语境中：一是零售领域。一些分销商（如大型连锁超市、大卖场等）除了售卖制造商经营的品牌，还售卖委托制造企业生产的以自己商店命名的商品品牌，其中以自己商店命名的商品品牌被称为自有品牌。二是在 OEM 领域。OEM 厂商的主要业务是给其他企业做贴牌生产，不过一些 OEM 厂商在给别人贴牌以外，还会向市场提供自己企业命名的产品，即自有品牌产品。三是在跨国并购领域。跨国并购以后的企业将拥有 100% 所有权的品牌统称为自有品牌。以海尔为例，海尔原来坚持“在全球各地推出‘海尔’这一统一的自有品牌”，2005 年开始发生变化，推出更高端的卡萨帝（Casarte）品牌，并采用跨国并购方式扩大发达国家市场；在开展多项横向跨国并购以后，海尔集团就所有并购而来的品牌全部称为“自有品牌”，如《青岛海尔：2017 年年度报告》显示，“2017 年海外收入占比 42%，近 100% 为自有品牌收入”（为什么“近 100%”？因为海尔公司收入中有一小部分是因为 GEA 持股墨西哥 MABE 而产生的销售额），海尔品牌就成为区别于并购品牌的自创品牌。按此理解，企业跨国并购以后，就基本实现了（自有）品牌国际化。

（三）跨国并购中品牌国际化处置的基本策略

在西方的并购理论中，根据并购事件中不同企业所处的行业关系，可以将并购类型划分为横向并购、纵向并购和混合并购等。其中，横向并购具有规模经济动因，纵向并购为获得协同效应，混合并购则为实现多样化经营动机（唐任伍、董杰，2003）。依此，跨国并购也可以分为三种类型。同时，跨国并购按其战略目标不同又可分为资源获取型、技术获取型、市场获取型等类型；对于后发企业来说，“追赶瓶颈是后发企业国际化的动因”（吴先明、高厚宾、邵福泽，2018）。

张红明、杨晓燕（2014）在研究中国企业跨国品牌收购时，关注到对被收购品牌的所有权和使用权在时间和空间上分离或合一问题，以及品牌的无形资产与支撑资产的分离或合一问题；刘文纲（2017）指出，在跨国并购中的品牌整合策略包括品牌收购、品牌租赁、品牌联合等。如联想集团（2004）收购 IBM 公司 PC 业务时，规定联想拥有 IBM 品牌 5 年使用权；海尔集团（2016）收购通用电气家电业务时，约定海尔拥有 GEA 品牌 40 年使用权；雅士利（2015）从达能公司收购多美滋的中国业务，雅戈尔集团（2017）收购哈特马克斯（Hart Schaffner Marx）品牌在中国的经营权，明确“只要品牌不要工厂”等。据此，根据对被并购品牌的处置策略，我们将跨国并购中分为品牌租赁型并购、品牌吞噬型并购、品牌保留型并购等类型（见图2-6），在品牌组合或品牌架构的选择上，可采用自创或并购的独立品牌、品牌联合、品牌背书等做法。

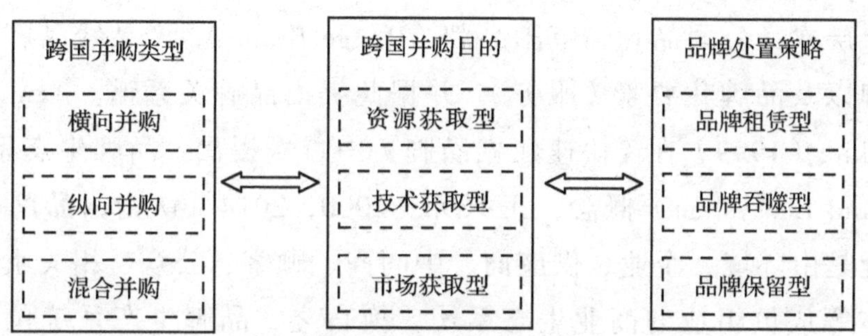

图2-6 跨国并购与品牌国际化处置

大量的案例显示，与发达国家具有先发优势的企业开展跨国并购不同，“逆袭跨国并购”以横向并购为主，以技术获取、市场获取为主要目标，这也决定了中国企业对待被并购品牌的态度。与具有先发优势的企业通常采用品牌吞噬型并购去雪藏或弃用被收购品牌不同，中国企业在跨国并购中会选择品牌保留或品牌租赁的方式，并依托并购品牌达到企业“走出去”的目的。从某种程度上讲，这是我国企业自创品牌在品牌国际化道路上艰难前行之后的另一种现实选择，它具有鲜明的时代特征。

四、跨国并购中国际化品牌系统的形成

（一）品牌系统的界定

品牌是一个复杂的巨系统（陈放，2002）。对于这一论断，品牌

学界有着广泛共识。然而，对于品牌系统的指称对象是什么，至今还存有分歧。Kapferer（1992，2012）在《战略品牌管理》与《新战略品牌管理》中提出，品牌系统（Brand System）由三者组成：产品或服务、名称与符号、概念（价值主张），并在此基础上构建起利于品牌管理（自上而下）与品牌感知（自下而上）的“品牌金字塔”。Aaker（1995）在《创建强势品牌》中指出，品牌系统可以划分为五个层次：公司品牌、范围品牌（Range Brand）、产品线品牌、子品牌以及品牌化要素（服务），并据此提出品牌关系谱。Agnieszka Winkler（1999）在《快速建立品牌》中首次提出“品牌生态系统”（Brand Ecosystem）概念，王兴元（2000，2014）认为，品牌生态系统是由环境、企业、供应商、中间商、顾客、公众、相关组织与群体等成员组成的商业生态系统，换言之，品牌生态系统包括品牌成分和非品牌成分两部分。文献研究表明，Kapferer 提到的“品牌系统”主要是从品牌成分（Component 或 Element）来阐述，以后的学者在提及该论述时更多是用它来开展个体品牌的品牌识别（Brand Identity）研究（Kim，Lee，2007；Datzira-Masip，Poluzzi，2014）；Aaker 指的品牌系统，主要是从企业角度去分析企业各类型、各层次品牌的构成的系统，这其中包括企业品牌与产品品牌、母品牌与子品牌等形成的品牌关系谱；Agnieszka Winkler 的品牌生态系统更多用于探索生态系统中成员主体之间的竞争、合作与协同问题。可见，这三个“品牌系统”所指的范围呈逐渐放大的趋势。本书所指的品牌系统属于中观层面，即为 Aaker 所指的企业品牌系统——“将企业一系列品牌看成一个品牌系统”，事实上，这个“品牌系统”不仅包含品牌自身，而且还包括支持品牌形成的产品要素、市场要素等。企业实施跨国并购又将进一步丰富这一品牌系统构成主体，并扩大品牌系统的边界。如好孩子集团跨国并购以后，将好孩子品牌称为“品牌军团”；海尔集团跨国并购以后，将海尔品牌称为“海尔系”等。

（二）企业品牌复杂系统形成的动因

Aaker（1995）认为，品牌系统可以作为新产品或新品牌的发布平台，也可以作为系统内所有品牌的基础，这样的品牌系统具有明显的复杂性。品牌系统之所以会变得复杂性，原因主要来自两方面：一是品牌所处的环境变得日益复杂：市场细分、品牌延伸、大批产品、各种类型的竞争者、错综复杂的分销渠道、更大规模使用背书品牌和子品牌（Aaker，1998）；二是适应性造就复杂性。品牌在面对复杂的市场环境时，通过品牌拓展、品牌延伸、品牌联合、品牌组合等一系列行为不断地扩充新产品、增加新市场、产生新品牌来适应外界的挑战，在完善品牌系统的同时，也造成品牌系统的复杂化（见图 2–7）。企业实施跨国并购将新购买品牌纳入管理范畴必将加剧企业品牌系统复杂化，因为品牌数量增加，而且增加的是来自不同国家和地区市场的品牌；同时，跨国并购以后到底实行单品牌还是多品牌？多个品牌之间的关系如何处理等问题都在考验并购企业品牌国际化运作能力。

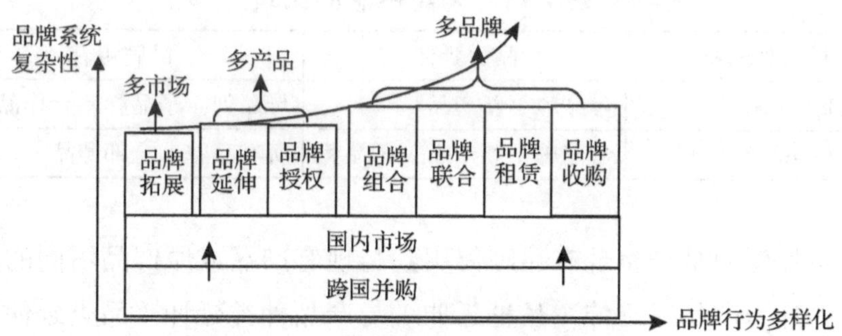

图 2–7　品牌复杂系统的形成

在一国市场中，品牌组合和品牌延伸是品牌复杂系统形成的主要推动力。对品牌组合以及品牌延伸的理解，目前品牌学界，包括两位世界级大师——戴维 · 艾克（David Aaker）与凯文 · 莱恩 · 凯勒（Kevin Lane Keller）对这两个概念有不同的理解。Aaker 在品牌三部曲：《管理品牌资产》(1991)、《创建强势品牌》(1995)、《品牌领导》(1998)中分别指出，品牌延伸是指将某类产品中成功的品牌名称应用到其他类别的产品中(1991)；品牌组合是指依附于产品——市场出售物的所有品牌和子品牌，包括与其他公司合作的品牌(1998)。Keller在其被誉为“品牌圣经”的《战略品牌管理》(1998，2003，2008，2012)中提出，品牌延伸是利用一个已建立的品牌推出新产品，或推出一个子品牌；品牌组合是指企业每一特定品类所包含的所有品牌和品牌下的全部产品。比较这两组概念（见表2-1)，可以发现，Keller所指的品牌延伸、品牌组合，与Aaker的观点相比，涵盖的内容更多，范围更为宽泛；而且凯勒所指的品牌组合，更像是在描述“品牌系统”，同时品牌延伸应是在品牌不变动的情况下推出新产品。换言之，推出子品牌不应归于品牌延伸的范畴，而是品牌组合的一种方式。因此，本书所用的概念内涵主要沿用Aaker的论述。

表2-1 两组概念的比较

代表性人物	品牌延伸	品牌组合
David A Aaker	母品牌 + 新产品	母品牌 + 子品牌 + 合作品牌
Kevin Lane Keller	母品牌 + 新产品 + 子品牌	所有品牌 + 全部产品

品牌延伸是指将现有品牌使用到与现有产品或原产品不同的产品上，它分为产品线延伸（品种延伸）与产品种类延伸（品类延伸）两种类型（张明立、任淑霞，2014)。品种延伸通常伴有副品牌（子品牌）出现，即用副品牌表示不同的品种（或性能、款式、规格、档次等)。品类延伸一般不使用副品牌（子品牌)，而是延伸到新品类，根据原产品与延伸产品的关系类型，又可分为无关联、类别关联（如打印机—电脑)、主题关联（如打印机—纸张)、功能关联（如打印机—硒鼓）等。品牌延伸为丰富品牌系统构成提供了产品基础，

正是因为品牌有延伸、扩张的冲动，才有了品牌系统的不断丰富、扩大。品牌延伸后，特别是经过品类延伸后会形成族系品牌（Family Brand），[①]其旗下将出现包括原产品在内的多个产品，从而复杂化了品牌系统的构成。

企业在面对不同类型的竞争对手、复杂的分销渠道、更为细分的小众市场时，通过或强化主品牌，或引入新品牌，或推出子品牌，或实施属性品牌化、特征品牌化等品牌组合的工具与方法，巧妙地保留品牌的差异点与活力点，以适应多类型市场，应付多重品牌延伸。在这一过程中，品牌组合增加了企业的品牌活动主体，成为推动品牌系统形成的基本力量，甚至还可以说，没有品牌组合就无法产生有序的品牌系统。因此，品牌组合或品牌架构是为了防范品牌系统复杂无序的重要手段。同时，品牌组合或品牌架构的运用无形中又助推了品牌系统复杂化。

品牌联合属于品牌组合的范畴，但它又不同于一般意义上企业自身拥有的各层次品牌间的组合，而是两个分属于不同企业、独立的品牌间的组合。目前学术界对品牌联合的具体定义仍然各不相同，但普遍认为，品牌联合包括品牌联盟和品牌合作（陆娟、吴芳、张轶，2009），表现为两个或多个品牌同时出现在广告、产品包装、产品陈列、分销、促销，为一个新产品创造一个组合品牌名称的市场行为。比如一汽大众轿车、百威英博雪津啤酒。还有一种品牌联合的特例——成分品牌化（Ingredient Branding），它将成分产品以原材料或零部件的形式“隐匿”于终端产品中（李桂华、黄磊、卢宏亮，2014）。比如特富龙不粘锅底涂层、莱卡面料。因此，从品牌联合的存在形式看，除原品牌外，又外生出合作品牌、成分品牌、联合品牌

① 对于Family Brand一词，多数文献将其译为家族品牌，但本书支持使用“族系品牌”概念。因为：①“家族品牌”容易让人将之与“家族企业”联想在一起，甚至有些非品牌领域专业人士直接将“家族品牌”错误理解为“家族企业品牌”；②在品牌学中，还存在一个“品牌家族”概念，而此处的“家族”与“家族企业”的“家族”在内涵上具有较高的一致性；③“族系品牌”中的“族系”能够体现产品群簇、产品系列的意蕴。

等，尽管它们与品牌系统中的品牌仅是“合作关系”，但客观上，它们又是品牌系统构成主体，从而延展了品牌系统的边界。例如2018年1月，复星医药收购了葡萄牙BIAL制药公司新型帕金森病治疗药物在中国大陆境内的独家销售权利，就是延展了复星医药品牌系统的边界。

品牌扩张包括品牌延伸和市场拓展两种方式。其中，品牌延伸是品牌在产品层面的扩张，市场拓展是品牌在地理层面的扩张。为与品牌延伸的提法相对应，我们将“品牌在地理层面的扩张”称为品牌拓展。品牌拓展行为会使其面对市场的空间距离增加，由一个特定的市场演变为原市场与新市场等两个甚至多个市场，其典型的表现形式为品牌在国际化进程中形成的国内市场与国外市场（国际市场）。品牌拓展行为扩张了品牌覆盖的地理范围，扩大了品牌的传播面，但由于各地理市场间存在差异性，品牌在适应这些差异性市场过程中，必然需要对品牌内涵，或品牌表现形式等品牌要素做出调整，这些改变将使品牌系统的存在形式复杂化。例如2017年9月，复星医药发起了中国制药行业迄今最大规模的跨国收购——出资约10.9亿美元收购印度药企Gland Pharma约74%的股权，借此进入美国和欧洲市场。

品牌授权是品牌资产所有者把一个商标或源于主要环境中的特质，以契约性书面许可形式，允许品牌用于特定的时间和区域内的特定产品（Sylvie Lafort，2009）。品牌授权的实质是品牌延伸（袁文华、孙曰瑶，2013），但又不同于一般意义的品牌延伸，因为品牌授权后，授权产品或服务的提供方分属于不同行业、不同企业。例如山东绿叶制药2018年5月获得阿斯利康公司思瑞康及其缓释片的许可权利，获得该产品的授权市场包括中国、英国、澳大利亚等51个国家和地区；2018年8月，绿叶制药收购拜耳位于德国和瑞士的子公司的避孕类透皮贴剂产品Apleek的全球业务。

在跨国并购中，无论是横向并购、纵向并购，还是混合并购，无论是品牌租赁，还是品牌收购（品牌吞噬或品牌保留），并购发生地新推出产品的品牌化决策，可根据被并购品牌的市场影响力大小来决定到底采用单一品牌、多品牌还是品牌联合的形式。如果实施单一品牌策略，那么采用被并购企业品牌还是并购企业品牌。采用品牌联合时，如何品牌/产品上显示双方品牌，哪个是主品牌、哪个副品牌，还是同为驱动品牌等，都需要经过市场调研和深思熟虑后做出决策。在这其中，包括自创品牌和被并购品牌在内的品牌系统可以被认为实现了国际化，只是不同的品牌组合（或品牌架构）形式，其国际化程度不同。

（三）品牌复杂系统中的成员构成

一个企业品牌通过品牌延伸、品牌授权、品牌联合、品牌组合、品牌租赁、品牌收购等多样化品牌行为将逐渐形成了一个复杂的品牌系统。国际性品牌加入后，该品牌系统就具有了国际化性质。这个国际性的品牌系统是由多个层次、多种类型的品牌和产品构成。

一个完整的品牌系统应该包括涵盖不同区域市场和目标市场群体的公司品牌、族系品牌、个体品牌、子品牌、特征品牌、项目品牌，以及合作品牌、成分品牌、联合品牌等，还应包括典型性产品，以及各类延伸产品、授权产品。其中，族系品牌是指母品牌（Parent Brand）通过品牌延伸与多种产品联系起来，可以同时应用于若干个产品品类的品牌，它也称主品牌（Master Brand）、范围品牌（Range Brands）或伞形品牌（Umbrella Brands）（Keller，2008；Kotler & Keller，2012）。在跨国并购中，并购企业为“母公司”，被并购企业为“子公司”。正如2016年12月，国家改革委、商务部等四部委，提到密切关注“母小子大”四类对外投资风险隐患；不过企业界显得更“谦虚”些，将并购企业与被并购企业的关系看作是“兄弟关系”，而非“母子关系”。如吉利收购沃尔沃轿车后，李书福当时就表示，“吉利与沃尔沃的关系是兄弟关系”。单品品牌（Individual Brand）仅限于在一个品类中使用，但这一品类可以包含不同型号、规格、风格、包装等。成分品牌，也称要素品牌、元素品牌，专指作为消费者购买的终端产品组成部分的原材料产品的品牌。特征品牌（类似于 Aaker 指的品牌化差异点）是指品牌具备的能为顾客带来某种特殊利益的产品属性。修饰品牌，也称虚拟品牌，是指企业根据产品款式、型号、特殊版本或产品配置的不同类型而增加的一个修饰成分，它通常以后缀的形式出现，用来丰富品牌多样性。项目品牌（类似于 Aaker 指的品牌化活力点），它是在产品或用途之外独立存在的实体，包括促销活动、赞助活动、服务项目等。特征品牌、修饰品牌与项目品牌都是通过提供与产品、品牌有联系的活动来增加产品的内容，从而扩大品牌系统。合作品牌原本是独立于企业品牌系统之外的品牌，但由于合作的需要将其发展为品牌系统的外延性成员。

一个品牌形象的树立从品牌设计、品牌定位开始，经过品牌传播、品牌维护等复杂过程，最终被市场接受。品牌形象确立之后，多数企业会选择品牌延伸，不断推出延伸产品。由于品牌延伸产品与母品牌关系主要表现在延伸产品与母品牌的契合度上，包括产品属性契合度和品牌形象契合度（于春玲，等，2012）。据此可将延伸产品分为转接性产品、互补性产品、替代性产品和形象性产品等类型，其中前三类源自产品属性契合性，后一类源自品牌形象契合性。当然，还有一种授权产品，它是某些企业将知名品牌授权给不同种类的制造商使用，而在市场上流通的产品——授权产品与授权品牌、租赁品牌之间是一种“租赁关系”。即被授权者按合同规定“租用”授权品牌，用于生产、销售授权产品或者提供授权服务，需要向授权者支付相应的“租金”。加上实施品牌延伸之前，企业原本就存在的产品——典型性产品，这些共同构成了企业品牌系统中的产品子系统。

当然，这里并不是说，每个具体企业的品牌系统都应包含完整的品牌层次和产品类型。比如没有进行品牌延伸活动的企业就不存在族系品牌；只向市场提供一个主打产品（典型性产品），不提供配套产品和服务的企业，就没有互补性产品、替代性产品等。但是企业中的每个品牌和产品都会属于其中一种。同时，在复杂的品牌系统中，一个具体的产品往往不是对应一个具体品牌，很可能是由一个主品牌加一个子品牌，或者是由一个主品牌加一个修饰品牌而对应确定，横向跨国并购以后更是如此。

为有效管理日益复杂的品牌系统，Aaker 在《品牌领导》中提出用品牌架构（Brand Architecture）来明确系统中各品牌角色、品牌间关系，以及不同的产品—市场环境，让每个品牌在复杂系统中发挥应有的作用；Aaker 指出品牌架构包含品牌组合、组合角色、产品—市场环境角色、组合结构、组合图标。其中，品牌组合角色（Portfolio Roles）分为战略品牌、关键品牌、银弹品牌、现金牛品牌 4 种，产品—市场环境角色（Product-Market Context Roles）包括背书者 / 子品牌角色、受益品牌角色、联合品牌、驱动品牌 4 种。前一种角色划分是将品牌视为识别市场机会的工具；后一种则是将品牌看作界定具体产品的手段。然而，这两组品牌角色类型并不能清楚地说明品牌系统如何影响消费者做出最终的选择。为解决这个问题，我们根据品牌 / 产品在消费者选择中的影响力强弱，将品牌系统的品牌角色分为驱动性品牌、担保性品牌、修饰性品牌三类。一个品牌旗下的各类产品则可扮演旗舰产品、认知强化型延伸产品与认知稀释型延伸产品等角色。

（四）消费者选择中的品牌角色分工

面对一个复杂的企业品牌系统，消费者在进行购买决策时，到底是哪类品牌在促成购买行为？是整个品牌系统，还是品牌系统中的某个子类？研究表明，品牌系统中包含驱动性角色、担保性角色、修饰性角色等三类角色（见图 2-8），它们有一个明确的“职责范围”，或共同，或独立发挥作用最终促成消费者做出品牌选择。

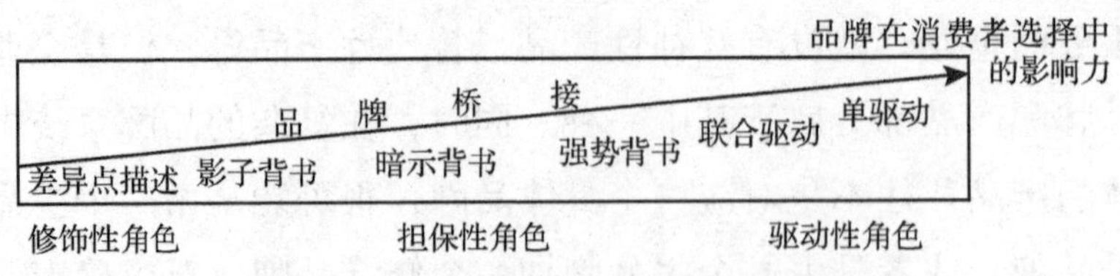

图 2-8 消费者选择中的品牌角色

1. 驱动性角色——给予消费者购买理由

品牌驱动行为主要表现为消费者“指牌购买”。如果消费者得不到该品牌产品，他内心就会感到不安。扮演驱动角色的品牌通常具有一定的品牌忠诚、品牌偏好，所秉持的价值主张正是与消费者使用体验的期望相一致，所带来的利益（包括功能利益、情感利益等）正是消费者想得到的。

驱动性角色多为品牌系统中的族系品牌（主品牌），其次为子品牌，同时公司品牌、成分品牌、项目品牌、原产地品牌在某些时候也可以起一定的驱动作用。根据驱动品牌的参与数量多少以及品牌在消费者选择中的影响力大小，可将驱动性角色分为单驱动、联合驱动等。单驱动角色通常由主品牌承担，表现为消费者对品牌非常依恋，如 Apple 手机的“果粉”、小米手机的“米烧”；联合驱动角色主要由品牌系统中两类或两类以上品牌承担，如“主品牌 + 子品牌”“公司品牌 + 成分品牌 + 项目品牌”等。

驱动性角色反映了品牌在多大程度上能促使消费者最终做出购买决策。事实上，一次购买行为可能会涉及品牌系统中多个品牌，每个品牌的驱动作用可以介于 0~100%。对于成分品牌、合作品牌等属于其他公司的品牌，在参与联合驱动时，则要把握好品牌契合度、技术互补性等原则。山东威高集团 2008 年通过和美国美敦力（Medtronic）在中国市场开展 5 年期合作，学习到了陶瓷髋关节（股骨头）的生产制造技术，与美敦力成为全球仅有的两家能够生产陶瓷髋关节的公司；2017 年 11 月，威高集团收购了核心产品为穿刺活检产品、血管介入类产品和引流导管的美国爱琅公司（Argon），借此进入欧美高端医疗市场。

当然，驱动性角色并非都是由强大品牌来承担，在某些时候，微小属性（即与产品性能无显著相关的属性）被放大后能提升消费者对品牌评价（刘红艳、王海忠、郑毓煌，2008）。例如，农夫山泉以“有点甜”的口感诉求使其成功立足于强手林立的饮用水市场，这其中就是农夫山泉的“口感”特征品牌发挥了一定的驱动作用。这说明像特征品牌、项目品牌这些看似毫无力量的修饰性品牌，在某些状态下也具备较大的驱动力。

2. 担保性角色——转借强势品牌的市场信用

在品牌系统中，担保性角色承担着给受托品牌的产品品质、消费体验、售后服务等内容提供信誉保证的任务，承担这一角色的品牌被称为背书品牌。背书品牌（Endorser Brand）与受托品牌（Endorsed Brand）是Aaker提出的一组概念，受托品牌主要是企业希望未来具有驱动性功能的独立品牌，而背书品牌通常是企业品牌及第三方合作品牌。其中，第三方合作品牌包括：成分品牌、原产地品牌（包括原产国品牌）、著名客户、强势媒体（如央视）、著名代言人（如明星、名人、企业领导人）及认证机构等，它们一般有着良好的市场声誉和广泛的消费者基础。通过借助背书品牌的强有力影响，受托品牌向市场传递的品牌形象和做出的品牌承诺得以再度强化，并承接背书品牌与消费者间的、可持续的、可信任的品牌关联，从而获得市场认同。

在由企业品牌背书或主品牌背书的品牌系统中，根据背书品牌承担品牌驱动力大小，可将背书形式分为影子背书、暗示背书和强势背书。

（1）影子背书是指受托品牌与背书品牌之间在产品外观、产品包装以及品牌宣传上并没有建立多少的视觉联系，有时受托品牌代表的是完全不同的产品和市场，但许多消费者清楚他们之间的关系。如定位为打造高端家电品牌的卡萨帝（Casarte），虽然它有着与母体品牌“海尔”不同的品牌个性、消费人群，并且采用独有的精品店渠道以及独立的官网，但多数消费者初次认可卡萨帝还是海尔的品牌影响力。

（2）暗示背书是指借用某种表达方式来暗示受托品牌与背书品牌之间的特定联系。主要形式有：①企业标识或印章。如通用汽车旗下有四大主力品牌：别克、欧宝、雪佛兰、凯迪拉克，会在车尾出现“通用或GM”一小字眼。②生产厂商落款。如茶饮料“东方树叶”内外包装底下一行上都写有“农夫山泉出品”。③公司声明。如2014年12月海尔商城发布“关于统帅电视TS40M的声明”，这就让消费者知道统帅电视是海尔的背书产品。④关联名称，以前缀或后缀方式。如小米公司的红米、米聊等，惠普公司的LaserJet、DeskJet、OfficeJet等。对于新的、尚未确立市场地位的受托品牌，暗示背书尤为有用。

（3）强势背书通常是指背书品牌以非常直观的方式和受托品牌显示在一起，这其中包括：①醒目的标志。如福特旗下的全顺、蒙迪欧、福克斯等独立品牌的车身上，福特标志与字体放在车头最显眼处，受托品牌反倒是处于不起眼处；在广告宣传中，福特与受托品牌的分量不分伯仲，有时福特的分量会更重。②两个品牌名称字号大小相当。③同时出现在广告语中。如“黄金酒——五粮液集团荣誉出品”。在强势背书模式中，虽然受托品牌仍是推广活动中主角，但背书品牌起到的驱动作用更大些。

在由第三方合作品牌背书的品牌系统中，主要有暗示背书和强势背书两种形式。

（1）第三方暗示背书主要通过：①政府或其授权机构认证等实现，分为产品认证和体系认证两种。产品认证包括美国UL认证、欧盟CE认证、中国CCC认证、QS认证、有机食品认证、节能节水认证等；体系认证一般有ISO 9001质量管理体系认证、ISO14001环境管理体系认证、OHSMS18001职业健康安全管理体系认证、HACCP

食品认证等。这些认证是市场准入的必备条件，虽带有一定的强制性，但受托品牌获得它后，无疑能起到一定的信誉背书作用。②成分品牌、原产地品牌（包括原产国品牌）等第三方合作品牌在受托品牌营销活动中出现，如“瑞士钟表”能让消费者产生好感，从而产生一定的背书作用。

（2）第三方强势背书主要通过市场中一些强有力的机构或人物提供。以中国铝材行业龙头企业、全球第二大工业铝产品生产商——忠旺集团为例，2017年9月，忠旺集团收购了德国高端铝挤压企业乌纳铝业（Aluminium Werk Unna AG）的控股权，乌纳铝业由此进入忠旺集团的品牌系统。不仅如此，乌纳铝业拥有强大的客户群（如奔驰、宝马等汽车企业），以及全球数十家航空公司认证及质量证书（如空客、波音等品牌认证），它们一同为“忠旺”品牌在国际市场品牌背书，助力忠旺打开国际航空市场和高档汽车市场。2017年10月，忠旺集团开展纵向并购（下游终端制造），收购了总部在澳大利亚的全铝合金超级游艇制造商Silver Yachts控股权。Silver Yachts超级游艇被冠以“海上超级跑车”，在速度和燃油效率等方面代表着世界顶级水准。毫无疑问，这两起跨国并购，为“忠旺”品牌开拓国际高端市场提供了强大的担保作用。

3. 修饰性角色——承担细分市场的品牌识别

企业为了让品牌满足不同市场的消费者需要，在不改变主品牌形象的情况下，通常会根据产品款式、型号、特殊版本或产品配置、质量水平、功能属性等内容的不同增加一个修饰成分，进而对品牌产品加以完善或区分。这一修饰成分即为修饰性品牌，它承担了帮助消费者对细分市场进行品牌识别的角色。在品牌系统中，特征品牌、项目品牌、合作品牌、成分品牌、产品描述等都可能担当修饰性角色。

修饰性品牌通过在单品品牌或族系品牌上引入微小但有力的品牌差异，既适应了细分市场的需求，驱动细分人群的购买行为，又不会分散消费者对主品牌的注意力或者稀释主品牌。不过，修饰性品牌虽具有一定的驱动作用，但在消费者整个购买行为中，起决定性驱动作用的仍是主品牌或子品牌。同时由于修饰性品牌代表的内容过于具体，这种品牌很难成长为独立品牌，所以企业通常不会投入过多的资源把它当作驱动性品牌来培养。

五、品牌国际化新解的理论价值与实践意义

关注、理解并解释企业行为，并将之理论化、概念化是理论工作者的重要任务之一。“基于子系统国际化的品牌系统国际化”的提出有助于消除品牌国际化理论与中国企业实践对比造成的认知冲突，有助于丰富品牌国际化理论体系和基本内涵，并指导中国企业品牌国际化实践。

跨国并购行为推动企业品牌国际化复杂系统的形成。企业通过实施跨国并购，借力国际品牌收购或租赁，进入国际市场，特别是发达国家，扩大品牌经营空间的地理范围；或者接受品牌授权，把国际知名品牌引入中国市场，开展品牌联合，获得国外先进技术和品牌运作经验，逐渐形成了一个包括多市场、多产品、多品牌的国际化复杂企业品牌系统。

更合理地解释中国企业品牌国际化的内涵。中国企业跨国并购的主要目的是为了获取技术和市场（品牌），当并购完成以后，企业高层通常会宣布企业实现品牌国际化之类的话语，然而，如果按理论界做出的品牌国际化中“一个品牌”的界定及其国际化程度，那么中国绝大多数的品牌的国际市场份额超低，特别在发达国家市场其份额极少。但是，这些企业跨国并购中获得了国际品牌100%所有权，变成其自有品牌，同时企业的国际销售收入和市场占有率以及在全球市场排名均获得明显提升，在资本市场、人力资源市场等要素市场和消费品市场的知名度得以扩张，因此，把品牌国际化中“一个品牌”扩展到由自有品牌形成的品牌系统，即跨国并购后，企业品牌系统实现国际化。

更清晰地理解中国企业保留被并购国际品牌的行为。中国企业在长期的品牌经营过程中，已经意识到了复杂企业品牌系统中存有不同的品牌角色与产品角色，它们推动品牌系统走向有序或无序。企业品牌系统中包含驱动性角色、担保性角色、修饰性角色等品牌角色，以及旗舰产品、认知强化型延伸产品与认知稀释型延伸产品等产品角色。它们在影响消费者决策中所起的作用各不相同，如果相互配合到位，将会推动品牌系统有序运行；反之则会将品牌系统引向无序。例如，驱动性品牌是品牌系统中“冲在前面”与消费者正面接触的品牌，但如果企业强推担保性品牌、修饰性品牌，将会引起系统混乱；认知稀释型延伸产品有时在短时间内能做大品牌销量，但随着时间推进，最终会稀释品牌资产，伤害品牌系统。正因为品牌系统中品牌角色、产品角色的差异性，中国企业跨国并购以后，考虑到自创品牌在发达国家市场的品牌影响力弱小，通常会继续用“被并购”的自有品牌面对市场，而作为“后来者”的自创品牌会选择“若隐若现”地藏在幕后，以“主心骨”的身份支撑着国际化的品牌系统。

更深刻地认识到后发企业自创品牌国际化会经历曲折过程。由于原产国效应等因素存在，中国企业在国际化过程中遇到了“国际并购市场”强势与“国际终端市场”弱势的尴尬状态。作为外来品牌，哪怕在发达国家市场实行“海尔式”三位一体本土化策略，都很难见效。由此可见，作为发展中国家的后发企业，其自创品牌国际化之路的艰难。在这一背景下，中国企业纷纷采取跨国并购国外知名品牌的方式，曲折进入发达国家市场。从后续的运营状况来看，这一做法取得了一定的国际化成效，主要表现在把一个“品牌”放大到一个“品牌系统”，该品牌系统提供的产品海外收入逐年增加，全球市场份额逐年增长。

更有效地引导中国企业走上现实可行的品牌国际化道路。前面分析，可知品牌系统中的角色不是固化的，在特定条件下会发生角色变换。一般来说，如果一个品牌承担了双重角色，如担保性与驱动性、驱动性与修饰性，这其中可以或可能发生角色变换。Aaker（1996）、Sylvie Lafort（2009）曾提出，当企业新推出的品牌或产品驱动力不够时，可利用品牌桥接（Brand Bridging）战略，让担保性品牌在外围发挥作用。在驱动性品牌壮大到足以独立时，担保性品牌便逐渐撤出或者淡化其角色。同理，驱动性品牌成长到足够强大时，也可承担担保性角色；修饰性品牌在某种特定条件下可承担驱动性角色。在产品子系统领域，认知强化型延伸产品在品牌运作得当以及市场存续时间足够长的情况下，可能成为旗舰产品，但这种角色变换是单向的。因此，跨国并购以后，采用"借船出海"或"买船出海"将企业的产品推向市场，在这一过程中，完善国际化品牌系统的功能，充分利用好被并购品牌在当地市场的驱动性角色，把并购企业的自创品牌作为担保性或修饰性品牌，然后逐渐由单驱动变成双驱动，走出中国企业特有的品牌国际化之路。当然，这一过程可能是漫长的，需要有足够的时间与耐心。

第 3 章　跨国并购事件的品牌国际化传播

一、品牌传播："载体 + 媒体 + 工具"的组合

品牌传播是指在品牌识别的整体框架下，借助报纸、广播、电视、网络等媒体，运用广告、公关、新闻、人际等传播方式，将品牌名称、品牌价值观等信息推广出去，以建立品牌形象，促进产品市场销售。品牌的持续传播有利于扩大品牌知名度、培养消费者的品牌忠诚。

（一）品牌载体

品牌载体是指承载品牌精神、内蕴品牌内涵、反映品牌个性、密切品牌与消费者联系的携带品牌信息的媒介（谌飞龙，2012）。品牌载体是品牌要素系统中的一部分，其类型主要包括"人""物""事"等。例如，"人"，包括代言人、创始人、公司领导、优秀员工等；"物"，包括产品、特色服务等；"事"包括品牌故事，品牌事件等。不难发现，一些企业在花费了成千上万的品牌形象投入后，却最后发现该品牌的载体无法承载品牌所代表的形象和战略规划，最终以失败告终，造成极大的资源浪费。

1. 品牌载体是"人"

（1）以代言人作为品牌载体。在品牌创立初期，消费者对品牌的认知几乎为零，而具有高知名度的品牌代言人能吸引公众的注意。一般来说，公众人物比普通人物更容易引起观众的注意，因此，公众人物的参与有利于迅速地扩大品牌知名度。例如，明星作为公众人

物，有着广泛的社会关注度，由他们代言的产品往往能引起消费者的兴趣，因而企业不惜花费大价钱聘请明星作为企业或产品代言人，并利用这种“明星效应”为自己的品牌宣传造势。当然，企业选择代言人作为品牌载体也需谨慎，有些代言人可能会因出现违法或绯闻等负面事件难以传播品牌的正面信息。

（2）以“粉丝”作为品牌载体。有人说：“未来没有粉丝的品牌将寸步难行。”在粉丝经济模式中，很多企业在产品还没正式上市前就开始采取各种办法大量“吸粉”，并提前接受用户预订产品，而粉丝们也不再满足于单纯关注，想要更多地表达和参与产品设计过程。比如小米公司的手机、空调等产品从程序开发到外型设计，都会广泛听取“米粉”的意见，并邀请“小米社区”中参与度高的活跃“米粉”参与更多的线上、线下活动。因此，那些参与度高、黏性强的粉丝在积极购买产品的同时会不遗余力地帮助宣传产品和品牌，“粉丝”也就成了品牌产品的设计者、消费者和传播者。

（3）以消费者作为品牌载体。有研究指出：“一个满意消费者会引发 8 笔潜在的交易，其中至少有 1 笔可以成交；一个不满意消费者可以影响 25 人的购买意愿。”由此可见，“用户告诉用户”的做法其市场影响力十分强大，这也说明以消费者为载体的口碑传播是一种既节省成本又有效的品牌传播方式。企业应该善待消费者，并引导其成为有价值、有力量的品牌载体。

（4）以创始人作为品牌载体。许多消费者了解品牌，了解品牌提供的产品，是从了解企业的创始人开始的。创始人作为企业第一代的领导人，通常对企业品牌的创建以及品牌文化和价值观的形成起着决定性影响。因此，作为承载品牌历史信息的创始人，他在品牌传播中的作用会很明显。

2. 品牌载体是“物”

（1）以产品作为品牌载体。产品是承载着品牌信息的天然载体，而品牌只有依附于产品这一实际的载体才可得以持续和良好的发展。

无论消费者是看中了产品本身（使用价值），还是受产品附加值（交换价值）的吸引而选购某种产品时，影响其购买的最终和最基本因素都是产品，因为即便是再高的附加值也是建立在产品这一实体之上的，脱离了产品，附加值也就无从谈起。因此，品牌必须时刻与产品紧密相连，在发展过程中确保两者不脱节，在产品对其强有力的支撑下，品牌才能够持续稳定的成长。

（2）以服务作为品牌载体。随着时代的发展和科技的进步，服务行业迅速发展，品牌之间的竞争在一定程度上演变为服务的竞争。优质的服务，能够为企业树立良好的品牌形象，加快品牌的传播。

3. 品牌载体是“事”

（1）以“品牌故事”作为品牌载体。让人充满遐想的品牌故事总能给人以深刻的启迪、强烈的情感冲击。翻开品牌的历史，都会发现每个品牌都拥有独一无二的品牌故事。企业要善于“讲故事”，传奇、生动、有趣、有料的品牌故事常常能够让品牌自己说话，让社会大众乐于分享，从而把品牌从冰冷的物质世界带到一个生动的情感领域，使品牌“润物细无声”地进入消费者心中。

（2）以“品牌事件”作为品牌载体。事件营销是指企业巧妙地利用社会舆论关注的公众事件，将品牌与公众事件建立关联，并开展营销推广的一种手段。事件营销分为借势和造势两种，面对瞬息万变的事态发展和社会舆论的进展，从事件时机的选择、策略的制定与执行、媒体的配合和后期跟进，必须环环紧扣、层层递进。企业要善于选择公众注意力最集中、社会情绪高涨旺盛之处作为切入点，高效而巧妙地提高品牌与重大事件的关联度，努力让品牌的商业价值借事件的话题达到最大化。

（二）传播媒体

传播媒体主要有报纸、杂志、广播、电视和网络等，其中前四种被称为传统媒体，后一种为新兴媒体。随着移动互联网的出现，社交媒体得到越来越多的关注。赢得媒体（Earned Media）、自有媒体

（Owned Media），以及付费媒体（Paid Media）已经成为当前社交媒体营销领域的重要类型。

报纸是当前普及性最广的媒体之一。报纸媒体由于历史悠久、制作技术成熟，生产成本低，消费者获取成本低廉。不过随着新兴媒体的出现，人们获得信息的途径在发生变化，报纸传媒行业受到的冲击越来越大。

杂志属于平面媒体，与报纸等印刷媒介一起统称为“纸媒”。由于杂志种类繁多，专业化与大众化、高雅化与低俗化在社会上共存，而且时效性弱，覆盖面有限，社会影响力日渐式微。不过一些杂志开始朝网络化、视听化方向改造。

广播是通过电波来传送讯息的声音媒体，因收听方便而备受青睐。随着信息技术发展，广播也开始改变传统的“只闻其声不见其人”“我播你听”的单一声音传播方式，直播间内外不仅可以实现“互动交流”，而且还可以“视频直播”，逐渐向融媒体方向演变。

电视媒介仍是最具实力、最为贴近生活的传播媒体之一。由于电视技术的进步，电视中细分出了各种不同的类型的电视频道和节目，呈现方式日益具有视觉冲击感和感染力，播放方式也日益网络化和多元化，从而满足社会大众多样化生活需求。

网络媒体作为信息社会的产物，集合纸媒、广播、电视等媒体优势，实现了文字、图片、声音、图像等传播符号和手段的有机结合，成为社会各界人士，特别是青年一代使用频率最高的传播媒介。为了应对消费者的媒体使用习惯变迁，企业纷纷开设官网、官微、官博等网络媒体，发布企业信息，传播企业文化，关注用户感受，提升企业品牌形象等。

当然，品牌传播并不是单纯地利用某一种媒体，而是更多地采用多个媒体整合传播的方式。不过，传统媒体的影响力减弱趋势逐渐明晰，为此，传统媒体已开始不断地追求网络化改造，优化信息传播渠道，从而达到品牌传播效果的最大化。唐润华、刘滢（2011）提出了媒体国际传播能力评估体系（见表 3-1）。郭光华等（2017）在前述评估体系基础上，还提出要评价媒体国际公信力，并在对美英等发达国家 6 家主流媒体引用中国媒体报道监测后发现，“政治类内容的引用态度会倾向于消极性质，而社会类的内容则不然，引用态度较中性客观”。换个角度理解，跨国并购事件利用国外媒体开展新闻营销，不用过多担心它们会恶意地发布负面报道。

表 3-1　媒体国际传播能力评估体系

一级指标	二级指标	核心指标
（一）内容生产能力	1. 采集网络覆盖能力	①站点数量；②海外站点数量；③海外站点覆盖国家数量
	2. 生产加工能力	①采编人员数量及占员工总数比例；②海外采编人员数量及占采编人员总数比例；③外籍雇员数量及占采编人员总数比例；④采编人员的年龄结构
	3. 内容竞争力	①语种；②品种；③发稿量；④首发率；⑤原创率；⑥被转发率
（二）市场拓展能力	1. 经营规模	①资产总量；②年度总收入；③海外收入占年度总收入的比例
	2. 市场渗透力	①用户总数及人口覆盖率；②海外用户数及占用户总数的比例；③地区覆盖率；④主流媒体覆盖率
	3. 营销能力	①营销人员数量及占员工总数的比例；②海外营销人员数量及占营销人员总数的比例
（三）技术支撑能力	1. 技术先进性	①境外传输网络的先进性；②采编发设备的先进性
	2. 技术投入力度	①技术投入金额及占总开支的比例；②技术人员数量及占员工总数的比例
（四）品牌知名度	1. 历史知名度	①创办历史；②历史上的排名
	2. 国际知名度	①国际传播历史；②目前国际排名
（五）国家影响力	1. 综合国力	①所在国家综合国力排名；②所在国家人均 GDP
	2. 母语使用率	①母语是否英语；②母语在国际上的使用率

资料来源：根据唐润华、刘滢（2011）研究成果整理。

（三）传播工具

品牌传播是品牌塑造活动中最为关键的一环，有效的品牌传播离不开恰当地使用品牌传播工具。中国企业尽管积极开拓海外市场，但多数中国品牌至今还不能被发达国家接受。以三九药业为例，1995年5月1日，“999药业”在美国纽约曼哈顿时代广场竖起了“第一块”中国广告牌，不到8年后的2003年5月，这块广告牌被黯然拆除。至于为什么被拆除，因为“竖着也没用，我在纽约住了10多年，几乎没有在药店里看到过三九药业”。一位在纽约工作的人士如此表示。这种既耗费广告费，而产品又进不了市场的“无效传播”现象确实值得深思。事实上，中国品牌要能被发达国家接受，并不容易。很多人认为这是文化冲突导致的，不过，肖明超（2011）认为，“文化冲突仅仅是其表象，真正问题在于品牌是否具有强烈的品牌感召力”。品牌国际化感召力的产生往往依赖于娴熟的国际化传播手段，以此获得国外消费者的心理认同。赵寰（2015）认为，中国缺少具有强大“号召力和感染力”的“世界级品牌”，其主要原因在于，中国企业品牌全球化传播能力滞后，缺乏品牌战略传播层面规划。因此，不少专家学者和企业咨询界人士将中国国际品牌缺失归结为品牌的国际化传播能力和手段不够。

不同品牌传播工具具有不同特点，要对各种传播工具的使用特点有着准确的把握和深刻的理解，根据不同的环境，选择不同的传播方式，从而进行有效的品牌传播。当前整合营销传播IMC（Integrated Marketing Communication）是理论界和实业界共同推崇的传播理念，它要求企业将与营销有关的传播活动统筹规划，将统一的信息传播给市场，并协同处理好广告、公共关系、软文、销售促进、新闻报道、口碑等传播工具的综合运用。

广告是品牌传播的最常见手段之一，广告大师大卫·奥格威说：“企业不善于做广告，无异于在黑暗中抛媚眼。”可见，对于品牌传播而言，广告具有极其重要性。广告传播通常采用付费方式，传播活动依托的媒体社会影响力越大，支付的费用越多。因此，“小品牌做小广告，大品牌做大广告”是一种普遍现象。广告登载在不同媒介上，具有不同的效果。比如电视传播的覆盖面积大、接触率高，但成本高、干扰大；广播传播的生产成本低、受众细分充分，但不易引起注意且信息易逝。

公共关系传播是指组织与公众之间沟通与传播的解决方案，包括事件管理、新闻发布会、媒体采访、新闻报道、投资者关系等所有非人际的沟通方式及公共事务等形式。公共关系传播通过各种活动与消费者或潜在消费者沟通情感，希望获得消费者心理上的认可，消除心理距离，为品牌提供有利信息。

销售促进传播是指企业通过鼓励消费者对产品和服务进行尝试或增加购买量等而进行品牌传播活动的一种方式。其主要工具有现场示范、发放优惠券、赠送样品、有奖销售等。

口碑传播属于人际之间的非正式传播，它是由品牌所有者以外的个人或组织，向社会传递某一特定的产品、品牌以及能够使人联想到该对象的任何信息，从而导致受众获得信息传播的内容。主要包括消费者对品牌的体验和评价；媒体对品牌的宣传报道等。以用户贡献内容 UGC（User Generated Content）为例，用户将自己原创内容通过视频网站、论坛、博客、朋友圈等互联网平台进行展示或者提供给其他用户，并影响用户态度与决策。

二、“让外国人讲中国故事”：吉利集团跨国并购事件的品牌传播

在品牌传播活动，获得新闻媒体、赢得媒体等非付费媒体的支持，是众多企业梦寐以求的事情。2018 年 2 月 23 日，《人民日报》以“整合国际资源，持续技术创新”报道了吉利集团“从民营小企业

到全球大集团”，讲述了吉利通过一系列跨国并购事件，追求技术、研发、采购、品牌等方面协同效应而成长为掌握吉利（GEELY）、沃尔沃（VOLVO）、领克（LYNK & CO）、宝腾（PROTON）、路特斯（LOTUS）等十大汽车品牌的全球大集团。事实上，吉利集团取得的辉煌成就不仅国内的《人民日报》等主流官方媒体在报道，而且国际上的各大媒体也是争相报道。2018 年 2 月 27 日，德国总理默克尔在柏林召开的新闻发布会上，被问及吉利收购戴姆勒接近 10% 股份的情况时，表示政府对此事进行审查，“但似乎并未发现任何违规行为”。这一表态获得了全球媒体的正面报道，吉利集团及其掌舵人李书福成为全球关注的焦点。

（一）跨国并购的系列事件回顾

2002 年，李书福一度谋划着要收购英国汽车品牌罗孚（Rover）；2006 年，希望并购奔驰汽车的时尚车型 Smart，但都未成功。2006 年，吉利汽车以合资公司换股的方式获得英国锰铜（Manganese Bronze）23% 的股份，从而开创了吉利集团在股权投资领域国际化征程中第一步；2013 年，吉利收购了英国锰铜的全部股份。2009 年，完成了对澳大利亚自动变速器生产商 DSI 的全资并购，后因无法将 DSI 公司转型为整车生产企业，2014 年吉利将其转手。2010 年，完成了中国汽车发展史上最大的并购案收购沃尔沃轿车 100% 股权以及相关资产（包括 Volvo 汽车商标等知识产权），吉利由此走上快速发展的道路。进入 2017 年以后，吉利集团发起的几起国际并购更是牵动全世界汽车业界的神经：收购了马来西亚 DRB 旗下宝腾（PROTON）汽车 49.9% 的股份以及英国豪华跑车品牌路特斯（Lotus）51% 的股份；收购美国太力（Terrafugia）全部股权。由此进入飞行汽车领域，成为 AB 沃尔沃集团的第一大股东，关联业务开始涉及卡车、客车等领域。2018 年，吉利集团动用近 90 亿美元在二级市场收购戴姆勒公司（Daimler）股份，并成为戴姆勒最大的股东。

戴姆勒公司是奔驰汽车母公司，旗下拥有迈巴赫、梅赛德斯—奔驰、梅赛德斯—AMG 等豪车品牌。吉利集团通过一系列并购，关联业务领域涵盖乘用车、商用车、性能车、新能源车、飞行汽车等各个领域，品牌覆盖范围从平民品牌到豪华品牌等（见图 3-1）。

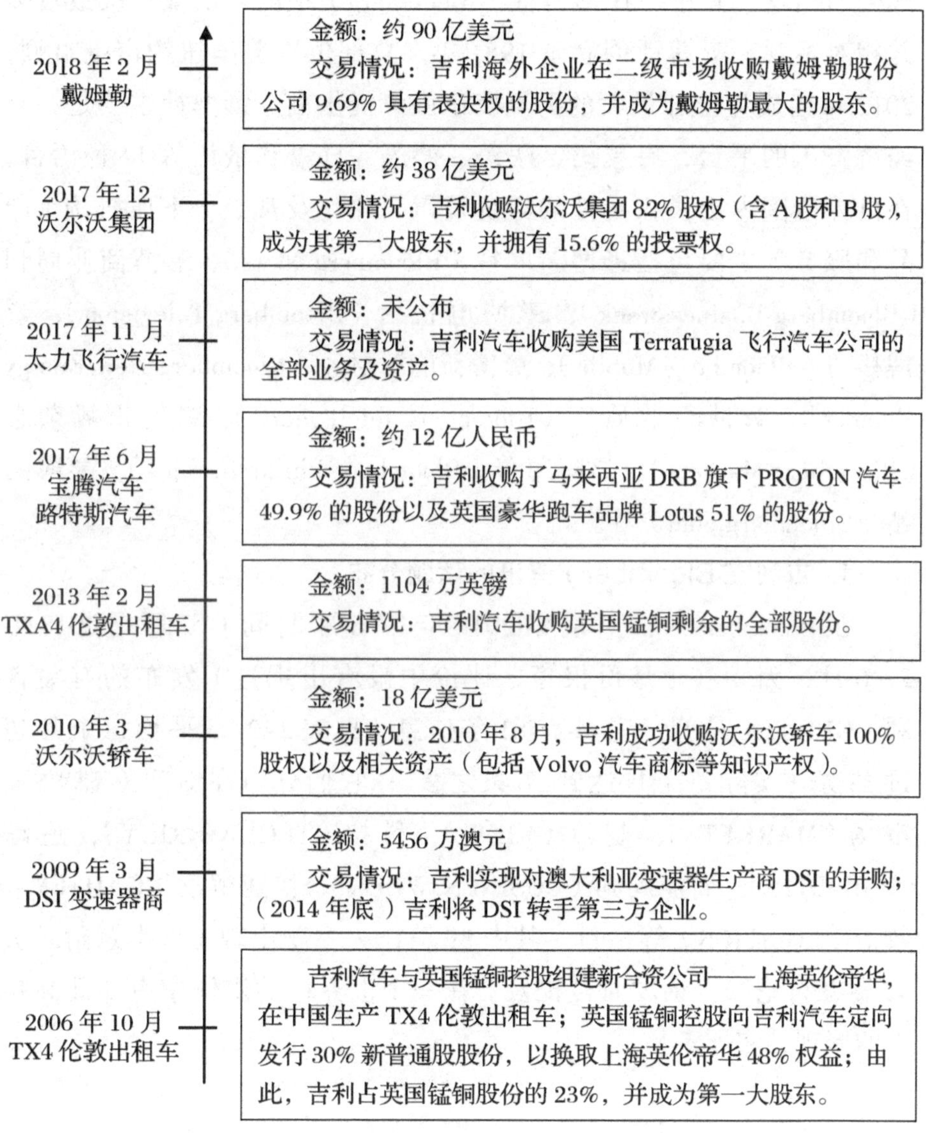

图 3-1　吉利控股历次跨国并购情况

（二）国际化“品牌标签”：基于Bloomberg资讯的内容编码分析

在资料检索过程中，发现对吉利集团的报道、评论经常在英国BBC、路透社、《金融时报》、美国彭博社、《纽约时报》等国际大媒体公司出现。其中，在彭博社（Bloomberg）中的“出境”次数较多并相对客观。彭博社创立于1981年，总部位于美国纽约市曼哈顿，2012年起成为全球最大的财经资讯服务提供商。彭博社主要是一个经济资讯的平台，有英语、法语、德语、日语和俄语等11种语言，在世界范围内提供权威性的经济资讯、评论及观点。下属机构（产品和服务）主要包括彭博新闻社（Bloomberg News）、彭博商业周刊（Bloomberg Businessweek）、彭博电视台（Bloomberg Television）、彭博移动（Bloomberg Mobile）、彭博新能源财经（Bloomberg New Energy Finance）、彭博行业研究（Bloomberg Intelligence）、彭博市场杂志（Bloomberg Markets）、彭博慈善（Bloomberg Philanthropies）、彭博网站（Bloomberg.com）等。

1. 吉利在Bloomberg资讯的话题分布

在Bloomberg.com上检索2018年1—6月期间（实际是2018年2—6月，因为在1月份报道、评论中没有出现过）发布的有关吉利（GEELY）信息，总共有81条信息（见表3-2），平均每个月超过13条（实际每个月达到16条之多）；它们分布在新闻（NEWS）、市场（MARKETS）、观点（VIEW）、科技（TECHNOLOGY）、追踪（PURSUITS）、商业周刊（BUSINESSWEEK）、快速解读（GADFLY）、政治（POLITICS）等栏目。其中39篇作为主题出现（见本意附录），42篇在讨论某个话题时被提及。在一个世界级的媒体中有如此高频次的展现，实属不易。

表 3-2　吉利（GEELY）出现在 Bloomberg 资讯的话题分布

类别	话题分布							
	新闻	市场	观点	科技	追踪	商业周刊	快速解读	政治
提及	8	10	2	6	5	1	5	5
主题	20	4	1	7	1	1	4	1
合计	28	14	3	13	6	2	9	6

资料来源：通过 https：//www.bloomberg.com 检索整理分析而来。

2. 吉利在 Bloomberg 资讯“被提及”时情境分析

在新闻方面，有 8 次提及吉利。其中，4 次提到吉利入股戴姆勒公司，分别在报道北汽集团和戴姆勒公司合作建立中国工厂时、采访北汽集团总裁时、报道花旗集团聘请联席主管时、报道中国拟建设能够为汽车通电的智能道路时。3 次提及（吉利的）沃尔沃，分别在报道底特律工业变化时，提到沃尔沃的发展；在报道韩国汽车品质打败保时捷时，支持沃尔沃的排名不靠前；报道索菲特克莱斯勒总裁退休时，提到拥有沃尔沃的吉利正在谈判并购该公司。

在市场方面，有 10 次提及吉利。马哈蒂尔重新担任马来西亚总理后，分析马国的股市和汽车产业时，2 次提到吉利集团在马来西亚的并购宝腾汽车；在新闻播报时，提到吉利入股戴姆勒（1 次），并正在与菲亚特克莱斯勒谈判（1 次）；在谈论香港股市时，提到吉利的良好表现（1 次）；在讨论中美关税战时，吉利拥有的沃尔沃出口，美国将受挫（1 次），以及美国与欧盟贸易关系紧张导致欧洲股市下挫时，吉利表达了担忧（1 次）；介绍中国发展海南自由贸易港，吉利将成为受益股之一（1 次）；吉利入股戴姆勒有利于欧洲经济繁荣（1 次）；在分析华尔街投资后遗症时，对中国吉利入股戴姆勒给予了正面评价（1 次）。

在观点方面，有 2 次提及吉利。分析腾讯的香港投资者时，提及吉利等企业（1 次）；分析特朗普发起的关税战时，吉利在美国开办沃尔沃工厂（1 次）。

在科技方面，有6次提及吉利。在预测未来7年电动汽车比高耗油汽车可能会更便宜时，提到吉利入股戴姆勒公司（1次）；亚洲股市反弹，以吉利为代表的中国汽车厂商领先（1次）；分析中国促使底特律变成电动汽车之城，列举了包括吉利在内等5家中国汽车企业（1次）；阿里巴巴在中国市场将智能助手植入梅赛德斯、奥迪以及（吉利的）沃尔沃，计划将每一件商品从商店安全地送达到家中（1次）；分析谁将赢得自动驾驶汽车比赛时，列举了10家企业，其中有提到（吉利的）沃尔沃（1次）；介绍捷豹路虎计划在中国生产电动汽车时，提到与（吉利的）领克存在竞争（1次）。

在追踪方面，有5次提及吉利。在对阿斯顿·马丁发布“8年来首次盈利”公告进行追踪，提到吉利入股戴姆勒公司以及拥有路特斯汽车（1次）；在追踪2018报道日内瓦车展时，介绍了吉利的沃尔沃生产的Polestar 1电动汽车的市场定位（1次）；报道美洲虎进入旅行车黄金时代时，指出吉利的沃尔沃也推出了箱式汽车（1次）；介绍北京车展升级过程中，提到李书福的创办吉利之后，已经拥有了沃尔沃和英国跑车路特斯（1次）；还提到吉利的博瑞汽车（1次）。

在商业周刊方面，有1次提及吉利。通用汽车（GM）为中国大众消费者制造便宜车，提到了包括吉利在内的4个中国品牌。

在快速解读方面，有5次提及吉利。解读安邦事件时，提到吉利入股戴姆勒公司（1次）；在解读李嘉诚退休时，提到中国一些企业的表现，比如腾讯、吉利等公司（1次）；在一篇题为《在特朗普贸易战中，中国消费者的时代已经到来》文章中，提到吉利等中国汽车品牌在吸引年轻消费者方面还需要努力（1次）；特斯拉还没有准备好在中国市场发展时，提到吉利等中国企业也在发展新能源汽车（1次）；丰田的零部件供应商Aisin计划跟吉利在中国开展合作（1次）。

在政治方面，有5次提及吉利。谈论中国富豪时，提到李书福（的吉利）1次；报道两会时，谈到人大代表李书福、吉利作为商业巨头、汽车工业代表共3次；分析美国总统掀起关税战时，谈到（吉利的）沃尔沃 1 次。

吉利（Geely）在 42 次被提及的话题中，其中，11 次因为沃尔沃而提到，10 次因为戴姆勒而提到，3 次提到李书福的吉利（其中 1 次与沃尔沃、路特斯同时被提及），2 次因并购宝腾汽车提到吉利，2 次因索菲特克莱斯勒而谈到（其中 1 次与沃尔沃同时提及），2 次因为路特斯而提到吉利（不过这 2 次都是与其他并购品牌同时提及），其他被提及的话题较为分散，只有 1 次。因此，从吉利“被提及”的情境来看，其国际化“品牌标签”主要是沃尔沃、戴姆勒等，这些主要是由于吉利开展跨国并购而形成。

3. Bloomberg 以吉利为主题报道的典型表达及编码结果

根据 Bloomberg 资讯，对 2018 年 1—6 月期间以吉利为报道主题内容进行开放式编码分析，在从原文中提炼出“关键词”基础上，进而总结、比较、整理出吉利的“品牌标签”，明确测量变量与维度，提炼核心构念（见表 3–3）。

在 39 篇以吉利为主题文章中，它们的关键词分布为：戴姆勒出现 22 次，沃尔沃出现 19 次，李书福出现 13 次，（伦敦）出租车出现 3 次，菲亚特克莱斯勒出现 2 次，领克出现 2 次，还有一些出现 1 次。戴姆勒出现频次之所以最高，很大部分原因是吉利入股戴姆勒是新近发生的事，在新闻、观点、追踪等栏目都会争相出现。因此，从以吉利为主题文章来看，其国际化“品牌标签”（品牌传播载体）主要是戴姆勒、沃尔沃、李书福等。其中，李书福作为吉利创始人成为吉利的“品牌标签”具有天然性，戴姆勒、沃尔沃成为吉利的国际化“品牌标签”显然是由于跨国并购而形成。

（三）跨国并购事件中品牌传播效果：来自 Google 搜索数据比较

跨国并购事件通常会作为新闻报道、讨论话题等内容进入搜索引擎网站的索引库、文件系统、数据库等。词条量就是根据关键字搜索

表 3-3　2018 年上半年 Bloomberg 以吉利为主题报道的典型表达举例及开放式编码结果

序号	核心构念	测量维度	典型表达举例	条目	关键词	编码结果
1	品牌传播载体	企业创始人	吉利亿万富翁老板表示欧洲市场对于全球扩张来说至关重要；李书福在瑞典的业绩记录缓解了戴姆勒员工的顾虑	13	李书福	创始人天然承载着品牌信息
2		并购对象	中国吉利 90 亿美元入股戴姆勒，成为戴姆勒公司最大投资者；戴姆勒表示可能与最大股东在中国开展合作	22	戴姆勒	并购交易名气越大，社会关注度越高
3			沃尔沃凭借 V60 旅行车回归；沃尔沃比以往任何时候都更好，得益于这位中国亿万富翁	19	沃尔沃	
4			吉利在入股戴姆勒前，与菲亚特克莱斯勒举行非正式会谈	2	菲亚特克莱斯勒	成名后，一点小举动都能引起大媒体关注
5			沃尔沃中国区负责人预见海外并购交易将促进增长	1	路特斯	
6			盛宝银行 CEO 表示吉利正为其多数股权支付“公平价格”	1	盛宝银行	
7		并购事件	中国在海外汽车并购中最大的一次交易	18	海外并购	有利于事件营销
8		行业发展	电动黑色出租车在伦敦盛行；沃尔沃汽车在最大的行业下注中为“机器出租车”设定了最新目标	4	出租车	（新）产品是品牌的天然载体
9			中国汽车制造商欲掌控驾驶的未来时代	2	领克	
10		合作伙伴	吉利的韩国合作伙伴万都在中国电动汽车初创公司中寻觅福利	1	万都	合作者愿意提及

出来的相关的词条数量，是指搜索引擎储存在其数据库中的相关网页数量。从某种程度上讲，它们在搜索引擎网站中出现的数量，能体现出社会关注度，反映事件双方品牌传播效果。

在确定检索的具体词条构成时，先行将几个关联词放到一起分别在英语、德语语境下进行了预检索，分析发现，数据数量相差较大，如“Geely Lotus cars”的词条数量在英语语境中为 65.3 万条，在德语语境中为 101 万条；“Geely Proton cars”的词条数量在英语语境中为 317 万条，在德语语境中为 356 万条，当将关联词组中的“cars”去掉时，再次检索发现词条数目相差几百万（见表 3-4）。为更全面反映吉利集团并购事件的传播力度，并且考虑到“Geely”具有中国式英语特色，而且已经在国外有注册，因此，将吉利（Geely）和并购企业品牌作为一个词组，分别用英语和德语进行 Google 搜索，查看词条数量。数据显示，吉利经过跨国并购以后，其品牌随同被并购品牌在国外的传播频次还是相当高。当然，还需要说明的是，词条数量值只是作为一个相对值而不是绝对值来看待，因为在检索的时候，发现不同时间检索出来的数值不一致，不过它们的出现趋势大致一致，即在不同的时间里检索，词条数量多的还是多，少的还是少。

表 3-4　吉利并购事件中品牌在 Google 中出现频次

序号	并购事件	搜索词条	数量（英语）	数量（德语）
1	吉利收购沃尔沃轿车	Geely　Volvo	51400000	48400000
2	吉利收购英国跑车 Lotus51% 股份	Geely　Lotus	4580000	4800000
3	吉利收购马来西亚 PROTON 49.9% 股份	Geely　PROTON	3920000	391,000
4	吉利入股戴姆勒	Geely　Daimler	3140000	3060000
5	吉利并购澳大利亚变速器生产商 DSI	Geely　DSI	209000	209000

续表

序号	并购事件	搜索词条	数量（英语）	数量（德语）
6	吉利收购美国飞行汽车 Terrafugia	Geely Terrafugia	88400	88300
7	吉利收购英国锰铜	Geely Manganese Bronze	44100	46200
8	中国吉利	Geely China	1790000	1750000

注：①搜索地点：加拿大；②搜索网址 https：//www.google.com；③搜索时间：2018 年 6 月 20 日。

1. “吉利 · 沃尔沃”受到国外广泛关注之原因分析

Google 搜索表明，“吉利 · 沃尔沃”（Geely Volvo）作为词组在英语、德语语境中均超过千万条。其中，在英语语境中达到 5140 万条之多，主要是因为吉利对沃尔沃两次收购，除了收购 100% 沃尔沃轿车外，还入股了沃尔沃集团（卡车）。这些都是媒体人，包括自媒体人共同创作的结果，它们是企业“不花钱”的广告。为什么能达到这种效果？主要原因是：①吉利与沃尔沃实力相差悬殊，符合公众猎奇心理；②吉利并购沃尔沃的事件时间跨度长与发生节点多。

（1）并购事件时间跨度长，产生的新闻多。从吉利表达并购沃尔沃轿车的意愿开始，到并购交割完成，时间跨度超过 3 年。这期间双方与并购有关的每一个动作，每一步进展，都将产生大量“新闻”（见表 3-5），引起媒体的广泛报道，并引发政府、汽车行业企业以及汽车消费者等社会各界的高度关注。

表 3-5 吉利集团并购沃尔沃轿车的基本进程

时间	事 项
2007 年 1 月	李书福到美国参加底特律车展，与福特汽车首席财务长会谈讨论收购沃尔沃，遭到拒绝
2007 年 9 月	李书福给福特汽车高管写信，表达出对沃尔沃收购兴趣，对方未予理睬

续表

时间	事　项
2008 年 1 月	经公关公司牵线，见到了福特汽车部分高管，再次表达收购沃尔沃意愿，但被明确拒绝
2008 年 12 月	福特宣布考虑出售沃尔沃
2009 年 1 月	李书福到美国参加底特律车展，与福特汽车首席执行长进行了会谈，并见到了福特汽车董事长
2009 年 2 月	福特宣布吉利汽车成为沃尔沃的竞购者之一
2009 年 8 月	福特宣布吉利汽车为沃尔沃优先竞标者
2009 年 11 月	吉利组建并购谈判团队，并先后飞赴美国、英国、瑞典、比利时等国家，与福特、沃尔沃的管理层、工会代表，政府高级官员进行商谈，最终与福特就沃尔沃汽车的知识产权达成了初步协议
2009 年 11 月	福特、沃尔沃要求吉利公布收购资金来源
2009 年 11 月	收购方案曝光：吉利收购沃尔沃 100% 股权
2009 年 12 月	与福特达成“2010 年一季度签署收购协议”的共识
2010 年 1 月	公布收购清单：3 个平台 9 款产品
2010 年 2 月	公布新工厂选址：吉利沃尔沃国产选址北京
2010 年 3 月	收购事项的融资方案敲定
2010 年 3 月	正式签约：将在中国建厂，吉利以 18 亿美元收购沃尔沃
2010 年 7 月	通过欧盟反垄断机构的并购审查
2010 年 7 月	跨国并购的申请获得国家审批
2010 年 8 月	吉利完成对沃尔沃轿车的收购交割

资料来源：根据网络资料整理。

（2）“逆袭并购”容易引发全球关注。在当时，吉利并购沃尔沃事件在全球引发了广泛讨论和争议，舆论普遍认为这是“蛇吞象”。吉利的市场规模和市场实力均在沃尔沃之下（见表 3–6），沃尔沃是世界知名品牌，而实力羸弱的吉利集团在中国本土都没什么市场优势，此时的吉利面临着巨额亏损。这一并购活动在全球热议中完成，大家都在讨论“对不对”“值不值”等问题，雷诺—日产联盟的总裁兼执行长卡洛斯·戈恩（2010）的言论颇具代表性：“如果是我的对手，我会怂恿他去购买。但如果是我的朋友，我会让他别碰。”从传播学角度讲，越是有争议的事情，传播起来越快，所以吉利并购沃尔沃的事件不仅在当时，在后来也传播很广。

表 3-6 吉利并购沃尔沃前的力量对比

时间＼项目	吉利		沃尔沃	
	销量（万辆）	销售额（亿元人民币）	销量（万辆）	销售额（亿美元）
2007	21	113.5	45.83	178
2008	22	167.28	37.43	147
2009	32.91	140.69	33.48	156
2010	41.58	200.99	37.35	179

资料来源：通过吉利公司年度报告和新闻报道整理而来。

2. 吉利并购沃尔沃的后续事件及传播

（1）因并购沃尔沃而得以每年在世界500强中“亮相全球”。2010年完成并购交割，2012年在将沃尔沃2011年营收汇总进集团后，吉利首次进入《财富》2012年世界500强榜单，排在475位。坦率地讲，吉利之所以能进入世界500强无不跟并购沃尔沃有关。这以后，吉利集团每年都能在世界500强榜单上榜，而且排名不断靠前。2013—2017年在《财富》世界500强的排名，分别是466位、477位、447位、410位、342位。从品牌传播的角度，世界500强每年公布的时候，吉利作为世界500强中的一分子都会因得到关注，被讨论和被提及而在全球范围内得到大量传播。

（2）吉利—沃尔沃合作推出全球化高端品牌——领克（LYNK & CO）。领克（LYNK & CO）品牌正如它的定位——“生而全球、开放互联”一样，还未“出生”就在强调它的“国际化”“全球化”，强调“欧洲技术、欧洲设计、全球制造、全球销售”，而且特别注重面向全球开展品牌传播。

2016 年 10 月 20 日，吉利汽车在德国柏林正式发布了名为 Lynk 和 Co 的全新品牌。此时的 Lynk 和 Co 只是一个“概念”，没有中文名字，没有确定生产工厂。

2017 年 4 月 16 日，Lynk 和 Co 在上海发布中文名“领克”，首款量产车 Lynk 和 Co 01 正式亮相。

2017 年 7 月 20 日，吉利汽车、沃尔沃汽车、浙江吉利控股集团等三方签订备忘录，沃尔沃入股全球化高端汽车品牌领克；以及吉利控股集团与沃尔沃汽车签署协议成立技术合资公司。

2017 年 8 月 4 日，宣布成立“领克汽车合资公司”。其中，吉利汽车、沃尔沃汽车、吉利控股集团分别拥有领克汽车 50%、30%、20% 的股份。与此同时，吉利控股集团与沃尔沃汽车按照 50 ：50 的股比成立“宁波时空方程汽车技术有限公司”。

2017 年 11 月 28 日，领克（Lynk 和 Co 01）正式上市。

Lynk 和 Co 品牌发布的同时，2016 年很快在 Facebook、Twitter、YouTube 等国际社交媒体平台开设官方账户，在维基百科（Wikipedia）建立了条目。从各类媒体的点击、阅读、播放的数据来看，LYNK & CO 品牌传播效果很好。如 LYNK & CO 01 正式上市发布会在 Facebook 上被播放了 200 万次（2018 年 7 月 1 日）；Google 搜索显示，Lynk 和 Co 有 392 万词条，“lynk 和 Co Geely”有 28.4 万词条，“Lynk 和 Co Geely Volvo”有 27.2 万词条（语言设置为英语，搜索时间为 2018 年 7 月 1 日，搜索地点为加拿大）。Google 搜索还显示，英国媒体以及其他的欧洲媒体对 Lynk 和 Co 给予了较大关注和正面报道，如英国有线（www.wired.co.uk）、汽车杂志（www.carmagazine.co.uk）、汽车（www.autocar.co.uk）等。

（3）收购沃尔沃集团 8.2% 股权再次让吉利进入世界的视野。2017 年 12 月 27 日，吉利控股集团宣布与欧洲基金公司 Cevian Capital 达成一致，将收购其持有的沃尔沃集团 8.2% 股权，成为其第一大持股股东。最早发出这条消息的是英国路透社（Reuters）。

将“Volvo Group Geely”作为词组在 Google.ca 网站搜索时发现，英国路透社、英国《金融时报》、美国《纽约时报》、美国彭博社等全球主要媒体对吉利收购沃尔沃集团 8.2% 股权均有报道：

● 中国吉利在最近的瑞典投资中转向沃尔沃卡车（路透社）

China's Geely turns to Volvo trucks in latest Swedish venture（2017–10–26）

● 中国吉利拟 32.5 亿欧元入股沃尔沃集团（《金融时报》）

China's Geely takes €3.25bn stake in truckmaker Volvo Group（2017–10–27）

● 尽管中国限制，吉利收购沃尔沃卡车的股份（《纽约时报》）

Geely Buys Stake in Volvo Trucks, Despite China Restrictions（2017–10–27）

● 轿车业务已入囊中，中国亿万富翁李书福将目光转向沃尔沃卡车业务（彭博社）

China's Billionaire Li Turns Gaze on Volvo Trucks After Cars（2017–10–26）

● 吉利基金让沃尔沃汽车和卡车品牌重新团聚（2018–01–04）

Geely Money Reunites Volvo Car and Truck Brands（gas2.org）

谷歌网站中吉利的相关搜索（Related Search）自动弹出“吉利附属公司”（Geely Subsidiaries）：沃尔沃汽车（Volvo Cars）、路特斯汽车（Lotus Cars）、宝腾控股（Proton Holdings）、戴姆勒股份（Daimler AG）、太力（Terrafugia）、锰铜控股（Manganese Bronze Holdings）。虽然把戴姆勒股份作为吉利附属公司的提法不很准确，但吉利集团因跨国并购而与这些大品牌建立关联，从而对吉利的品牌国际化传播有很大益处。

三、案例发现：跨国并购与品牌国际化传播的关系

研究表明，跨国并购事件能够给并购企业带来一定的品牌国际知名度，而能带来多大知名度则与被并购企业自身的知名度，以及并购

后续的运作有关。当被并购企业属于全球性品牌时，其存在着品牌知名度溢出效应，对并购企业品牌国际化传播有帮助。根据 Google 搜索数据、Bloomberg 资讯文本，以及吉利国际化销售状况等分析，还可以得出并购企业品牌知名度能够在国际上获得提升等方面的结论与启示。

（一）被并购品牌的影响力越大，对并购者品牌的国际化传播效果就越好

吉利集团前后发起了 10 多起跨国并购活动，其中国际知名度最高当属戴姆勒（尽管进入戴姆勒，只是入股 9.69%）和沃尔沃。从 Bloomberg 资讯的文章文本分析来看，戴姆勒和沃尔沃给吉利带来的国际曝光频次也最多。尽管像 Terrafugia 飞行汽车这么有卖点的产品和企业，而且是 100% 收购，但似乎媒体并没有将 Terrafugia 与吉利在话题中建立关联，也就没有给吉利带来更多的品牌在国际上曝光机会；还有像吉利集团对英国锰铜（黑色出租车）收购，从最初换股 23% 直到最后拥有 100% 的股权，虽然发生过多次并购行为，但好像也没有给吉利带来更高的品牌国际曝光度。因此，分析跨国并购事件能否带来品牌国际知名度，关键要看被并购品牌在国际知名度和国际影响力，因为这里面还是存在着品牌知名度溢出效应。

（二）跨国并购能够提升品牌知名度

国际媒体在谈论吉利时，除了讨论沃尔沃（Owned by Geely，由吉利拥有）和戴姆勒（Geely Acquire a Stake，由吉利入股）就会联想到吉利外，在谈论具体车型的时候，吉利还是和“便宜”车捆绑在一起。如《通用汽车为中国大众消费者制造便宜车》（GM Is Building Cheap Cars for China's Masses）一文，就提到了包括吉利在内等 4 个中国品牌等。

除并购（入股）沃尔沃、戴姆勒等高端汽车外，2017 年吉利还控股了英国国宝级跑车品牌 Lotus。但从吉利品牌汽车的海外销售来

看（见表 3–7），其市场主要集中在东欧、中东、非洲和南美洲等不发达区域，而且销售数量不多、价格不高。如 2018 年 2 月在俄罗斯市场推出的 Geely Atlas（博越），官方售价约合人民币 11.57 万 ~15.62 万元，此车由吉利白俄罗斯工厂生产。由此可见，吉利集团发起的系列跨国并购事件提升了国际市场上品牌知名度。

表 3–7　吉利汽车公司国内外销售分布（辆）

类别	年　份					
	2012	2013	2014	2015	2016	2017
国内	381575	430597	358130	484363	744191	1235361
出口	101908	118871	59,721	25734	21,779	11755
合计	483483	549468	417851	510097	765970	1247116

注：2017 年国内销量包括领克品牌。

资料来源：吉利汽车 2012—2017 年公司年报。

事实上，除了通过开展跨国并购进入国际市场，吉利还已经在白俄罗斯（主要生产吉利博越）、英国（主要生产出租车 TX5）、埃及（主要生产吉利帝豪）、印尼、乌拉圭（主要生产吉利帝豪）、斯里兰卡、埃塞俄比亚等国家建有工厂。2017 年并购马来西亚宝腾公司后，开始与宝腾合作生产吉利博越，进军东南亚市场。在跨国并购和投资建厂合力下，吉利集团未来应该能够提升品牌的国际化销量。

（三）先前的并购行为对后来的并购活动有正向影响

在频繁的跨国并购活动，吉利已形成了独有的处理与并购企业关系的经验做法，并取得了被并购企业股东、管理层、员工、工会和当地政府等利益相关者的信任，从而为吉利自己赢得了良好的业界口碑，为后续的并购活动扫除了部分障碍。

2006 年吉利在获得英国锰铜公司股权并成为最大股东后，2010 年锰铜公司经营团队希望将公司控股权售予吉利，虽然吉利当时没有同意该计划，但在2013年又非常顺利地取得英国锰铜公司的全部股权，并将其改名为伦敦出租车公司（London Taxi Company，LTC），2017年又更名为伦敦电动汽车公司（London Electric Vehicle Company，LEVC）。

2010年，吉利收购沃尔沃汽车的100%股权，并遵循“吉利是吉利，沃尔沃是沃尔沃”“两者是兄弟关系，而非父子关系”的理念，采用“放虎归山”策略，并不断向沃尔沃“输血”，为沃尔沃的再次飞跃奠定坚实的基础。正因为如此，2018年5月，沃尔沃总裁在接受媒体采访时，表示“沃尔沃比以往任何时候都更好，得益于这位中国亿万富翁”（Volvo Is Better Than Ever Thanks to This Chinese Billionaire）。也是因为这一点，2017年，吉利成为沃尔沃集团（主要生产沃尔沃卡车）的最大单一股东；2017年，在并购路特斯（Lotus）过程中，有6家企业参与竞标，最终吉利打败标致雪铁龙集团（PSA Peugeot Citroen）和雷诺（Renault S.A.）两家法国汽车巨头，成为路特斯的控股股东；2018年，吉利成为戴姆勒公司的最大股东时，并没有引起各界恐慌，其主要原因在于“李书福在瑞典的业绩记录缓解了戴姆勒员工的顾虑”（Li Shufu's Track Record in Sweden Eases Daimler Workers' Minds）；目前，菲亚特克莱斯勒（Fiat Chrysler）也正在与吉利就并购进行谈判接触。

四、案例启示：跨国并购事件中品牌国际化传播策略

（一）丰富跨国并购事件的品牌载体属性

跨国并购事件作为品牌传播的载体，它承载着事件发生双方的大量品牌信息，比如品牌历史、品牌创始人、品牌文化、品牌实力，以及并购事件的推动者、被并购方等。苟德培（2016）指出，跨国并购推动了“中国声音”在国外由“可听不听”逐渐变成“不可不

听”，并且“听说”开始在“你说我听”与“我说你听”之间寻求平衡，“看听”局面由“自看自听”扭转为“人看人听”。

通常情况下，并购双方在前期已拥有一定的市场知名度和社会影响力，跨国并购“事件”一旦发生，容易会受到媒体关注，成为社会新闻、行业热点，引起更多的人关注，有利于扩大品牌知名度。品牌载体要求具有延续性的特点，并购完成后，如果后续运营得当，获得新老顾客普遍满意，产生了“1+1>2”的效果，能够形成品牌美誉度，树立良好的品牌形象，并促进产品销售销量提升。

中国企业跨国并购普遍呈现出“蛇吞象”特点，其传播效果具有一定的震撼性。这里的“蛇”不仅反映出主并企业实力不强，而且品牌知名度不高，然而，“象”多数是具有悠久历史的大品牌。一般情况下，当“蛇”和“象”的实力相差越悬殊，跨国并购事件越具有震撼性，越容易引起轰动效应，在各类媒体中的品牌曝光率就会越高，引起更多的关注并带来品牌认知度。

因此，跨国并购事件作为品牌载体开展品牌传播，对品牌国际化有很大的帮助。成功的跨国并购能够赢得社会认同，打动企业员工和消费者的心，在消费者的心目中留下深刻的印象。跨国并购事件中的品牌在消费者之间传播，可以达到加快实现品牌国际化传播的目的。

（二）创建面向国际社会的社交媒体

在移动互联网时代，企业为应对高速发展的社会化媒体，纷纷在社交媒体平台开设官方账户。刘曦（2018）研究了北京、苏州等国际旅游目的地依托海外社交媒体平台开展营销传播活动，从产出力、沟通力、传播力、吸引力等四个方面（一级指标）建立了社交网络传播效果指标体系，其中，国际重大事件等作为评价产出力的三级指标；在评价传播力时，其中，社交网络影响力、二次传播力等两项作为二级指标；意见领袖比例、媒体机构比例、优质粉丝比例、年度热帖传播速率、年度热帖的传播路径等五项作为三级指标。

社交媒体的兴起促使企业的国际化品牌传播模式发生了巨大改变。中国企业在致力于开拓国际市场、发展国际业务时，应该熟练掌握运用海外新媒体平台塑造品牌的方法与技巧。重要的是企业要在Facebook、Twitter、YouTube 等国际社交媒体平台开设官方账户，发布能让国际社会接受且喜欢的主题帖文、视频、专题活动等，并做到经常更新，努力增加粉丝量。

跨国并购企业应与品牌粉丝之间建立有温度的联系。努力提高粉丝的点赞率、转发率、评论率、增长率、保持率等指标，让粉丝成为强大的品牌载体，并有兴趣、有意愿在各类论坛、社区和素未谋面的消费者相互交流，在其中谈论品牌，在粉丝的帮助下提升品牌知名度和美誉度。这样的话，在全球社交媒体平台上，品牌传播可以影响到更为庞大的全球受众群体。

（三）与国际主流媒体和意见领袖建立良好的公共关系

新闻媒体以某个企业、品牌、事件等内容进行宣传报道，能起到事实上的营销效果。国际传播是一个跨文化、跨语言的传播过程，在对国外语言体系和消费者不非常熟悉的情况下，依靠企业自身的力量推行“硬广”，很难达到传播效果。一般来说，跨国并购活动从并购动议发出到最终交割完成，涉及事项多，经历时间比较长，每一个动作都可能成为新闻舆论关注点，运作得好都可能成为一次事件营销活动。因此，有意开拓国际市场、开展跨国并购活动的企业，应该从公共关系视角，高度重视与国外新闻媒体，特别的是主流大媒体的合作，建立起良好的战略关系，努力将跨国并购事件活动抢占新闻头条。

选择什么样的国际媒体开展合作？一些有关媒体国际传播能力的研究成果具有一定的借鉴意义。中国企业应努力选择具有以下特征的国际媒体开展合作：内容生产能力强，新闻被转发率高；创办历史悠久，在国际上有重大影响；用户总数众多，人口覆盖率和地区覆盖率高等。可以邀请国际媒体到企业参观、采访，参加诸如跨国并购之类的重大事项发布。

在品牌国际化传播过程中，企业要高度重视与各国意见领袖建立良好的互信互利关系，依靠他们帮助传播品牌有益信息，实现病毒营销和口碑营销。意见领袖通常来自社会名流、政府高官、商界精英、网络达人等群体，他们的粉丝不仅规模大，而且黏度高，发表的意见、评论会引起广泛关注，迅速扩散，甚至能引导舆论方向。经过意见领袖点赞的品牌，很容易迅速扩大知名度，形成良好的品牌口碑。比如2018年2月27号，SpaceX、特斯拉汽车及PayPal 3家著名公司的创始人马斯克（Elon Musk）看到并在Twitter上转发了一则《英国独立报》有关“中国工人9小时内建成火车站”的报道，并且在推文中发出感慨：“中国在先进基础设施上的发展要比美国快100多倍。”马斯克的推文在近一天的时间里获得7000多次转发，3万个点赞。

附录　2018年1—6月间Bloomberg以吉利为主题话题呈现

01.（2018-02-8，新闻）吉利亿万富翁老板表示欧洲市场对于全球扩张来说至关重要（Geely Billionaire Owner Says Europe's Vital for Global Expansion）

- 关键词：李书福、戴姆勒

02.（2018-2-22，新闻）沃尔沃凭借V60旅行车回归（Volvo Cars Returns to Family Roots With V60 Station Wagon）

- 关键词：中国吉利、瑞典、沃尔沃

03.（2018-2-23，新闻）中国吉利正在购戴姆勒90亿美元股份（China's Geely Is Buying a $9 Billion Stake in Daimler）

- 关键词：中国吉利、李书福、戴姆勒最大投资者

04.（2018-2-24，新闻）中国吉利 90 亿美元入股戴姆勒（China's Geely Buys $9 Billion Daimler Stake）

- 关键词：中国吉利、李书福、戴姆勒最大投资者

05.（2018-2-24，解读）吉利给了戴姆勒荫庇（Geely Gives Daimler Some Shelter）

- 关键词：中国吉利、战略投资者、戴姆勒

06.（2018-2-25，新闻）戴姆勒的中国新投资者将踏上德国友好之旅（Daimler's New Chinese Investor to Embark on German Goodwill Tour）

- 关键词：中国吉利、李书福、戴姆勒

07.（2018-2-26，新闻）获得吉利大投资后，戴姆勒在中国需要了解的事（What to Know About Daimler in China After Geelys Big Investment）

- 关键词：中国吉利、李书福、全球品牌（戴姆勒）

08.（2018-2-26，新闻）在入股戴姆勒之后，吉利在德国中心插上了中国国旗（Geely Plants Chinese Flag in Heart of Germany With Daimler Stake）

- 关键词：中国吉利、沃尔沃、伦敦出租车、戴姆勒

09.（2018-2-26，新闻）吉利入股戴姆勒是中国在海外汽车并购中最大的一次交易（Geely's Stake in Daimler Is China's Top Overseas Auto Deal）

- 关键词：中国吉利、戴姆勒、最大交易

10.（2018-2-26，解读）每一个热爱戴姆勒的人关注李书福膨胀的野心（Everybody Loves Daimler Laying Bare Li's Vaulting Ambition）

- 关键词：中国吉利、李书福、戴姆勒

11.（2018-2-27，政治）随着中国投资者瞄准德国，默克尔开始把目光聚焦中国（Merkel Fixes Sights on China as Chinese Investors Target Germany）

- 关键词：中国吉利、电动汽车、戴姆勒

12.（2018-2-27，科技）李书福在瑞典的业绩记录缓解了戴姆勒员工的顾虑（Li Shufu's Track Record in Sweden Eases Daimler Workers' Minds）

● 关键词：中国吉利、李书福、沃尔沃、戴姆勒

13.（2018-2-27，市场）吉利在入股戴姆勒前，与菲亚特克莱斯勒举行非正式会谈（Geely Held Informal Talks With Fiat Chrysler Before Daimler Deal）

● 关键词：中国吉利、菲亚特克莱斯勒、戴姆勒

14.（2018-2-28，解读）吉利，香港中心购买者错过中国的黄砖路（Geely，Hong Kong Center Buyer Miss China's Yellow Brick Road）

● 关键词：中国吉利、海外并购

15.（2018-02-28，新闻）中国吉利用了90亿美元完成戴姆勒入股交易（Geely Used $9 Billion-Collar Trade on Daimler Purchase）

● 关键词：中国吉利、戴姆勒

16.（2018-2-28，解读）选择一家汽车制造商，任何一家汽车制造商。吉利在玩什么？（Pick a Carmaker，Any Carmaker.What's Geely Playing At？）

● 关键词：中国吉利、海外并购

17.（2018-3-6，新闻）沃尔沃汽车首席执行官表示，关税将成为我们所有人的问题（Volvo Cars CEO Says Tariffs Would Be a Problem for All of Us）

● 关键词：中国吉利、戴姆勒、沃尔沃

18.（2018-3-6，新闻）菲亚特克莱斯勒CEO表示对于合作谈判，他是开放的，但还没开始（Fiat Chrysler CEO Says He's Open to Tie-Up Talks，Just Not Yet）

● 关键词：吉利、菲亚特克莱斯勒、沃尔沃

19.（2018-3-7，科技）戴姆勒表示未来与吉利如何合作，关键在于其中国合作伙伴北汽集团（Daimler Says Future Deals With Geely

Hinge on China Partner BAIC）

● 关键词：吉利、戴姆勒、沃尔沃

20.（2018-3-9，科技）吉利李书福：入股戴姆勒是由品牌威望和共同基础驱动（Geely's Li：Daimler Deal Driven by Brand Cachet Vs Common Ground）

● 关键词：吉利、李书福、戴姆勒

21.（2018-3-14，新闻）沃尔沃寻找顶级自动驾驶技术进行投资（Volvo Venture Seeks Top Self-Driving Role Angling for More Deals）

● 关键词：吉利、沃尔沃

22.（2018-3-17，新闻）电动黑色出租车在伦敦盛行（Electric Black Cabs Are Taking Over in London）

● 关键词：吉利、伦敦电动车

23.（2018-3-20，新闻）中国电动汽车制造将迎来大变化（Shakeup Looms for China's Electric-Vehicle Makers）

● 关键词：吉利、戴姆勒、沃尔沃

24.（2018-3-21，新闻）沃尔沃中国区负责人预见海外并购交易将促进增长（Volvo Owner's Chinese Unit Sees Overseas Deals Fueling Growth）

● 关键词：吉利、戴姆勒、沃尔沃、路特斯

25.（2018-4-5，科技）戴姆勒表示可能与最大股东在中国开展合作（Daimler Flags Possible Cooperation in China With Biggest Holder）

● 关键词：吉利、戴姆勒、领克

26.（2018-04-13，新闻）盛宝银行CEO表示吉利正为其多数股权支付"公平价格"（Saxo CEO Says Geely Paying 'Fair Price' for Majority Stake in Saxo）

● 关键词：吉利、盛宝银行、股权收购

27.（2018-04-24，新闻）中国汽车制造商欲掌控驾驶的未来时代（China's Carmakers Want to Dominate World's Next Era of Driving）

● 关键词：吉利、戴姆勒、领克

28.（2018-4-24，科技）亚马逊将与通用或沃尔沃汽车合作推出一项快递到车新服务（Amazon Starts Delivering Goods to the Trunk of Your GM or Volvo）

● 关键词：吉利、沃尔沃

29.（2018-4-25，科技）沃尔沃汽车向合作伙伴开放；驳回戴姆勒股权报告（Volvo Cars Open to Partners; Dismisses Daimler Stake Reports）

● 关键词：吉利、沃尔沃、李书福、戴姆勒

30.（2018-05-11，市场）沃尔沃汽车公司选用花旗、高盛和摩根士丹利助其IPO上市（Volvo Cars Picks Citi，Goldman，Morgan Stanley on IPO）

● 关键词：吉利、沃尔沃

31.（2018-5-16，市场）沃尔沃表示他们将在欧洲摒弃柴油机（Now Volvo Says It Will Ditch Diesel in Europe）

● 关键词：吉利、沃尔沃

32.（2018-5-16，观点）吉利的沃尔沃估值不是为IPO投资者的安全而建立的（Geely's Volvo Valuation Isn't Built for IPO Investors' Safety）

● 关键词：吉利、沃尔沃、戴姆勒

33.（2018-5-23，科技）吉利的韩国合作伙伴万都在中国电动汽车初创公司中寻觅福利（Geely's Korean Partner Mando Seeks Bounty in China's EV Startups）

● 关键词：吉利、李书福、万都

34.（2018-5-24，商业周刊）沃尔沃比以往任何时候都更好，得益于这位中国亿万富翁（Volvo Is Better Than Ever Thanks to This Chinese Billionaire）

● 关键词：吉利、沃尔沃、李书福

35.（2018-6-7，新闻）沃尔沃汽车在最大的行业下注中为“机器出租车”设定了最新目标（Volvo Cars Sets New Goal for Robo-Taxis in Biggest Industry Bet）

- 关键词：吉利、李书福、沃尔沃、“机器出租车”

36.（2018-6-19，追踪）已经被大家遗忘的复古款沃尔沃可能是现在最好的购买选择（The Retro Volvo Everyone Forgot Could Be the Best One to Buy Now）

- 关键词：吉利、沃尔沃

37.（2018-6-19，新闻）沃尔沃开设美国工厂，及时对冲贸易紧张局势（Volvo Opens U.S.Factory in Timely Hedge Against Trade Tensions）

- 关键词：沃尔沃、吉利

38.（2018-6-20，新闻）沃尔沃 CEO 表示汽车展厅可能会变得像脏乱的餐厅（Volvo CEO Says Car Showrooms Could Become More Like Bad Restaurants）

- 关键词：沃尔沃、吉利

39.（2018-6-28，市场）沃尔沃汽车亿万富翁老板表示贸易战将会对品牌产生打击（Volvo Cars' Billionaire Owner Says Trade War to Hit His Brands）

- 关键词：吉利、沃尔沃、李书福

第 4 章　跨国并购中实现品牌系统国际化升级

一、品牌升级与品牌国际化升级的内涵

在逆袭跨国并购中，“能否实现‘母以子贵’式品牌升级”，以及“并购国际企业的中国业务能否带来品牌国际化升级”，这些是摆在企业“走出去”过程中积极思考和探索的问题。“品牌升级”是我国特有提法，该词组最早出现在 1999 年 3 月《瞭望新闻周刊》上，是明显借鉴了“产业升级”（Industrial Upgrading）提法而提出。在中文文献的摘要译文中，通常将“品牌升级”翻译成“Brand Upgrading”，不过英文文献很少提及“Brand Upgrading”一词，而相近的词有 Brand Revitalization（品牌激活）、Rebranding（品牌重塑），虽然这两个词组大致包含“品牌升级”的内容，但它们没有“升级”一词所指内容“具体”而“传神”。

关于品牌升级的内涵。张黎明、胡豪（2008）提出，通过企业品牌位移方法来实现品牌升级，企业品牌位移是指“企业品牌更高级别的定位和整体转移”；方太集团总裁茅忠群（2009）认为，品牌升级意味着“品质与品牌的高端”，需要“专业化产品线，树立非常清晰的品牌形象……让品牌与消费者建立起‘一一对应’的关系”；杨志忠（2010）在分析品牌升级的核心逻辑时，提到品牌升级包括内在的价值升级和外在的形象升级两个层面。其中，品牌核心价值升级必须“源于产品又高于产品”，且有品牌个性和灵魂，同时要有消费

趋势、产品品质、产业链能力、品牌形象、传播手段等方面做支撑；宋耘、王婕（2017）认为，代工企业品牌升级就是要以自主品牌进行生产销售。因此，品牌升级其实就是品牌市场地位的上升或是品牌附加值的提升。

关于品牌升级的动因。周胜、段淳林（2009）从中小企业的角度，研究了品牌升级的内外驱动力。其中，外部驱动力主要是来自国际和国内大背景变化，如国际金融危机、国家产业政策调整等；内部驱动力源于企业家品牌战略的推进意志以及追逐自主知识产权形成的技术和品牌优势。张松林、程瑶、唐国华（2014）认为，零售品牌由于在终端市场直接面对消费者，对前端价值链的加工制造等环节具有"正反馈效应"，零售业品牌升级会将这种效应经过不断累积和放大，能够统一和提升市场价值链。方远（2017）认为，在消费升级的大势下，消费者的消费品位发生了变化，消费需求呈现出发展型、个性化、品质化等特点，各品类都在演绎品牌升级"大战"，高端品类正快速增长。总之，品牌升级的动因主要有：一是品牌没落或遭遇瓶颈，寄希望通过品牌升级寻求突破；二是产业升级、消费升级是大趋势，品牌只有跟上这一大势，才可能继续发展。

关于品牌升级的路径。庞亚辉（2005）认为，品牌升级是个系统工程，需要在物质和精神等层面全面导入，如产品质量、管理制度、营销网络、组织结构、企业形象等；李光斗（2007）提出，"品牌升级从精致化开始"，比如企业家形象、品牌故事、品牌情感等，以及产品、营销、传播、管理等实现同步升级；吴友富、章玉贵（2008）提出，品牌升级作为一个系统工程，除了企业要加强自主创新和实施国际品牌战略外，还有赖于政府和社会支持。一些学者结合我国企业跨国并购特点，探讨逆向知识转移机制。李自杰、梁屿汀、李卓璠等人（2014），以沈阳机床并购德国希斯为研究对象，总结提出要在增强对方合作意愿的条件下提高知识转移效果，实现弱势企业转型升级；吴先明等人（2013，2014，2016）在技术追赶理论领域的 LLL 模型（Linkage- Leverage- Learning，联结—杠杆化利用—学习）及跳板理论（Springboard Theory）基础上，分析了后发企业跨国并购逆向知识转移机制，提出只有在并购与被并购企业之间建立起包括人员互动等方式在内的有效对话机制和组织学习机制，才可能实现后发企业的技术追赶、产品升级。青岛啤酒董事长孙明波（2017）指出，通过实施"三高"（高品质、高价格、高可见度）国际化战略，青岛啤酒逐渐成为"全球化、高端化品牌"。调查表明，从 2014 年开始，青岛啤酒在发达国家的品牌认知度超过了发展中国家。[①]

在品牌国际化升级方面，Cheng、Blankson 和 Wu 等人（2005）在研究韩国、中国台湾等国家和地区的企业，特别三星公司的品牌国际化之路后，总结出："先在本地市场（Home Markets）把品牌做起来，然后运用 OEM 品牌扩大国际市场并熟悉国际市场，再逐渐减少 OEM 生产，把主要精力放在美国、日本和欧盟三大全球领先市场"。刘志彪（2005）提出，推动中国制造业从 OEM 向 ODM，再向 OBM 转型，用国际品牌牵引产业升级；杨桂菊（2010）从代工企业角度，认为品牌升级就是要成为国际品牌厂商（International Brand Manufacture，IBM），即进入品牌国际化阶段；杨光玉、王海忠（2014）认为，中国企业属于"机遇型品牌企业"，其发展驱动力很大程度上依赖于中国经济转型中的生产成本低、市场需求大等后发优势，并由此陷入了"路径依赖"，如要实现品牌升级，需借鉴"国际品牌长青基因"，运用"多学科交叉"的品牌管理方法开展科学化品牌运作；刘博、朱竑（2017）从品牌地理的角度，提出品牌突破既有地理边界向全球范围扩展，通过与品牌源地、消费地等互动实现品牌重塑。从现有文献看，研究品牌国际化升级路径更多以韩国、日本和中国台湾等国家及地区的企业为研究对象，研究中国大陆企业从 OEM 向 OBM 转型升级的文献较少。

① 数据来源：中国外文局对外传播研究中心、中国报道杂志社、新华网联合发布 2017 年《中国品牌与中国国家形象调研报告》。

关于案例企业选择的说明。中国企业通过跨国并购来寻求品牌国际化升级，这是特定情境问题，也涉及过程和机理类问题，适合采用多案例研究方法（许晖、许守任、王睿智，2013）。多案例研究有助于获得更为严谨、更为一般化的理论命题，能够较好地提高研究的外部效度。本书选取雅戈尔、珠江钢琴、西王食品作为案例研究对象。具体选择标准包括：①选取范围注重来源于多个行业企业。所选案例力求展现的内容涉及面较广，尽量提炼出一般性问题，如雅戈尔在服装业、珠江钢琴在乐器、西王食品在食用油行业等。②选择典型性企业案例。比如雅戈尔——国内服装业"第一品牌"、珠江钢琴——全球最大的钢琴制造商、西王食品——"中国玉米油第一品牌"等都具有很强的典型性。典型性案例有助于更加清晰展示构念之间的关系，选择典型性企业案例对研究跨国并购中的品牌国际化升级问题具有代表性。

二、并购境外OEM企业与收编国际品牌的中国业务：雅戈尔

（一）案例企业的发展历程

1. 从小服装厂到中国服装业的第一品牌

雅戈尔集团的前身要追溯到1979年12月创立的"青春服装厂"，这是宁波市鄞县石碶镇一家镇办小工厂。说是工厂，其实是小镇村边戏台地下室的小作坊。1980年岁末，现任雅戈尔集团董事长的李如成作为返城知青被安置到"青春服装厂"做工人。因工作业绩出色，1983年，在职工的一致提议下，李如成当上了"青春服装厂"厂长。李如成上任不久，推动工厂与上海开开衬衫厂开展产销联营，翌年销售额达百万元，攫取了企业发展史上的"第一桶金"。

李如成从接任厂长伊始，就有较强的品牌意识。1986年，"青春

服装厂”向市场推出了历史上第一个自有品牌“北仑港”；1987年，“北仑港”被国家商业部通报为“全国畅销产品”。不久后，李如成厂长考虑到“北仑港”品牌具有地域色彩太浓，文化含量不够，难以赋予更丰富的品牌内涵等局限，遂将其弃用。

1990年8月，中外合资企业雅戈尔制衣有限公司宣告成立，正式推出“雅戈尔”品牌；雅戈尔（YOUNGOR），是英语“青春”的译音。1991年，“雅戈尔”品牌获“中国驰名商标”称号，成为当时中国服饰行业仅有的两家之一。1995年，“雅戈尔”衬衫的市场占有率超过杉杉，成为同行业第一，并一直保持至今。1998年，雅戈尔公司在上海证券交易所挂牌上市。

进入新世纪，“雅戈尔”成为名副其实的中国服装行业领导品牌。2000年，“雅戈尔”西服的市场占有率又超过杉杉，成为行业第一，并保持至今。2007年，“雅戈尔”主打产品——纯棉免烫衬衫为全国衬衫行业第一个“国家出口免检产品”；衬衫、西服等产品获得“中国名牌产品”。2008年，雅戈尔公司获准筹建全国服装标准化技术委员会“衬衫分技术委员会”，这意味着雅戈尔成为我国衬衫行业标准的修订者。

2. 雅戈尔的OEM之路

雅戈尔在问鼎国内服装业“第一品牌”过程中，其实也从未停下国际化的脚步，雅戈尔集团生产的服装等产品进入了日本、韩国、欧洲、美国和澳大利亚等发达国家和地区市场，只是走的OEM（贴牌生产）之路，自有品牌国际化成效非常有限。

早在1986年，雅戈尔开始做海外OEM（贴牌生产）订单，开拓的第一个国际市场是日本；1998年，雅戈尔收购了一家日本企业，次年设立雅戈尔日本公司，成为雅戈尔了解日本市场的一个窗口；2001年，通过日本伊藤忠贸易公司，雅戈尔代工生产的西服第一次踏入了美国市场；2004年3月，雅戈尔与美国服装销售巨头Kellwood（简称KWD）旗下的香港公司SMART签约，以50%：50%比例合资组建

"宁波雅新衬衫有限公司"，主营业务及其经营模式为衬衫的 OEM 生产，全部产品经由香港新马公司出口到美国市场。不过，已经拥有强大的服装设计和生产能力的雅戈尔并不满足于贴牌生产，他们希望美国消费者能接受"雅戈尔"品牌。2004 年年底，雅戈尔公司在美国成立分公司，负责铺设销售网络，但由于美国内需市场萎缩以及配额限制等原因，雅戈尔旗下的自有品牌始终没有进入美国市场。

（二）跨国并购 OEM 生产企业

2008 年 1 月，雅戈尔集团宣布："成功完成了对美国著名大型服装企业 Kellwood 公司旗下男装核心业务部门——新马服装集团的并购。"在当时，这笔以 1.2 亿美元的净资产并购事件，是中国服饰业发展史上"中国服装品牌海外并购第一案"。

1. 并购事件的基本过程

不满足于做 OEM 加工企业，在自有品牌推向国际市场受挫的情况下，跨国并购就自然成了雅戈尔集团塑造国际品牌的重要选择。

Kellwood 公司是美国五大服装巨头之一，它的核心业务是以女装为主。2005 年年初，KWD 公司预感到美国经济会出现衰退，为加强其专业能力，欲出售包括香港新马服装公司在内的男装部门。雅戈尔出价为 1.6 亿美元，而 KWD 公司被第三方估价 3.2 亿美元，双方因交易价格悬殊，接触并未进一步深入。

2007 年，受次贷危机影响，美国经济有了衰退迹象，消费需求减弱，KWD 男装业绩正如预期出现下滑，出售男装部门的意愿更为强烈。因为雅戈尔和 KWD 公司之间已有多年的股权合作以及业务往来，加上雅戈尔有一定的服装设计生产能力和资金实力，因此 KWD 公司邀请雅戈尔参与竞投。不过此次并购过程中也曾出现过其他竞投者，形成一定程度的竞争。

被出让对象——新马集团是 KWD 公司早前通过并购获得的香港公司，新马集团管理团队的态度在促成雅戈尔集团在此次并购中胜出起到了一定的作用。新马集团特别希望雅戈尔集团成为收购方，一方面因为前期的合作增进了了解，有利于并购后的整合；另一方面，中国丰富的劳动力资源、原料供给能力以及雅戈尔在服饰方面的加工制造水平，有利于新马集团的未来发展。

李如成董事长在与KWD公司谈判时，提出“以往的长期合作是愉快的”，而且认为“雅戈尔对KWD男装业务的收购，可以视为一种投资的合作方式”。这种合作方式将会开辟双方继续长期合作的空间。由于业务上互补，新马公司进入雅戈尔之后也会得到长足发展。“新马公司作为一个KWD公司的部门，它在并购后的未来也应是其股东和高管关注的一个重要内容。”“作为一个业内知名公司，其男装部门如果在被并购后得到更好的发展，也将是KWD公司非常愿意看到的景象。”李如成董事长的说法获得了KWD公司高层和股东们高度认同，在这样的前景面前，价格已经成为一个次要的考虑因素。此时，天时地利人和的局面出现在雅戈尔面前，雅戈尔提出了一套国际化“捆绑”并购方案。经过半年多的谈判，2007年11月，雅戈尔宣布与KWD及其全资子公司KWDASIA签订三方《股权购买协议》，雅戈尔收购KWDASIA持有的新马服装集团（Smart Apparel Group Limited）全部股权和KWD持有的新马服装国际（Xin Ma Apparel International Limited）全部股权，收购金额分别为7000万美元和5000万美元；2008年1月8日完成股权交割。新马服装集团和新马服装国际统称为新马集团（见图4-1）。

通过这次并购，雅戈尔公司“获得了新马集团分布在香港的设计中心，以及在斯里兰卡、菲律宾、柬埔寨、越南和中国广东、重庆、吉林、湖南等地的14家生产基地，包括POLO、Calvin Klein在内的20多个品牌的ODM加工业务，拥有Nautica、Perry Ellis等5个授权许可品牌，以及一个具有数十年国际品牌管理和设计经验的优秀团队，一个通达美国数百家百货公司销售网点在内的销售渠道，一个保证这些货品顺畅进入这些百货公司的强大的物流系统”（李如成，2008）。

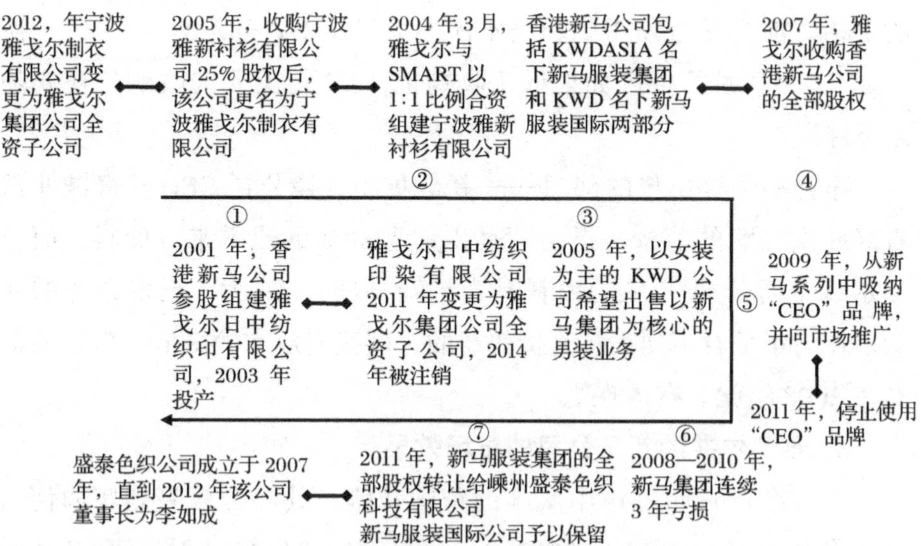

图 4-1　雅戈尔与香港新马公司的关系演变

2. 雅戈尔并购新马集团的社会反映

雅戈尔对新马集团的并购引起社会各界的极大关注。国家发改委、商务部和国家外汇管理局等国务院部门打破常规，在一个月时间内完成了全部国内审批手续，宁波市政府领导和中国纺织工业协会会长到现场参加并购签约庆典，并表示全力支持这项并购。

服装行业多位资深人士认为，"雅戈尔跨国并购对振奋民族工业的信心有着示范性的意义"。"这是中国公司进军海外时最具潜力的一次收购，是中国服装企业深入参与全球竞争而迈出的重大一步。""以新马公司和雅戈尔公司集团业务的契合度来说，从业务量、业务的互补性和市场的价值来说都是难能可贵的补充和提升，净资产收购，更属空前。""对于急于打开国际高端市场大门的雅戈尔来说，这实在是一笔划算的买卖"等。由此可见，服装业界对雅戈尔并购新马集团的事件给予了极大的肯定和极高的赞誉。

面对可能产生的并购风险时，雅戈尔董事长李如成表示，（并购新马集团）可以说是"零风险"，因为"雅戈尔支付的 1.2 亿美元并购价格，前提是必须得到新马集团不低于1.2亿美元的净资产”。换言之，“交割时的资产如果低于收购价，1.2亿美元的收购价还要随之下浮”。

作为一个被出售的部门——新马集团，该公司CEO徐静波非常看好此次并购的前景，提出“服装企业60%的成本来自面料，而雅戈尔日中纺公司30%的面料是卖给新马的”，认为“很多企业的并购，在当年是看不到太多直接效益的，而我们成本的降低、效益的提高在2008年就会有体现”。

3. 雅戈尔并购新马公司的市场效果

当年在一片叫好声中实施的跨国并购，其并购效果到底如何？2011年6月，雅戈尔（600177）发布公告，“公司以不低于8000万美元出售全资子公司新马服装集团（香港）有限公司”。并将其全部股权转让给嵊州盛泰色织科技有限公司（简称“盛泰色织”）。创办于2007年的盛泰色织是雅戈尔的联营公司，盛泰色织时任法定代表人和董事长正是雅戈尔董事长李如成。这次雅戈尔选择转让的新马服装集团（香港）是当时7000万美元收购的那部分业务，并非整个新马集团。

“几年过去，对公司业绩没有太大帮助，而且不利于公司以后的战略转型，所以选择出售。”雅戈尔公司董秘表示。财务报表也显示，新马集团被收购以后，连续3年亏损，仅2010年，新马服装公司净亏2071万元。当然，财务报表还显示，雅戈尔出售新马服装时，2011年企业开始扭亏为盈。因此，从并购事件发生前3年的财务数据来看，雅戈尔并购新马集团并没有达到预期效果。

2012年，雅戈尔董事长李如成在接受媒体采访时，谈到花1.2亿美元收购新马集团时，总结出这次国际并购事件中获得的三大收益：①整合了产业链，形成了从上游到零售终端的一体化运行体系；②整合了国际资源，建立了国际融资平台；③掌握了新马集团的一些核心技术，比如DP衬衫技术，并且认为，这是并购中最重要的收获。事实上，雅戈尔通过国际并购，在世界范围内拥有了一定的品牌国际知名度，得到了国际投行的认可。比如在后来，高盛等投资银行带着几十个国际品牌找到雅戈尔，希望雅戈尔从中选择并购对象。

4. 并购事件中的出让方 Kellwood——一个过气的服装公司

Kellwood Company 于 1961 年在美国特拉华州成立，主要从事服装生产和销售，产品以女装为主，同时涵盖男装和童装。KWD 逐步收购了 15 家独立的供应商，并在美国纽约证券交易所上市，后续完成了几笔大型收购交易，收购对象包括 Smart Shirts（香港新马公司）、Cape Cod Cricket Lane、Goodman Knitting Co.Inc. 和 Parsons Place Apparel（1994 年更名为 Sag Harbor）。

2008 年，在雅戈尔集团收购了 Kellwood 男装业务之后，该公司即被 Sun Capital Securities Group 私有化收购，从证券市场退市；随后在一年的时间里，该集团旗下有约 10 家企业进入破产保护，后几经易主。

2016 年，Kellwood Company 经过资产剥离，仅保留了其最为核心的 Fast Fashion 业务，并被 Sino Acquisition 收购；2017 年 1 月 24 日，Kellwood Company 通过资产注入的方式，将其业务注入到 Kellwood Apparel；2017 年 12 月，上海创开与 Sino Jasper Holdings、Kellwood Company 和 Kellwood Apparel 签订了《UPA 第一次修订案》；上海创开与 Sino Jasper Holdings 和 Kellwood HK 签订了《SPA 第一次修订案》，将 UPA 及 SPA 的交割截止日期延长至 2018 年 6 月 30 日（UPA 指股份单位收购协议，SPA 指股份买卖协议）；交割完成后，上海创开将获得位于美国境内 Kellwood Apparel 100% 的股权及位于香港境内 Kellwood HK 100% 的股权。

（三）并购国际著名品牌的中国业务

2017 年 10 月 18 日，雅戈尔为旗下服装品牌哈特·马克斯（Hart Schaffner Marx）举行 130 周年大型庆典。李如成董事长宣布，

“未来将加大对 Hart Schaffner Marx 在设计、渠道、营销等方面的投入，与雅戈尔系列品牌一起，以新零售与智能制造双轮驱动，共同成就”。Hart Schaffner Marx 是一个美国百年品牌，但对于中国消费者来说，它却是一个新品牌。

Hart Schaffner Marx 曾经有过辉煌的历史。1887 年，在美国芝加哥，哈特兄弟创建了一家男装店，Hart Schaffner Marx 品牌由此诞生，并最终成为美国历史最为悠久的服装品牌之一。鼎盛时期，Hart Schaffner Marx 在全美拥有 1000 多个门店，Hart Schaffner Marx 曾作为唯一的服饰品牌与宝洁、福特、可口可乐、英特尔等被评为“美国最伟大的品牌”，成为百年来美国中高档商务休闲男装的领导者和风向标。2009 年 2 月，奥巴马在美国第 44 任总统的宣誓就职典礼上，所穿着的就是 Hart Schaffner Marx 定制西装；艾森·豪威尔（美国第 34 任总统）、罗纳德·里根（美国第 40 任总统）、迈克尔·乔丹（NBA 传奇巨星）、罗克·哈德森（好莱坞著名电影人）等众多美国上流社会和知名人士都曾经是这个品牌的顾客。

1. 获取 Hart Schaffner Marx 中国独家代理权

2007 年前后，Hartmarx 公司在经营上碰到很多问题，主动找到雅戈尔集团，希望被收购，但雅戈尔怕管理不好美国企业，不敢接手。不过雅戈尔集团李如成董事长在研究中国人的文化时，注意到一个现象：在很多正式场合，参加者衣着比较休闲。比如全国院士大会，坐在主席台中央高层领导穿的是西装，下面院士穿的都是休闲衬衫，他由此得到一个结论：“中国人可能还是比较喜欢美国的休闲文化”“中国人的文化不太崇尚英国跟日本的文化，因为英国人和日本人一般都表现得彬彬有礼”等。在 Hartmarx 公司多次找到雅戈尔以后，雅戈尔决定采用代理的方式，把 Hart Schaffner Marx 引进到中国来，同时也希望通过 Hart Schaffner Marx 去更多地理解美国文化，为帮助自己去开拓美国市场。

雅戈尔获得了美国最大的男装生产、制造和运营商 Hartmarx 公司著名品牌 Hart Schaffner Marx 在中国独家代理权。Hart Schaffner Marx 是雅戈尔公司代理的首个国际品牌，品牌定位在中高端市场产品主打商务休闲，还涵盖西服、衬衫、领带、外套等服饰。根据双方代理合约，雅戈尔集团对 Hart Schaffner Marx 品牌的代理区域为中国内地、香港和澳门，代理时间为 20 年。

在雅戈尔成为 Hart Schaffner Marx 品牌代理商之前，它并没有进入过中国市场，中国消费者的对其品牌认知度不高，为此，雅戈尔成立了浩狮迈服饰有限公司来负责具体的品牌运营。Hart Schaffner Marx 被引入后，雅戈尔进一步提炼了美式商务休闲的产品风格，有针对性地开发新品，从色彩、材质、细节等角度增强产品间的关联性，使产品在中国市场定位更为清晰（见图 4-2）。

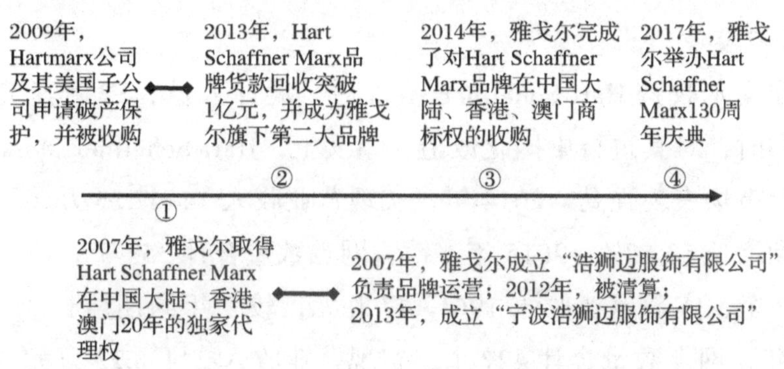

图 4-2　Hart Schaffner Marx 品牌在雅戈尔集团中的地位

Hart Schaffner Marx 在中国发展较为迅速。浩狮迈服饰有限公司在浙江宁波、杭州和安徽“试营业”的基础上不断加强品牌推广，加开店铺，截至 2011 年年底，Hart Schaffner Marx 在全国店铺达到 86 家；到 2013 年，Hart Schaffner Marx 品牌货款回收突破 1 亿元 / 年，较 2012 年增长 8.23%，并且成为雅戈尔旗下第二大品牌。

2. 并购中国境内的国际品牌：“只要品牌，不要工厂”

美国次贷危机正式爆发后，Hartmarx 公司经营效益每况愈下。

2009 年 1 月 23 日，Hartmarx 公司及其美国子公司申请破产，但其加拿大及其他非美国附属公司并未寻求破产保护；2009 年 8 月，Emerisque Brands UK 及其合作伙伴 SKNL North America 完成了对 Hartmarx 的收购；2012 年，再次发生过股权转让；目前，Hartmarx 公司归属于纽约的 Authentic Brands Group 持有。

2014 年，美国投资机构提供了 30 多个服装品牌，希望雅戈尔集团能被收购。李如成董事长最后只选了 Hart Schaffner Marx 这个品牌。因为 Hart Schaffner Marx 在中国经由雅戈尔代理后，市场反响还不错；当时 Hartmarx 公司在美国还有两家工厂，考虑到收购工厂就要解决美国工人的问题，他们权衡再三，决定：①“只要品牌，不要工厂”；②只要大中国区的品牌经营权，即中国大陆、香港和澳门，其他市场不涉及；③买断 Hart Schaffner Marx 大中国区经营权的款项，分 7 年支付。

雅戈尔收购 Hart Schaffner Marx 后，设计人员在遵循其美国风格的同时，对其进行中国化改造。事实上，Hart Schaffner Marx 被收购后，市场表现强劲。2014 年，实现营业收入 14447.25 万元，较上年同期增长 53.52%；2015 年，销售网点数量合计 353 个，较年初增加 193 个，实现营业收入 19617.47 万元，较上年同期增长 35.79%；2016 年，网点数量合计 427 个，实现营业收入 24438.23 万元。2017 年开始雅戈尔继续加大 Hart Schaffner Marx 销售网点数扩张力度，计划 5 年后销售额能做到 10 亿元的水平。

（四）跨国并购后品牌发展状况的数据分析

1. 跨国并购有助于形成多元化品牌格局

从财务数据看，雅戈尔并购 OEM 企业新马集团并没有达到预想效果；不过收购 Hart Schaffner Marx，发力美式休闲装，丰富了雅戈尔的品牌架构（见图 4-3），满足了中国市场的多元化需求。

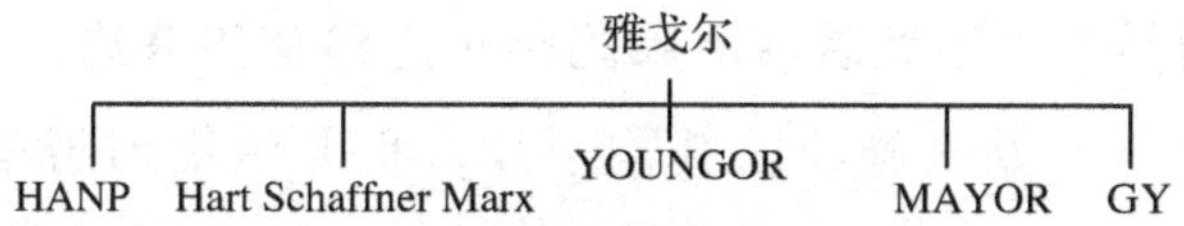

图 4-3　雅戈尔集团品牌关系谱

目前，雅戈尔已经形成了以 YOUNGOR 为核心，Hart Schaffner Marx、MAYOR、GY、HANP 齐头并进的多元化品牌格局。5 个品牌的品牌定位与产品定位较为明确，YOUNGOR 面向公务商务人群；MAYOR 是 YOUNGOR 的升级版，它主要走高端路线；Hart Schaffner Marx 主打美式休闲；GY 源于 Green Youngor 的缩写，主打年轻、时尚、混搭；HANP（汉麻世家）的原料是改良大麻，拥有防菌、防紫外线多种功能，倡导健康环保理念（见表 4-1）。

表 4-1　2017 年雅戈尔各服装品牌的盈利情况

品牌类型	营业收入（万元）	营业成本（万元）	毛利率（%）	营业收入比上年增减（%）	营业成本比上年增减（%）	毛利率比上年增减（%）
YOUNGOR	412346.78	145669.61	64.67	8.78	7.79	0.32
Hart Schaffner Marx	33236.01	11145.81	66.46	36.00	37.79	−0.43
GY	15261.23	8724.52	42.83	−0.11	20.61	−9.82
HANP	5167.29	2356.07	54.40	32.63	35.24	−0.88
MAYOR	15870.15	5356.23	66.25	233.66	175.58	7.11
合　计	481881.46	173252.24	64.05	12.74	12.39	0.11

资料来源：《雅戈尔集团股份有限公司 2017 年年度报告》。

从表 4-1 来看，雅戈尔公司品牌收入构成结构不尽合理，YOUNGOR 品牌营业收入占到雅戈尔集团总收入的 85.57%，其他 4 个品牌营业收入所占比重加在一起不到 15%。其中，HANP 品牌营业收入所占比重更是仅为 1.07%。

2. 跨国并购并不意味着品牌国际化之路真正开启

从2007年开始实施跨国并购至今，雅戈尔集团历年年度财务报告显示：雅戈尔的品牌服装营业收入全部来自国内（见表4-2），这表明雅戈尔还没有真正走上品牌国际化道路。

表4-2 2017年雅戈尔主营业务（服装）分地区情况

分地区	营业收入（万元）	营业成本（万元）	毛利率（%）	营业收入比上年增减（%）	营业成本比上年增减（%）	毛利率比上年增减（%）
品牌服装华东	249012.66	90185.83	63.78	12.01	14.65	-0.40
品牌服装华南	30105.90	9991.95	66.81	17.44	11.63	1.94
品牌服装华北	50802.96	20556.17	59.54	11.74	5.73	2.61
品牌服装华中	51373.76	16357.71	68.16	16.96	12.84	1.68
品牌服装东北	26693.90	10487.51	60.71	12.28	11.77	0.39
品牌服装西北	21151.85	8015.48	62.11	3.14	6.85	-1.09
品牌服装西南	52740.42	17657.58	66.52	15.08	12.36	1.04
合计	481881.45	173252.23	64.05	12.74	12.39	0.11

资料来源：《雅戈尔集团股份有限公司2017年年度报告》。

3. 前次并购成效对后次并购行为能产生重大影响

纵观雅戈尔集团几次跨国并购，其并购风格属于“行事谨慎”类型，并购新马公司以及收购Hart Schaffner Marx中国业务时，公司高层有提到（并购之前，双方之间有）“长期合作”“合作愉快”等字眼，如与新马公司合作达到4年，与Hart Schaffner Marx合作长达7年。前期合作经历是雅戈尔公司敢于去并购这两家企业的重要前提。

同时，雅戈尔公司的两次并购行为也说明，前次并购事件的成效对后次并购行为能产生重大影响。在并购香港新马公司时，由于当时新马集团90%的产品销往美国，这对自有品牌尚未打入美国市场的雅戈尔公司来说——借助新马集团这个平台进军美国市场——极其具有吸引力。这其实也是雅戈尔并购新马集团的最大目的，但从后来的市场数据看来，新马公司的“助力雅戈尔国际化”的战略作用并没有发挥出来（见表4-3）。

表4-3 两次并购的“同”与“不同”

并购事件	相同之处	不同之处
并购香港新马公司	并购前，雅戈尔与被并购企业有长期合作关系	收购生产基地，未涉及品牌
收购 Hart Schaffner Marx 中国业务		只要品牌，不要工厂

由于雅戈尔在并购新马公司中主要获得了中国、斯里兰卡、菲律宾、柬埔寨、越南等国家和地区的加工基地，并没有获得发达国家市场认可的品牌以及原公司通达美国的销售渠道，以至于几年后，雅戈尔公司在比较失意的情况下将其出售。这一并购经历直接影响到后续收购Hart Schaffner Marx公司的做法，提出只收购Hart Schaffner Marx“中国业务”，而且是“只要品牌，不要工厂”，而这一做法会直接影响到品牌国际化战略的实施效果。

（五）案例反思：OEM企业品牌国际化之路在何方

1.“只要品牌，不要工厂”式跨国并购值得反思

雅戈尔“只要品牌，不要工厂”式跨国并购做法，李如成（2011）曾说过：“品牌是没有国界的，谁拥有就是谁的。”这些都非常值得商榷和反思。王娟、张勇、张景云（2017）在研究中国中车融入印度市场的做法和经验时，指出中国中车“把他乡当故乡”，尽

可能融入当地社会。李平、杨政银（2017）提出，“第二故乡”战略旨在把企业国际化过程中的东道国，当作第二个故乡来对待，用心经营，用情浇灌，使这个全球化的分支与总部一样。事实上，纵观那些风靡全球的国际大品牌，不管是快速消费品可口可乐、宝洁、达能等，还是耐用品宝马汽车、通用汽车、福特汽车等，无不在他国办厂，并努力融入当地社会。

“第二故乡”战略符合中国政府提出的中国企业国际化——“走出去、走进去、走上去”的基本思路。在“中国制造”国际声誉当前还处在需要大幅度提升的状态下，雅戈尔实施“只要品牌，不要工厂”式跨国并购值得商榷。同时，雅戈尔实施跨国并购而在品牌国际化方面未能取得进展，也说明该做法对品牌国际化帮助不大。

2. 并购国际渠道商难以带来品牌国际化

在 OEM 生产方式中，包括品牌持有商、OEM 委托商（掌握销售渠道）、OEM 厂商（承接加工任务的制造商）等主体。在跨国并购中，如果寄希望通过并购 OEM 委托商将自有品牌销售到国外，这一做法很难奏效。事实上，大量案例表明，中国企业“走出去”出现困难，问题并不是出在渠道上面，很多企业在海外通过合资、合作、代理等方式已经建立比较通达的销售网络，但由于品牌得不到市场的广泛认可导致收效甚微。因而，并购国际渠道商无法带来品牌国际化，更谈不上品牌国际化升级。正如雅戈尔并购国际 OEM 委托商和生产商、收编国际品牌的中国业务等做法，对其品牌国际化作用不大。

3. 应坚持尝试自创品牌国际化升级策略

事实上，雅戈尔公司通过多年的努力，已经在多个方面具备了实现品牌国际化的基本条件。

（1）品牌名称的全面国际化。雅戈尔旗下品牌已经全面采用了英语表达，如 YOUNGOR、Hart Schaffner Marx、MAYOR、GY、HANP 等，并且给每个品牌赋予了不同的内涵。多年来，这些品牌在国际上的多个场合展示过，为 YOUNGOR、MAYOR、GY、HANP 等全面

“走出去”创造了最基本的条件。

（2）品牌设计的国际化。在雅戈尔旗下的5个品牌中，除了YOUNGOR和HANP以外其他品牌都带有“国外血统”。① Hart Schaffner Marx。它是从美国并购过来的，其国际化程度自不用说。当然，该品牌来自收购的Hart Schaffner Marx中国业务，目前其运营范围仅限于中国。② GY品牌。GY是雅戈尔联合日本W-GAME（国际顶尖设计团队）推出的时尚服饰品牌，它既秉承了雅戈尔男装用料考究、做工严谨的传统，同时融入国际前沿设计元素，浓缩了高尚的内涵和时尚的表达，为都市青年提供全系列易于搭配的着装。③ MAYOR品牌。MAYOR是雅戈尔与世界顶级面料厂商，如意大利的杰尼亚（ZEGNA）、诺悠翩雅（LORO PIANA）、切瑞蒂1881（CERRUTI 1881）、阿尔贝尼（ALBINI）以及瑞士的阿鲁莫（ALUMO）等厂商，合作开发推出的高端自主品牌。④销售门店“雅戈尔之家”。雅戈尔的销售门店“雅戈尔之家”是集聚雅戈尔五大品牌的大店，在店面设计上也融合了国际元素，如2016年在无锡开业的江苏首家“雅戈尔之家”的店面设计就是由曾为Burberry、LV和爱马仕做过空间设计的国际顶尖设计团队Philip Handford完成的。

雅戈尔公司具有如此好的品牌国际化基础与条件，不应因为前期品牌国际化的失利而放弃这方面的努力，应该开拓思路，坚持用自创品牌开创国际化升级新局面。

4. 探索并运用好国际顶级“要素品牌”背书策略

要素品牌是指某个最终产品中必不可缺的材料、元素或部件等构成要素在市场上形成的品牌。例如，不同品牌的电脑上所示的“Intel Inside”中，“Intel”就是要素品牌。研究表明，如果一些新进入市场电脑品牌，在其产品上面标有“Intel Inside”，对其销量有很大帮助。

服装的主要成分是面料，高端服装必然要求使用高质量面料。雅戈尔董事长李如成自2015年起多次亲赴欧洲，拜访ERMENEGILDO ZEGNA、ALBINI、LORO PIANA、CERRUTI 1881和ALUMO等全球顶级面料供应商，希望跟他们建立合作关系，而这些欧洲面料大佬以往主要向爱马仕、LV、GUCCI等奢侈品牌供应面料，现在因国际金融危机原因，欧美奢侈品销量出现持续下滑态势，也迫切需要寻找中国市场的战略合作伙伴。意大利杰尼亚（ZEGNA）面料，以直接采购原产地珍稀纤维闻名全球，是世界最大的精细羊毛面料品牌。LORO PIANA作为传统的羊绒豪门，经过六代传承，成为全球最大的顶级羊绒面料品牌。切瑞蒂1881（CERRUTI 1881）以其时尚性，一直是诸多全球政商要员和好莱坞影星的“御用”面料。瑞士阿鲁姆（ALUMO）面料和意大利阿尔贝尼（ALBINI）面料并称全球高端衬衫面料领域的“双雄”，具有丝绸般光泽，透气性、亲肤性好，穿着舒适，因而成为爱马仕、LV、GUCCI、登喜路等国际服装奢侈品品牌的战略面料供应商。

目前，雅戈尔已经开始使用高端面料品牌为自己产品背书策略，如MAYOR西服上有两个标签：一个是MAYOR衣服品牌标签；另一个是ERMENEGILDO ZEGNA（杰尼亚）面料品牌标签等。要素品牌背书策略在西方较为盛行，而且强势品牌背书后营销效果明显。雅戈尔完全可以将这一品牌策略运用到在国际市场的品牌推广中，以突破现有品牌国际化进程中的困境。

三、在并购高端品牌中带动品牌系统国际化升级：珠江钢琴

（一）企业国际化经营进程

1956年，珠江钢琴的前身——广州钢琴厂成立。1985年，珠江钢琴公司到美国参加国际乐器展销会，希望利用刚获得的自营进出口权，把钢琴直接销往美国。由此，珠江钢琴迈出了企业国际化经营的一小步。在美国参展会上的尴尬，引发了时任总经理童志成珠江钢琴品牌国际化道路的思索并决定：在钢琴质量上层次之前，不

推出自有品牌。1995 年，产销量已经在“中国排名第一”的珠江钢琴公司，与“当时全球产销量第一”的雅马哈公司在广州合资生产钢琴；1999 年，在美国成立子公司，正式在美推出“Pearl Piano”自有品牌；2005 年，与成立于 1853 年的美国施坦威公司合作，代工其旗下艾塞克斯（Essex）钢琴品牌，2006 年，合作扩大到代工朗朗（LangLang）钢琴品牌；2015—2016 年，珠江钢琴旗下全系列产品连续两年荣获了“美国 MMR 颁发的年度最佳声乐品质奖”，2016 年和 2017 年年报显示，境外业务收入主要来自欧洲、美国和中国香港。

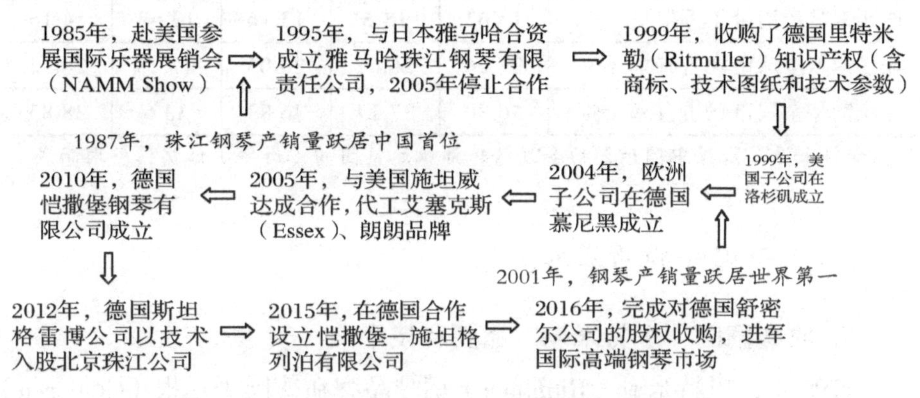

图 4-4 珠江钢琴企业国际化经营进程

欧洲作为钢琴的发源地，在钢琴制作上拥有悠久的历史和精湛的工艺。珠江钢琴集团公司老董事长童志成认为，“钢琴源自西方，只有在那里获得成功才是对钢琴质量的真正证明”。2004 年，珠江钢琴在德国慕尼黑成立欧洲子公司；2010 年，德国恺撒堡钢琴有限公司成立。然后利用在欧洲的这两个公司平台开展产品销售、合资合作生产、股权并购等活动。2012 年，成立于 1852 年的德国斯坦格雷博公司以技术入股北京珠江钢琴制造（2015 年，珠江钢琴将德国“斯坦格雷博”公司翻译更名为“施坦格列泊”）；2015 年，在德国合作设立恺撒堡—施坦格列泊有限公司。

2001年，珠江钢琴销量跃居世界第一，成为全球最大的钢琴制造商，这一地位一直维持至今。截至2017年，珠江钢琴已建立了覆盖100多个国家和地区的全球营销网络，全球市场占有率达28.32%（见表4-4）。

表4-4 珠江钢琴集团的产销量与市场占有率情况

项目	年份				
	2013	2014	2015	2016	2017
全球钢琴产销量（万架）	50	51	50.5	50	50
中国钢琴产销量（万架）	37.55	36.59	35.73	35.26	36.45
珠江钢琴产销量（万架）	13.63	13.6	13.16	13.63	14.16
珠江钢琴全球市场占有率（%）	27.26	26.67	26.05	27.26	28.32
珠江钢琴全国市场占有率（%）	36.30	37.17	36.83	38.6	38.85

资料来源：依据中国乐器协会发给珠江钢琴集团的（历年）证明信整理而成。

（二）跨国并购的基本历程

1. 收购德国"里特米勒"品牌和技术

1795年，里特米勒（Ritmüller）钢琴品牌在德国哥廷根（Göttingen）创立。与大多数欧洲钢琴品牌一样，里特米勒钢琴采用家庭作坊式手工打造，品质卓越，但生产成本高昂，且产量不大。在遇到日本、中国等国家的规模化生产方式时，欧洲钢琴企业的处境变得艰难。1999年，珠江钢琴集团接受里特米勒的知识产权转让，收购其"钢琴商标专用权及技术图纸和技术参数"，里特米勒钢琴从此转移到中国广州生产（见图4-5）。

图4-5 里特米勒钢琴的品牌标签

加入珠江钢琴集团后，里特米勒保留德国钢琴工艺的精髓和品牌特色，并用现代科技手段加以改造，继续以舒适、典雅、高贵等欧洲钢琴形象展示给消费者。同时珠江钢琴使用“Ritmüller”商标，依托里特米勒的销售渠道，凭借着价格优势迅速进入欧洲中高端市场。2004年，珠江钢琴在慕尼黑设立“珠江钢琴集团欧洲有限公司”，负责欧洲市场的开发与管理；是年，里特米勒钢琴在欧洲销量大增，达到3000多架。钢琴界国际权威杂志《PIANO BUYER》在2012年公布的《世界钢琴品牌排行榜》将钢琴档次分为三级：第一级“最佳质量演奏用琴”，第二级“高质量演奏用琴”，第三级“较佳消费型钢琴”。其中，里特米勒系列名列第三级，表明其已经步入中高档钢琴范畴。

2. 战略并购德国舒密尔：珠江钢琴集团获得了国际高端钢琴品牌

2016年，珠江钢琴集团以2398.6万欧元（约合1.7亿元人民币）的价格战略收购了创立于1885年的德国舒密尔（Schimmel KG）公司90%的股权。Schimmel公司是欧洲最大的钢琴企业，其品牌旗下拥有4个产品系列。其中，Konzert/Classic系列长期被世界权威钢琴杂志《PIANO BUYER》认定为钢琴领域的最高等级——“演奏级钢琴”，产品质量卓越，全球声誉甚好。珠江钢琴集团虽然在产销规模上全球最大，但“珠江”品牌钢琴其产品层次不高，主要集中于“消费级钢琴”。这次收购范围包括舒密尔公司所拥有的生产基地、知识产权、传统工艺和销售网络等（见图4-6）。珠江钢琴集团承诺将保持舒密尔公司生产经营的独立运作，支持其在中国市场扩大销售。

珠江钢琴集团战略并购舒密尔公司可以实现巨大的协同效应：

（1）在产品层次上实现互补。珠江钢琴现有的产品包括恺撒堡、里特米勒、珠江等在内涵盖了中高端和普及系列，但在国际高端市场品牌影响力较弱，而舒密尔在高端市场可以形成很好的补充。

知识产权部分

（1）拥有舒密尔（Schimmel）钢琴品牌（商标），旗下产品包括Konzert、Classic、International、Wilhelm等系列；
（2）舒密尔钢琴共计126项设计专利，德国获得专利奖项最多的品牌

生产基地部分

（1）德国布伦瑞克工厂：舒密尔控股的主要钢琴生产基地，土地面积约5.4万平方米，建筑面积约3万平方米；
（2）波兰工厂：负责 Wilhelm 品牌的立式和三角钢琴的制造和销售，及二手琴修复业务，自有厂房土地面积约3万平方米，建筑面积约0.7万平方米

销售支持部分

（1）德国销售公司：负责除北美以外市场的产品销售；
（2）德国零售展示厅：零售展示厅位于布伦瑞克工厂厂区内，用于钢琴制品在当地的展示和销售；
（3）美国销售公司：负责美国和加拿大的产品销售

图 4-6　舒密尔公司的资产构成

（2）在销售区域上实现相互补充。珠江钢琴集团产品虽然销往180多个国家和地区，但其具有影响力的地区主要在中国区域，而舒密尔公司的主要市场在欧洲、北美，由此两者可以实现在销售网络的互补。

（3）在资源支持上实现相互补充。舒密尔虽然为欧洲最大的钢琴制造商，但其总体规模不大，难以获得资本市场支持以扩大经营规模；而珠江钢琴集团作为中国上市企业，拥有强大资源优势，可以利用中国资本市场和消费市场的优势帮助舒密尔公司持续发展。

（三）推出升级版国际化品牌

2007年，珠江钢琴集团隆重推出具有欧洲元素的全新高档品牌——恺撒堡（Kayserburg）。恺撒堡在品牌名称、产品风格、品牌内涵、品牌文化等各方面都希望传递出德国元素气息。恺撒堡是传说中欧洲帝皇在12世纪建造的城堡，用来供皇室贵族从事名流社交和享受高雅文化，象征着高品位的生活。“恺撒堡钢琴”由

享誉全球的“德国钢琴制作大师”Lothar Thomma（1958 年获此称号）领衔设计，按欧洲顶级钢琴工艺标准打造，目标市场定位为钢琴专业人士和高端用户。经刘诗昆、周广仁等专家鉴定，“恺撒堡艺术家 KA 系列钢琴……声学品质和弹奏性能两项关键指标达到国际专业级水平”（2012 年）；“恺撒堡九尺音乐会用琴……质量技术水准已接近世界顶级钢琴品牌”（2013 年）；“恺撒堡演奏会钢琴……整体性能达到国际（欧洲）高档钢琴水平，并基本达到世界顶端钢琴的水准”（2015 年）。

2010 年，珠江钢琴集团在德国独资成立德国恺撒堡钢琴有限公司；2015 年，与创立于 1852 年、素有“世界前五大顶尖钢琴品牌”之称的德国施坦格列泊钢琴公司签订《合资意向书》，拟合资设立“德国恺撒堡—施坦格列泊有限公司”（双方各现金出资 5 万欧元，分别持股 50%），生产“只在中国大陆销售的恺撒堡 KD 系列产品”。珠江钢琴表示，合作将有助于“提升珠江钢琴高档钢琴研发制造能力、品牌形象，并带动珠江钢琴全系列产品结构优化升级”。不过从珠江钢琴 2016 年和 2017 年公司年报来看，没有体现出“恺撒堡—施坦格列泊公司”后续经营情况，但不少公开信息表明恺撒堡 KD 系列产品在德国生产；其实早在 2012 年，施坦格列泊公司以技术入股（1% 股份）珠江钢琴全资子公司——北京珠江钢琴公司，对北京珠江公司进行工艺技术指导和高端人才培训。

（四）品牌系统国际化升级状况及编码结果

1. 珠江钢琴品牌系统“大升级”

珠江钢琴最初只有“珠江”品牌，在并购德国“里特米勒”品牌后，继而推出具有德国元素的“恺撒堡”品牌；然后并购德国“舒密尔”品牌，其产品结构与品牌结构也由低端向中端、高端的升级，品牌的国际化、高端化形象逐步得到确立。根据《PIANO BUYER》2017 年世界钢琴质量排行（春季版），珠江钢琴集团产销量继续保持全球第一，其旗下品牌表现优异，而合作品牌更是处于世界顶级位置（见表 4–5）。

表 4–5 珠江钢琴集团旗下品牌及合作品牌在全球排名状况

Ⅰ. 演奏级钢琴（PERFORMANCE–GRADE PIANOS）			
象征型（Iconic）	珍藏型（Venerable）	卓越型（Distinguished）	著名型（Notable）
Steingraeber & Söhne（施坦格列泊） Steinway & Sons（Hamburg）（施坦威）	Steinway & Sons（Hamburg）（施坦威）	Schimmel（Konzert/Classic）（舒密尔）	
Ⅱ. 消费级钢琴（CONSUMER–GRADE PIANOS）			
专业型（Professional）	优质型（Premium）	中间型（Mid–Range）	经济型（Economy）
Kayserburg（Artist）（恺撒堡） Wilhelm Schimmel（舒密尔）	Ritm ü ller（Premium）（里特米勒） G Steinberg（施坦伯格） Wilh Steinberg（P）威廉施 · 坦伯格	Essex（艾塞克斯） Ritmüller（Performance）Verticals（里特米勒）	Pearl River（珠江） Ritmüller（Classic）（里特米勒） Ritmüller（Performance）Grands（里特米勒）

说明：演奏级钢琴排名主要根据美誉度，消费级钢琴排名主要依据价格。

资料来源：《Piano Buyer》2017 春季版世界钢琴质量排行（https://www.pianobuyer.com/Articles/Detail/ArticleID/242）。

表 4–5 显示，珠江钢琴集团不仅在全球“消费级钢琴”中有“珠江”品牌进入“经济型”行列，“里特米勒”进入“优质型”行列，“恺撒堡”品牌进入“专业型”行列，而且在全球“演奏级钢琴”中“舒密尔”品牌更是位列“卓越型”之中，从而实现了珠江钢琴品牌结构的整体“大升级”。

2. 品牌系统国际化升级编码结果：跨国并购视角

以品牌系统国际化升级为核心构念，对珠江钢琴集团几次跨国并购事件进行测量与编码，测量结果与文献高度吻合，得到了验证，具有较强的内部效度和外部效度（见表 4-6）。

表 4-6　典型表达举例及开放式编码结果

核心构念	测量维度	典型事件（表达）举例	编码结果
品牌系统国际化升级	产品质量	“钢琴源自西方，只有在那里获得成功才是对钢琴质量的真正证明”（珠江钢琴董事长）	西方市场认可
		“恺撒堡演奏会钢琴……整体性能达到国际（欧洲）高档钢琴水平，并基本达到世界顶端钢琴的水准”（2015 年）	世界顶端水准
	生产技术	收购 Ritmüller “钢琴商标专用权及技术图纸和技术参数”	国际知名品牌
		收购舒密尔公司所拥有的生产基地、知识产权、传统工艺和销售网络等	
	自主创新	推出具有欧洲元素的全新高档品牌——恺撒堡	欧洲元素、高档品牌
	品牌国际知名度	旗下品牌全部进入《PIANO BUYER》2017 年世界钢琴质量排行（春季版）	世界前列

四、在跨国并购中寻求品牌系统与产业水平“双升级”：西王食品

（一）在两国总理见证下的并购签约事件

2016 年 9 月 22 日，在加拿大访问的李克强总理与加国总理特鲁多共同出席了“中加合作文件签署仪式”，签署了包括西王食品收购 Kerr 公司 100% 股权在内的 14 份合作协议。山东西王食品公司于 2010 年借

壳湖南金德发展（000639）在深圳证交所上市，发展成为国内最大的玉米胚芽油生产基地，主要生产销售“西王牌”系列健康食用油，还开发了葵花籽油、玉米橄榄油、哈恩牌橄榄油、亚麻籽油等健康小油种。

1. 标的企业——Kerr 公司基本情况

Kerr 公司是加拿大一家专注于生产运动营养产品和体重管理产品的企业，拥有 Hydroxycut 等 4 个体重管理产品品牌和 MuscleTech 等 7 个运动营养产品品牌，以及拥有 800 多款产品和 60 多项专利（2015 年数据）。根据 Euromonitor International 在 2017 年 10 月发布的《Sports Nutrition in Canada》报告显示，Kerr 公司产品已销往 130 多个国家和地区，在加拿大地区保健品市场占有率连续 5 年位于第一名的领导地位；MuscleTech、SixStar 等运动营养产品，以及 Hydroxycut 及 Purely Inspired 等体重管理产品在美国市场销售排名名列前茅（见表 4-7）。

表 4-7　Kerr 公司旗下品牌概况

领域	品牌	基本情况
运动营养产品	MuscleTech	1996 年推出。2006 年起一直位列美国健身补充品市场前列，并成为全球性高端运动补给品牌，包含特纯、黑金、白金、高性能等系列，以及 Pro Series、SX-7 和 Essential 等品类
	Six Star	创立于 2004 年，高端运动保健品品牌，可帮助运动员增强肌肉，改善运动成绩等
	Mission1	推出了新型功能性食品 Mission1 Clean Protein Bar，其成分是从乳清和牛奶中提取的高品质、100% 超滤分离蛋白，不含凝胶和胶原蛋白，不含添加剂
	EPIQ	为男女运动员设计用来增强肌肉的补给产品
	Strong Girl	专为女性设计的健身补充剂，其特点是从蛋白粉分离能在训练前补充能量的 CLA 配方、减重及净化配方
	True GRIT	由高端营养补充剂衍生出的新营养补充品牌
	Fuel：one	运动营养补充剂，为运动员等提供营养补充

续表

领域	品牌	基本情况
体重管理产品	Hydroxycut	美国市场排名第一的减肥类保健品，自 1995 年畅销至今，并衍生出一系列子品牌
	Purely Inspired	适用于男女性减肥的高端品牌，其产品中加入了流行的减肥成分绿咖啡提取物（提供 45% 的绿原酸），不含兴奋剂，100% 纯原料
	Xenadrine	为消费者提供多元化选择，如混合饮料、无咖啡因产品、减肥软糖等
	Nature's Food	为运动员提供全身营养产品，其成分为人工选择的植物性成分，不含防腐剂

资料来源：苏铖 . 西王食品：收购海外保健品牌，打造健康食品专家 [R]. 安信证券研究报告，2016-10-19.

2. 并购案得以成交的背景原因：产业与市场

尽管 Kerr 是北美地区保健品市场的领导品牌，但由于：① Kerr 在北美市场已进入了稳定期，增速放缓；②公司财务出现紧张，需要找到缓解途径，在这种背景下，公司创始人希望出售公司股权。事实上，在 Kerr 被西王食品收购之前，其旗下 MuscleTech 品牌 2009 年通过北京盈奥科健贸易公司代理进入中国市场，在天猫、京东等电商平台销售。Euromonitor 数据显示，2016 年 Muscletech 在中国达到 30% 的市场占有率，销售额约为 6000 万人民币。

当时，有意参加竞买的企业有 20 多家，但 Kerr 公司选择把企业转卖给西王食品，主要原因有：①两家公司同在一个大健康食品范畴内，分属不同食品细分领域。西王食品既有别于仅作财务投资者的买家，又有对方看重的产业资本——“中国玉米油第一品牌”；同时，产品线没有交集，两家企业不存在直接竞争，Kerr 公司被接管后员工没有被辞退的风险。②北美市场进入稳定饱和状态，但中国市场正处在消费升级过程中，Kerr 公司所处的两个领域在中国未来增长潜力巨大。罗兰·贝格（Roland Berger）研究报告（2016）

认为，“中国运动营养产品市场到2020年可保持15%的年增长率，而体重管理产品市场可保持10%的年增长率”。

3. 跨国并购的实施与品牌引进

根据交易方案，西王食品（75%）与春华资本（25%）共同设立“西王食品（青岛）有限公司”，并由西王青岛在加拿大设立SPV公司收购Kerr公司100%股权，收购金额为7.3亿美元（约合48.75亿元人民币）。为缓解资金压力，采用分批购买与支付方式，首期交割80%股权，并约定收购完成后3年内，由西王食品收购剩余20%股权；2019年3月，西王食品再度完成5%股权交割，至此合计交割股权达85%。

80%股权交割后，西王食品保持了Kerr管理团队的稳定性，并加强了全球销售渠道的调整。在北美地区，Kerr公司的销售渠道以往主要依靠FDMC（食品店、药店、大众店以及会员店）等和沃尔玛等实体店。并购后，除继续加强实体店渠道外，还重点发力电商渠道，2017年，推动亚马逊平台实现了近40%的增长。在中国市场注重建立全渠道网络，实现线上线下全覆盖，继MuscleTech已经在中国市场销售外，还引进了Six Star、Hydroxycut等子品牌。2017年，Kerr公司旗下产品整体实现了25%以上增长。

（二）跨国并购助力实现“双主业并进”

通过跨国并购，西王食品发展成为包括“健康油脂”“运动营养和体重管理”两个业务板块“双主业齐头并进”的跨国企业，而且拥有中国及北美两个全球最重要市场（见表4-8），标志着西王食品所处领域由市场规模百亿级的小品种油产业跨入了万亿级的大健康产业。

从表4-8可以看出，跨国并购帮助西王食品在业务产品和市场领域两方面填补了空白。2015年，西王食品的产品主要是植物油（玉米油），而且销售区域仅局限于国内市场；2017年，这种局面发生了根本性变化，植物油“分产品”以及境内“分地区”，由西王食品的

“全部”变成了“半壁江山”。因此，跨国并购使得西王食品改变了原来产品结构单一的市场风险，以及销售区域仅局限于国内的发展瓶颈，从而产品结构得到优化，市场范围得以扩大。

表 4-8　西王食品跨国并购前后的业务结构所占比重（%）

项目	年份		
	2017	2016	2015
分产品			
植物油	39.95	*	90.16
营养补给品	52.68	*	0
其　他	7.37	*	9.84
分地区			
境　内	50.12	*	100
境　外	49.88	*	0

资料来源：西王食品 2015—2017 年的年度报告。

*说明：西王食品 2016 年 11 月完成对 Kerr 公司股权交割，其合并报表中只合并了 Kerr 公司 2016 年后两个月数据，为体现可比性，2016 年数据不放进去。

（三）品牌矩阵构建、品牌系统国际化升级状况及其编码结果

1. 构建全球性的品牌矩阵

西王食品主产品为西王牌玉米胚芽油及鲜胚玉米胚芽油，同时开发出一些健康油种（品牌）。作为 Kerr 公司的两个主打品牌——运动营养品牌 Muscletech 和体重管理产品品牌 Hydroxycut，可以满足不同消费者类型的需求，逐步衍生出功能不同且又有所互补的子品牌（或产品）。并购完成后，西王食品集团公司由此形成了较为完善的、具有全球意义的品牌矩阵。

表 4-9　西王食品明星产品的品牌矩阵

领　域	主品牌	系列（产品）品牌
食用油	西　王	玉米胚芽油（保健油）、鲜胚玉米油、哈恩橄榄油、智利多有机亚麻籽油、玉米橄榄调和油、葵花籽油、花生油等
运动营养产品	MuscleTech	Performance，Essential，Pro，Lab 和 SX-7 Revolution 等
体重管理产品	Hydroxycut	Hydroxycut Pro Clinical，Hydroxycut Organic，HydroxycutMax，Hydroxycut Black，Hydroxycut Platinum，Hydroxycut Hardcore，Hydroxycut HD 等

资料来源：根据西王食品官网和 2017 年年度报告整理而来。

2. 西王食品企业品牌系统国际化形象获得升级

2011 年，西王食品制定了“三步走战略”，分别是要成为“中国玉米油第一品牌”“中国高端食用油第一品牌”“中国健康食品第一品牌”。2013 年，西王食品开始推出玉米橄榄油、亚麻籽油等健康小油种；2018 年，推出高端新品——“好鲜生”玉米胚芽油。根据 AC. 尼尔森数据，西王玉米油市场占有率达到 30%（2017 年），表明其正迈进“三步走战略”的第二步。随着 2016 年并购 Kerr 公司 80% 股份，2017 年西王食品继而又提出要打造“全球运动营养领军企业品牌”；2018 年将品牌 Six star 及 Hydroxycut 引进到中国市场销售。经过一番努力，西王食品的品牌认知度在国内达到 60%，“中国玉米油第一品牌”和“跨国企业集团”的品牌形象得以强化（见图 4-7）。

（三）品牌系统国际化升级结果：跨国并购视角

以品牌系统国际化升级为核心构念，对西王食品跨国并购事件进行测量与编码，从产品升级、品牌系统国际影响力等维度进行测量，测量结果（见表 4-10）能找到文献验证，构念具有较强的内部效度和外部效度。

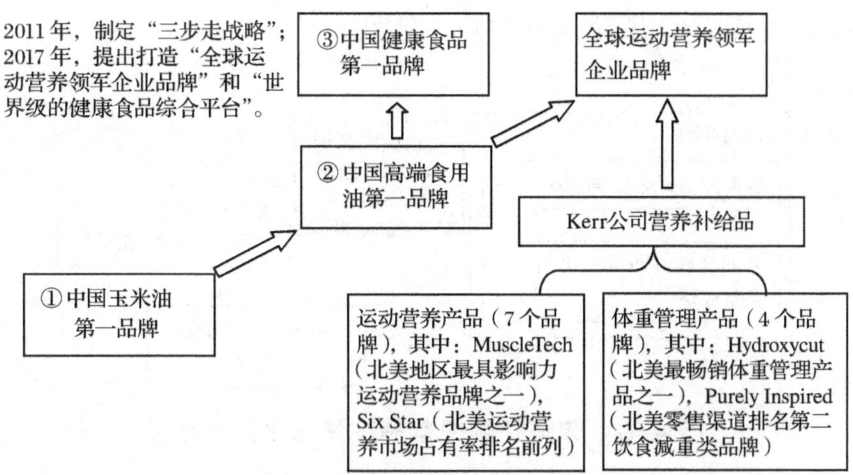

图 4-7　Kerr 公司推动西王食品品牌国际化升级

表 4-10　典型表达举例及开放式编码结果

核心构念	测量维度	典型表达举例	编码结果
品牌系统国际化升级	产品升级	标志着西王食品所处领域由市场规模百亿级的小品种油产业跨入了万亿级的大健康产业	产业转型升级
	品牌系统国际影响力	Kerr 产品已销往 130 多个国家和地区，加拿大市场保健品占有率长期位于第一名	拥有全球销售网络
		MuscleTech 为北美地区最具影响力运动营养品牌之一，Six Star 为北美运动营养市场占有率排名前列	北美地区领先品牌
		Hydroxycut 为北美最畅销体重管理产品之一，Purely Inspired 为北美零售渠道排名第二饮食减重类品牌	

五、案例启示：跨国并购中品牌国际化升级路径

案例研究表明，企业在跨国并购中，形成了包括并购同类国际高端品牌、并购关联产业更高端的业务产品及品牌、新创国际化高端品

牌等在内的品牌国际化升级路径（见图 4–8）。

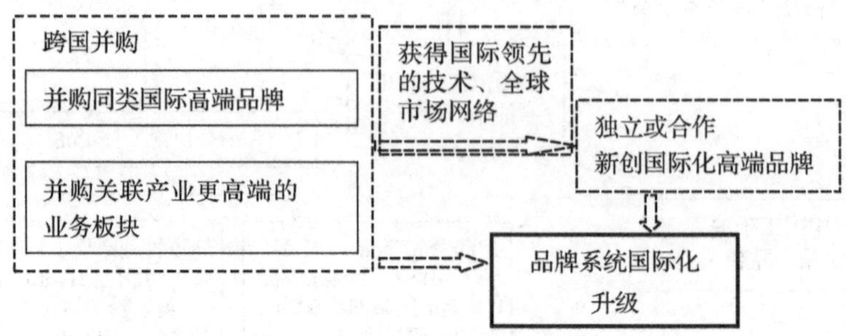

图 4–8 跨国并购视角品牌国际化升级路径

1. 并购同类国际高端品牌有利于品牌系统国际化升级

并购国际高端品牌，并将其纳入品牌系统，从而引入品牌系统的国际化升级基因，能够迅速提升品牌系统国际化层次。正如珠江钢琴收购里特米勒和舒密尔，哪怕这两个高端品牌正处于“沉睡”或“半沉睡”状态，由于它们有着历史积淀和高知名度，被并购后，经过一系列的品牌激活手段，使里特米勒和舒密尔重新焕发市场活力，重新展现在全球消费者面前。不仅如此，自创品牌“珠江”“恺撒堡”分别跻身于全球“消费级钢琴”和“专业型钢琴”行列，从而实现了“珠江钢琴”品牌系统国际化的整体升级。

2. 并购关联产业更高端的业务板块也能助力品牌系统国际化升级

品牌升级的基础是产品升级，产品升级有赖于产业升级、技术升级。产业转型升级既表现为产业所处环节从价值链中低端向中高端“攀升”，也表现为传统产业向新兴产业“跃升”。企业品牌系统国际化升级可以沿着产业转型升级路径展开，或是攀升到价值链的中高端，或是跃升到新兴产业。因此，企业希望通过跨国并购实现品牌系统国际化升级，除了并购同类高端品牌外，还可以并购关联产业更高端的业务板块。比如西王食品在国内经营食用油产品，借力跨国并购进入“运动营养和体重管理产品”等业务板块，并获得相应国际品牌，从而以产业升级助推品牌系统国际化升级。

3. 新创国际高端品牌将助推品牌系统国际化升级

多个案例表明，推出国际高端品牌是企业品牌系统国际化升级的重要而有效途径，它将有助于在海外消费者心目中重新构建高端品牌形象。当然，新创品牌自诞生起就应给它赋予国际化、高端化品牌属性，不能过于用母品牌为其背书，正如珠江钢琴集团的恺撒堡（Kayserburg）、海尔集团的卡萨帝（Casarte）、吉利集团的领克（LYNK & CO）。在品牌国际化推广过程中，它们有个共同的做法——强调品牌的欧洲元素、全球制造等，因而取得了较大成功。

还有如领克（LYNK & CO），它是由吉利—沃尔沃合作推出的高端品牌，其定位是“生而全球”以及宣称的“欧洲技术、欧洲设计、全球制造、全球销售”。2016 年 10 月，LYNK & CO 在德国柏林面向全球首次发布。基于对技术、品质和售后服务能力的信心，领克对标豪华品牌进行设计。领克汽车由坐落于瑞典哥德堡的吉利汽车欧洲研发中心（CEVT）和哥德堡设计团队负责研发与设计，并与沃尔沃汽车在中国共享制造基地，按照与沃尔沃同样的质量标准、制造工艺生产具有世界领先品质的汽车产品。中国汽车业界人士在谈及领克汽车时，通常会给领克品牌冠以“吉利集团高端品牌”和“吉利—沃尔沃合资品牌”等标签。2018 年 4 月 24 日，彭博新闻社（Bloomberg News）发布了一则《中国汽车制造商欲掌控驾驶的未来时代》报道，其中分析未来的汽车技术，介绍吉利的领克，这说明领克汽车已经引起国际大媒体的关注。因此，领克其实在社会各界眼里，被视为吉利品牌的“升级版”，这都得益于它有沃尔沃技术的强大背书。那么，号称“欧洲技术、欧洲设计、全球制造、全球销售”的领克汽车，与吉利相比，它是一种什么样的升级？多大程度的升级？从产品技术来看，领克将使用沃尔沃 Drive-E 序列的 T4 发动机，以及双方共同研发和共用的 1.5T 发动机，这也是沃尔沃汽车最核心的发动机。在此之前，沃尔沃的 Drive-E 动力总成并没有与吉利共享，包括吉利的两款主推的产品——博瑞和博越都没有用到沃尔沃的发动机。因此，领克汽车将能够共享沃尔沃的可扩展的平台架构SPA（Scalable Platform Architecture）和四缸发动机，以及吉利的基础模块架构CMA（Compact Modular Architecture）和7DCT变速器等最新技术，这些将极大地提升领克品牌的市场价值。

第5章　跨国并购中多品牌全球化布局

一、全球品牌架构理论的研究现状

品牌战略布局是在企业品牌运营过程中，特别是在企业全球化运营过程中经常会碰到的问题，而品牌布局有效实施有赖于建立与企业资源相匹配的品牌架构（Brand Architecture）。品牌架构的出现有着深刻的社会背景：企业为应对市场分化、渠道变迁、全球贸易以及商业环境变化，而开展品牌延伸、推出新品牌、并购外部品牌等市场活动，以致企业的品牌集体（Brand Teams）变得错综复杂（Intricate and Complex）。企业品牌管理者在处理这些市场压力和复杂状况过程中，创新性推出了品牌架构。

（一）品牌组合和品牌架构

品牌组合（Brand Portfolio）和品牌架构（Brand Architecture）两个战略越来越获得企业决策层的关注。因为日益增多的并购活动创造了庞大、复杂和重叠的投资组合；技术融合模糊了产品类型之间的界限，改变了客户思考和购买类别的方式；以及成本压力使公司越来越难以支持大量的产品和品牌。品牌组合可以定义为“与公司业务（即一组品牌）直接相关的品牌”，而品牌架构是指“这些品牌之间的等级关系（即其相应的结构）。”

品牌组合和品牌架构这两个术语虽然经常会被同时提起，不过也会被混淆，没有看到两者之间的区别。Petromilli、Dan和Million（2002）认为，品牌架构的建立有助于打造品牌组合价值。Chailan（2009）

试图阐明品牌架构与品牌组合之间联系的本质。冈崎茂生（2009）指出，当企业拥有一个以上的品牌，就存在品牌组合的问题；管理品牌组合的方法包括“多品牌组合体”（House of Brands）与“品牌化的组合”（Branded House）等。多品牌组合体需要一个清晰的品牌架构来表达。Per Asberg（2018）指出，品牌组合和品牌架构概念相互补充，因为它们通过其业务角色（品牌组合）和层级关系（品牌架构）描述品牌之间的关联，但出于不同的目的。

品牌组合策略是组织面向内部的工具，代表了覆盖市场和促进公司业务战略实施所必需的品牌群。它是衡量每个品牌的商业贡献的工具，并将其业务角色与组合中的其他实体进行对比，旨在通过有效创建、部署和管理公司内多个品牌来最大化市场覆盖范围并最大限度地减少品牌重叠，以确保公司的品牌有效地针对市场中的所有关键细分市场，共同努力实现销售最大化，而不是相互竞争以吸引客户的注意力。

品牌架构是客户的外向导航工具，是品牌组合的结构化、层次化表示。它通过布置产品结构，允许公司在市场和细分市场中利用强大的品牌，使客户能够轻松找到所需内容并了解公司提供的内容，从而帮助最大限度地减少客户混淆。在确定了品牌组合中每个品牌的业务角色或功能后，品牌架构通过层次表示来体现这种关系。

因此，品牌组合和品牌架构其实是“内外有别”，但又“密不可分”。营销从业者必须积极承认管理合作伙伴和竞争对手的角色作用，将品牌架构作为公司外部品牌组合管理的重要手段。

（二）品牌架构与品牌关系谱

品牌战略类型主要有单品牌与多品牌之分，以及在两者基础上进行的品牌战略变通，如背书品牌（Olins，1989）、子品牌等。Aaker 和 Joachimsthaler（2000）在《品牌关系谱：品牌架构挑战的关键》中提出："品牌架构是指品牌组合的组织结构，它具体规定了各品牌角色，界定了品牌之间的关系属性。"品牌关系谱（Brand Relationship Spectrum）是实施品牌架构的强有力根据（见图5-1）。

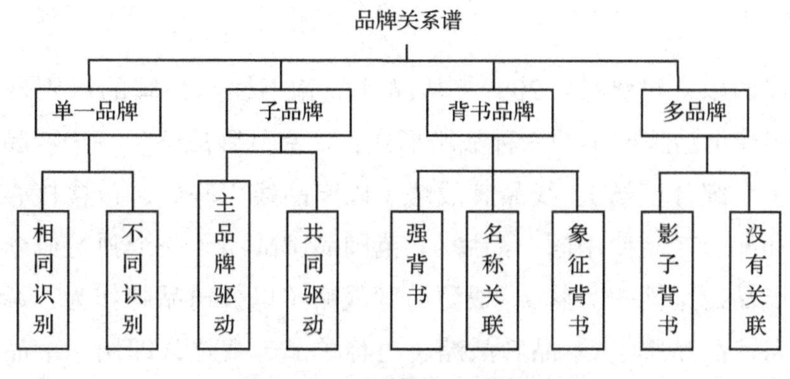

图5-1　品牌关系谱构成

资料来源：Aaker D A，Joachimsthaler E. The Brand Relationship Spectrum: The key to the Brand Architecture Challenge[J]. Califoria Management Review，2000，42（4）：8-23

在Aaker与Joachimsthaler（2000）提出的品牌关系谱中，实施单一品牌（Branded House）战略，存在相同识别（Same Identity）、不同识别（Different Identity）之分。通常情况下，一个品牌就只有一个品牌形象识别系统，但有些企业在提供不同的产品、满足不同的细分市场以及面对不同的国家消费者时，用的是统一品牌名称，而品牌形象识别系统上则存在差异。实施子品牌（Sub-Brands）战略，根据品牌驱动力不同，分为主品牌驱动（Master Brand as Driver）和以子品牌为主的共同驱动（Subbrand as a Co-Driver）。根据企业品牌背书力量的强弱，背书品牌（Endorsed Brands）战略可分为强背书（Strong Endorsement）、名称关联（Linked Name）、象征背书（Token Endorsement）等。多品牌（House of Brands）战略包括影子背书者（Shadow Endorser），以及（新老品牌之间）没有关联（Not Connected）等。

在这以后，学者们又提出了混合品牌（Mixed Branding，Rao et al.，2004）、业务品牌战略（A Business Brand Strategy）（Muzellec and Lambkin，2009）。Yu（2018）从品牌溢出效应的角度讨论了单品牌（A Branded House）和多品牌（A House of Brands）的适用边界。

许娟娟、付雅莲（2009）从品牌的背书性与品牌的区别性两个维度构建出品牌架构的六种战略形式：产品品牌战略（一个产品品牌满足一个细分市场）、线品牌战略（以产品线为基础，包含核心功能产品和配套产品使用同一品牌）、范围品牌战略（一个独特概念下的所有产品使用同一品牌）、根源品牌战略（以公司品牌作为“源”部分命名产品品牌）、伞品牌战略（也称单品牌战略，即用一个品牌覆盖公司旗下的所有产品）和背书品牌战略（公司品牌作为产品品牌的基本保证）。谌飞龙（2012）按照企业中各产品的关联度和差异度，将品牌架构归纳分类为族系品牌战略模式、产品线品牌战略模式、分类品牌战略模式和多品牌战略模式。根据企业中各品牌在市场中出现的能力表现状况，品牌架构归纳分为联合品牌战略模式、担保品牌战略模式和主副品牌战略模式等，并且指出，企业面临的环境千变万化，何种品牌战略模式对于企业来说都没有好与不好之分，只有合适与不合适之分。董海伟（2016）归纳出国家旅游目的地营销中采用单一品牌、“母品牌—子品牌”“子品牌—母品牌”和多品牌等4种品牌架构。

（三）跨国并购与品牌架构

徐冰（2005）介绍了科尔尼管理咨询公司从“收购品牌与公司原品牌的目标市场”和“收购品牌在其目标市场现状”两个维度，为跨国并购企业建立全球品牌架构提供品牌策略选择（见图5-2）。

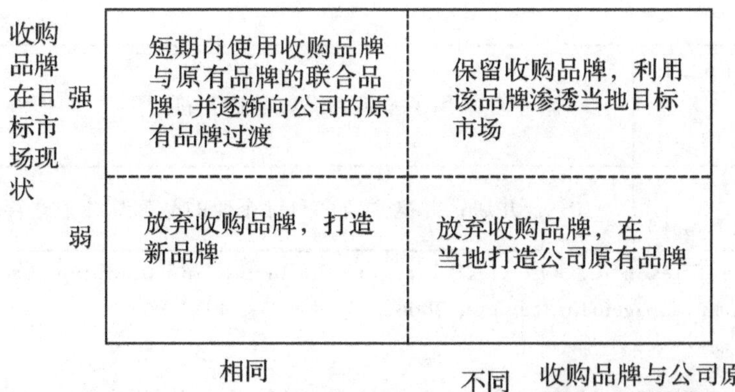

图 5-2　跨国并购中的品牌策略选择

资料来源：徐冰 . 建立全球品牌架构的两个难点 [J]. 中国企业家，2005(6):104-105.

Etteson R 和 Knowles J（2006）在观察了超过 200 起并购案后，开发出一个考虑员工、客户和投资者等主体的利益与挑战的 10 种品牌整合策略选项分析框架（见表 5-1）。在 10 种策略中有 2 种占主导地位：被并购企业品牌完全消失（策略 1，见表 5-2）或 2 家公司的品牌继续以不变的形式独立存在（策略 10，见表 5-3），这 2 个选项占所研究对象的近 2/3。

表 5-1　企业并购中的十种品牌整合策略

支持更强的品牌（Backing the Stronger Horse）	1. 新企业采用并购企业的视觉识别 2. 并购企业采用目标公司的视觉识别 3. 并购企业和目标公司在过渡期内共享公司名称，之后新企业采用并购企业的名称和符号 4. 新企业采用并购企业的名称，但带有新的品牌符号
两全其美（Best of Both）	5. 新企业结合了并购企业和目标公司的视觉识别 6. 新企业将并购企业和目标公司的名称与新符号相结合 7. 新企业采用结合了并购企业和目标公司的名称和 / 或视觉元素的标识 8. 并购企业将其品牌用作“沉默的合作伙伴”或目标视觉识别的代言人

续表

推出与以往不同的品牌（Different in Kind）	9. 新企业采用了全新的品牌名称和符号。
照常营业（Business as Usual）	10. 合并后，并购企业和目标企业的品牌继续独立存在。

资料来源：Etteson R，Knowles J.Merging the brands and branding the merger [J]. Mit Sloan Management Review，2006，47（4）：39-49.

在企业并购中，放弃被并购品牌的策略除了具有简单性和权宜性之外，还具有其他潜在优势。当并购企业明显拥有更高的品牌声誉时，只保留该品牌可以为名望不高的被并购品牌其员工和客户带来更好的感受。不过，放弃被并购品牌的做法也有明显的缺点，因为它发出了一个强烈的信息，即并购中有赢家和输家。此外，尽管该策略执行相对简单，但放弃品牌资产可能难以完全抵消，特别是该资产具有吸引力的状况下。该策略还可能严重损害被并购企业员工的士气，因为他们不仅要面对原公司的消失，还要适应新公司的文化；客户也可能受到影响，因为他们可能会感到失落，并担心在新公司内没有发言权，并且得不到理解和尊重。

表 5-2　企业并购中放弃被并购品牌的考虑因素

主体	类型	
	利　益	挑　战
员工	目标公司的员工能凭借组织获得更大的影响力和知名度。他们有机会开始新的职业生涯，也在不离开公司的情况下重新开始	会产生胜利者 / 失败者的感知 并购企业员工和目标公司的员工都可能面临妨碍或被破坏 目标公司的员工必须适应另一种文化和不同的集体动态

续表

主体	类型	
	利　益	挑　战
客户	不会产生歧义—客户明确知道在和哪家公司进行交易 目标公司的客户可以享受与大公司打交道的好处	目标公司的客户对事情感到无法控制－没有选择，也没有看法 目标客户可能认为已被迫选择另一家公司。他们也担心失去或被忽视现有的人际关系和他们的历史 服务公司可能会经历巨大阻碍，因为品牌是他们在市场的门面
投资者	传递给金融市场有关负责人的信息是清晰且强有力的	取消目标公司的股权是否具有战略意义？投资者担心有关集成风险和客户迁移问题必须得到解决

资料来源：Etteson R，Knowles J. Merging the brands and branding the merger [J]. Mit Sloan Management Review，2006，47（4）：39–49.

企业并购中双方品牌继续独立的策略可能涉及支持功能、供应链或分销渠道的某些整合，但员工和客户在很大程度上不受影响。由于这个原因，品牌影响是有限的。从员工和客户的角度来看，目标品牌仍然没有显著或可证明的变化。实际上，该策略的明确意图是保持与市场不同的面孔，以保留两个不同品牌所享有的客户和渠道权益。

表 5–3　企业并购中双方品牌继续独立存在的考虑因素

主体	类　型	
	利　益	挑　战
员工	传递出强烈且明确的信号：业务照常开展 两家公司的员工在保持企业文化的同时，尽量不干扰当前的商业行为 目标公司建立了良好的意愿——主并企业明确看到了目标品牌的价值	如果没有显著的变化，企业的合并和收购是否有必要 目标员工可能会怀疑他们现在是否只是一个大型集团的轮子上的齿轮。他们也可能担心主并企业的控制程度 如果母公司和子公司之间存在太多的独立性，交叉销售就有可能被放弃

续表

主体	类型	
	利益	挑战
客户	客户能被熟悉的人所安慰，因为新的公司与和过去和他们进行交易的公司没有太大区别	如果没有显著变化，客户可能会质疑企业合并和收购——这是否只是一个财务或投资组合方面的安排，对我没有明显的好处。另外，产品的交叉销售可能会惹恼客户
投资者	这一交易完成了主并企业的投资组合，有助于减少业务的波动。它也弥补了公司在有机发展方面的缺乏。通过协同效应增加价值，并通过交叉销售为企业发展提供机会	主并企业选择进行扩张的行业，是否是陌生或者没有吸引力的 企业的合并和收购是否增加了价值，是否产生了真正的协同作用 主并企业是否拥有多个品牌和系统的资源及带宽

资料来源：Etteson R，Knowles J. Merging the brands and branding the merger [J]. Mit Sloan Management Review，2006，47（4）：39–49.

丁利剑、何佳讯（2016）提出，企业在实施跨国品牌并购活动前，应先弄清跨国并购的目的，是为了获得品牌、技术，还是为了扩大企业业务规模，或者是进入国际市场，实现品牌国际化，根据这些目的来选择并购的目标品牌；并购之后的品牌架构组合策略主要有品牌屋（即单一品牌）、品牌家族（即多品牌），或者混合策略，即并购双方的品牌元素在新的品牌中都有保留（见表 5–4）。

表 5–4　企业跨国并购后品牌决策框架

内容	主要决策因素		
双方品牌的整合	选择合适的品牌组合策略：品牌屋、品牌家族或混合策略	有效整合	控制整合程度与整合速度
			选择是否保留双方品牌
			整合双方品牌名称和标识
		不整合，采取伙伴式策略等	

资料来源：摘自丁利剑、何佳讯（2016）的研究成果。

在案例选择上，遵循双案例比较研究的复制法则。双案例比较研究通常能产生相同结果（逐项复制），或者由于可预知原因而产生与之前研究不同的结果（差别复制）（Yin，2012）。选择具有对比性的案例，从不同案例中得出结论并相互印证，使两者互相补充，从而提高研究设计的周延性和外在效度，提高结论的说服力。选取的海尔集团、好孩子集团等两家著名企业跨国并购案例，这两个案例有项共同特点——在不同区域市场并购本土优势品牌，将之纳入自有品牌系统，然后在全球实行多品牌布局，并且各企业在品牌国际化路径选择上有一定差异，依据此复制逻辑，以更好地达到多重检验的效果。

二、在跨国并购中建成“世界第一家电品牌集群”：海尔

海尔的国际化之路，先后经由产品出口，到海外建厂，再到海外并购的国际化道路，还提出了“三步走”战略（“走出去、走进去、走上去”），以及“三个 1/3”发展目标（“国内生产国内销售、国内生产国外销售和国外生产国外销售各占生产销售总量的 1/3”）等。1990 年，海尔冰箱出口德国和美国市场，揭开了海尔产品进入海外市场的序幕；1996 年开始，海尔到印度尼西亚、菲律宾等东南亚国家建立海外工厂；1998 年，海尔启动“先难后易”的国际化战略，即先进入发达国家市场，后进入其他国家市场；1999 年，海尔在美国南卡来罗纳州建立了“海尔工业园”，推行“三位一体本土化”的国际之路，即设计中心在洛杉矶、营销中心在纽约（位于曼哈顿百老汇大街，同时也是海尔美国总部）、生产中心在南卡来罗纳州。

（一）跨国并购：从收购工厂转向收购品牌和获取市场

1. 海尔跨国并购的基本脉络

2001 年，海尔集团发起了中国家电业历史上的第一次跨国并

购，以800万美元收购位于意大利帕多瓦（Padova）迈尼盖蒂（Meneghetti）公司的一个冰箱工厂，[①]这以后在法国里昂和荷兰阿姆斯特丹建立设计中心，在意大利米兰建立营销中心，从而逐步实现了在欧洲地区“三位一体本土化”经营。2010年9月7日，海尔集团生产的全球第1亿台冰箱就是在意大利工厂下线。

海尔在印度市场之路始于2003年，最初的市场开拓形式是产品出口。2007年，海尔收购了印度浦那（Pune）一家年产能达35万台的冰箱厂；2017年，海尔印度工厂扩大规模变身为工业园，年产量将达到380万台，产品品类将从冰箱，扩展到洗衣机、空调、热水器、电视等。

海尔在各地采用“三位一体本土化”经营战略，在东南亚国家、中东地区和俄罗斯都取得了不错的市场业绩，但种种市场数据表明，“三位一体本土化”经营战略并没有让海尔打开欧美发达国家市场局面。

据美国ABC Applicances的资深采购员Tom Torgerson（2008）表示，“海尔的品牌知名度较低”，海尔新产品在美国发布后几个月，“（他名下的）40多间中西部店铺只卖出约50台海尔调温冰箱”。据海尔公开的数据显示，海尔在进入美国16年后（2015年）市场占有率仅为1.1%。[②]2011年，海尔欧洲CEO勒内·奥贝坦（René Aubertin）还抛出了一个在业界看来“雄心勃勃”的计划：到2015年，海尔洗衣机和电冰箱的欧洲市场份额提升到5%。事实上，2012年海尔在欧洲的白电市场份额不到2%。另据华尔街日报记者James R Hagerty（2015）写道：“尽管海尔自称是全球销量最大的家电生产商，但该公司目前在美国市场的知名度仅限于包括小型冰箱和窗

① 这次收购的迈尼盖蒂公司是一个老旧的冰箱制造厂，针对的只是制造能力和一些上游零部件的采购，不包括品牌的使用权。对于为什么只收购工厂，海尔董事局主席张瑞敏当年的解释是：“收购一个区域性名牌，对海尔来说会节省一点力气，但是最终导致的结果是什么？那就是海尔所有的收购费用中基本上都是无形资产，最后，海尔还是在替别人做品牌。还不如买个又老又旧、别人不知道的工厂（来生产自己的品牌）。”

② 据投资界《2016年中国家电巨头海外并购第一案》（http://pe.pedaily.cn/201606/20160607398127.shtml）

式空调在内的小众产品。”海尔美国区首席运营长 Kevin Dexter 表示：“目前正在扩大产品供应范围以及在美国的零售合作商，以提供更多的厨房和洗衣机产品，特别是适用于公寓、宿舍和小家庭的小型产品。”①

海尔在欧美发达国家市场占有率偏低，并不是因为产品质量和生产技术无法达到这些地区消费者的要求，也不是销售渠道无法把产品送达到消费者手中，最关键的是“海尔”品牌很难获得这些国家认可。比如在质量和技术方面，海尔自主研发的卡萨帝品牌在德国售价比德国本土品牌还贵；在渠道方面，随着20世纪末海尔到美国建工厂，海尔冰箱等产品很早就进入了沃尔玛（WalMart）、好市多（COSTCO）、百思买（Best Buy）等电子、电器渠道。在英国，（据资料显示）海尔冰箱等家电进入英国最大的家电渠道 Currys PC World 至少10年以上。因此，海尔在欧美发达国家的市场“软肋”在于品牌，而收购本地品牌则是一个相对比较快速的途径。

2. 收购三洋（SANYO）及其子品牌AQUA，布局日本及东南亚市场

“海尔”品牌在日本市场的开拓并不顺畅，市场占有率偏低。2011年10月，海尔出资100亿日元从松下集团手中收购“三洋电机”在日本和东南亚的家用电器业务，此时的三洋电机已是过了辉煌时期。2005年，三洋电机开始亏损；2009年，被松下收购，但未能改变亏损状态；2011年，松下公司表示要“全面弃用”三洋品牌。根据并购协议，海尔可以在一定期限内（具体时间期限，双方对此保密）在东南亚四国销售“SANYO”品牌的冰箱、洗衣机、电视、空调等家用电器产品，及接受上述公司的产品相关专利、设计和注册商标。不过在日本，海尔不能使用“SANYO”品牌。至此，海尔在日本和东南亚市场都实行双品牌运作，其中在东南亚用 Haier 及

① 华尔街日报中文网站《海尔打算在美国家电市场扩大立足之地》（https://cn.wsj.com/articles/CN-BIZ-20150821074400）

SANYO 品牌（计划逐渐换为 AQUA 品牌），在日本用 Haier 及 AQUA 的品牌（见图 5-3）。

日本 不可使用 "SANYO"品牌	三洋AQUA（生产销售家用及商用洗衣机） 湖南电机（生产家用及商用洗衣机） 海尔三洋电器（设计开发家用冰箱）（合资公司股权）
东南亚 在一定期限内 可使用"SANYO" 品牌	海尔电器泰国公司（生产家用冰箱）（合资公司股权） 三洋HA Asean（越南，生产销售冰箱、洗衣机等） 三洋印度尼西亚公司（生产冰箱、洗衣机等） 三洋印度尼西亚销售公司（销售冰箱、洗衣机等） 三洋菲律宾公司（销售冰箱、洗衣机等） 三洋销售服务公司（马来西亚，销售冰箱、洗衣机等）

图 5-3　海尔收购的三洋电机业务

既然"SANYO"为松下公司已经明确为"全面弃用"品牌，为什么海尔"执意"收购？原因就在于，"海尔"品牌在日本没有打开市场。2002 年 1 月，海尔进入日本市场，成立营销机构——日本海尔销售株式会社；并在 2002 年 2 月，与三洋组建合资公司——三洋海尔株式会社，开展合作销售；虽然三洋海尔株式会社于 2007 年 3 月解散，但在 2007 年 2 月成立了海尔三洋电子销售株式会社；与此同时，日本海尔销售株式会社一直保留着，并在三洋海尔解散以后，负责海尔品牌在日本的销售。然而，海尔进驻日本市场近 10 年，始终没能在日本打响"海尔"品牌，市场占有率非常小，2011 年在日本销售额仅为 108 亿日元。

2012 年 2 月，海尔集团在东京发布新品牌"AQUA"，同时原"三洋 AQUA 株式会社"更名为"海尔 AQUA 销售株式会社"，全面负责海尔集团在日本新品牌"AQUA"的销售。AQUA 源于意大利语，本意为"水"。2006 年，三洋电机推出"AQUA"作为洗衣机子品牌，以“珍惜水源的洗衣机”为理念，拥有“空气洗”和“水处理”等全球首创并领先技术的洗衣机，如“咕咚”手持洗衣机在日本市场受到众多消费者青睐。2012年海尔集团在日本销售额比上年增加约4.5倍，达483亿日元，其中AQUA品牌销售额348亿日元，海尔自主品牌销售额135亿日元。

由于AQUA在日本有较高的品牌知名度，海尔集团做出了一个决定：从2016年1月11日起，海尔亚洲的公司名改为“AQUA”，“海尔”品牌的产品在日本市场的销售由海尔日本销售公司负责。海尔亚洲改名后，AQUA品牌用“重振日本国产家电”的口号，强调日本的“本土化”特色，加速在日本市场“去海尔化”。至2017年上半年，AQUA在日本共铺设2000余家店铺，AQUA品牌的产品不仅拥有便携式洗衣机、无水空气洗衣机等特色洗衣机产品，还有搭载整块液晶屏拉门的冰箱、自走式冰箱等。据青岛海尔（600690）2016年和2017年年度报告显示，2016年完成“AQUA”品牌在越南、印尼市场的切换；2016年在日本市场，AQUA商用洗衣机收入增长30%以上，2017年其市场占有率更是突破75%。

3. 并购斐雪派克，布局大洋洲市场

2012年11月6日，海尔宣布以9.27亿新西兰元（约合7.66亿美元）全资收购新西兰斐雪派克电器控股有限公司①（此前，海尔与已分两次收购了斐雪派克20%和17.46%的股权）。至此，海尔集团顺利进入大洋洲（澳洲）主流高端电器市场。

海尔与斐雪派克之间的业务合作其实早已有之。2002年7月，海尔成立了新西兰贸易公司希望推动海尔品牌进入新西兰市场。2004年，海尔与斐雪派克在中国合作生产斐雪派克品牌的部分洗碗机产

---

① 斐雪派克（Fisher & Paykel）创立于1934年，是新西兰“国宝级”电器品牌、全球顶级厨房电器品牌以及世界著名的高端品牌。并购发生的时候，斐雪派克拥有新西兰、美国、意大利、泰国等国际化生产基地，主要业务涵盖灶具、冰箱、洗碗机、抽油烟机、洗衣机和烘干机以及电机等。作为全球高端家电品牌，斐雪派克不仅在新西兰和澳大利亚独占鳌头，业务范围还扩展到美国、加拿大、中国、英国、欧洲、新加坡、阿联酋以及太平洋岛国。

品，不过 2005 年张瑞敏明确海尔不做代工，坚持用自有品牌进入全球市场，OEM 合作未能进行下去。

2007 年年底，斐雪派克开始全球扩张，但不幸的是，2008 年爆发了全球金融危机，斐雪派克当年巨亏，2009 年继续亏损。为此，斐雪派克决定通过出售股权的方式在全球范围内寻找合作伙伴。在这一背景下，与斐雪派克有过合作，了解斐雪派克产品技术，并且在全力推进全球扩张的海尔经协商后决定斥资约 5248 万美元入股 20%，成为斐雪派克公司的最大股东；在达成股权认购协议的同时，签署了一项合作协议。①

2011 年，海尔与斐雪派克合作开发的水晶系列（静音速洗）高端滚筒洗衣机在中国市场获得细分市场领域 28% 的份额，是第二名的 2 倍以上（来自中怡康的数据）。此时，海尔已尝到了与斐雪派克合作的甜头——既获得了高端洗衣机技术，又获得了在澳大利亚和新西兰市场上的销售渠道。不过，虽然获益不少，但海尔在与斐雪派克开展人才、技术和资源等方面合作时，感觉不通畅，而且决策过于缓慢。加上 2011 年海尔决定加强厨房家电产品，而斐雪派克恰恰以厨房电器见长。2011 年年底，海尔正式提出全资收购斐雪派克，以谋求更大的协作互补和战略利益；经过多轮谈判以及政府审批，2012 年年底，完成并购资产交割。全资收购后，海尔与斐雪派克对核心部件开发、智能装备制造等方面进行融合调整，如斐雪派克（2013 年）在青岛成立高端电机的互联网智能工厂。基于此，海尔成立了全球性的工业互联网平台。

成功并购斐雪派克，既让斐雪派克重新焕发生机，又给海尔带来了光环。在澳洲市场，在海尔和斐雪派克双品牌驱动下，市场占有率

① 海尔与斐雪派克的合作协议规定：①开发高端家电产品，为两家公司的用户提供解决方案；②在全球的基础上加强企业合作，规划公司与产品的发展，利用、补充和强化两家公司的技术优势；③协调两家公司的全球生产资源以降低生产成本，优化公司采购的成品、元件、材料和机械以降低采购成本；④在全球基础上加强售后服务合作等。

连年递增长。2016年，斐雪派克在新西兰高端份额较上年提升1个百分点达到36%，海尔在新西兰占据15%的市场份额，稳居行业第一；新西兰用户评选的“最受人尊敬的家电品牌”中，斐雪派克位列第一，海尔也进入前十。专注人工智能（AI）研究与应用的资讯平台——蓝科技公司记者Lynn Jessie（2017）在澳大利亚新南威尔士The Good Guys和Harvey Norman两个卖场采访时，当地销售员说：“(并购）对海尔品牌在澳洲市场将会有很好的促进作用。斐雪派克用技术征服消费者，所以在澳洲市场，斐雪派克是新技术和高端家电的代名词。”并购完成后，由于海尔与斐雪派克实现了资源与技术共享，（据GFK最新数据显示）2016年，海尔品牌冰箱在澳洲增长103%，成为当地增速最快的白电品牌；2017年，海尔洗衣机在澳洲的市场销售迅猛；斐雪派克品牌滚筒机市场份额在澳洲跃居第一。

4. 品牌租赁式并购GEA，布局北美市场

2016年6月7日，海尔宣布完成对美国通用电气公司的家电业务（GE APPLIANCES，GEA）收购交易，最终交割价55.8亿美元。这次交易的标的物包括分布在美国、墨西哥等国家和地区的10家全资子公司的股权、3家合资公司的股权、3家公司的少数股权以及非股权部分资产和负债。收购协议还规定：“海尔可以在全球范围内使用GE品牌40年”，因此，我们将之称之为“品牌租赁式”并购。收购GEA同时，海尔集团和通用电气（GE）在工业互联网①、医疗、智能制造等领域达成战略合作。并购正式交割后，并入海尔后的GE家电将命名为“GE APPLIANCES a Haier Company”（GEA，一家海尔的公司）。

GE是美国标志性企业，有百年历史，有大批的品牌忠诚顾客。

① 工业互联网就是将全球的机器用网络连接，通过数据分析提升运营效率。一个著名的案例是，GE的发动机可以在飞机落地前实时回传飞行数据，分析预测这台发动机何时需要检修。

GEA 在美国、加拿大等国都有很大的业务量和良好的分销渠道，GEA 也是仅次于惠而浦（whirlpool）的全美第二大家用电器品牌，其 90% 销售在北美市场，2016 年市场份额达到 14%，其厨电产品的市场占有率更是接近 25%。海尔看重的正是 GEA 在北美地区的市场占有率。覆盖美洲，海尔的品牌全球化布局基本完成，因此，这项并购交易“让 GEA 成为海尔全球化布局中的美洲基地，稳固海尔在全球家电市场的地位，也可以与 GEA 实现产品、供应链、销售网络等方面协同效应”（海尔集团轮值总裁梁海山，2016）。

相对于前期并购的日本三洋 AQUA 和新西兰的斐雪派克，通用家电板块可以算得上一块优良资产，因为它一直处于盈利状态，尽管净利率不高。从盈利能力看，GEA 不如海尔。海尔的净利率长期稳定在 6% 左右，而 GE 家电在 2014 年净利率 3%，2015 年为 4%，不过到 2016 年 6 月底（即完成并购交割当月），GEA 已为海尔贡献的规模利润达 1.03 亿元人民币。[①] 也正是因为 GEA 的净利率低，对 GE 集团的利润贡献也低至约 2%，所以 GE 要把 GEA 部门出售。

那么，为什么 GE 愿意把 GEA 出售给海尔？除了收购价格让 GE 股东满意外，还有海尔在美国的低市场占有率让并购通过了美国反垄断审批（GE 最初想把 GEA 出售给伊莱克斯，但没有通过美国的反垄断审查）；海尔被欧睿国际（Euromonitor）从 2009 年起蝉联至今评为“全球家用电器销量第一”，获得了 GE 对其制造能力的认可；承诺保留 GEA 的美国总部，以及让 GEA 独立运营；成功并购 AQUA 和斐雪派克让 GE 信任海尔的跨国并购整合能力；当然，还有海尔与 GE 的交往，合作有历史渊源：1992 年，GE 曾想在中国找一个非常有潜力的企业，希望通过收购它实现对中国市场的开拓、扩张，那次 GE 找到了海尔，经过 2 个月的谈判后，海尔拒绝被收购；2008 年，GE 就曾计划出售家电业务，当时海尔也参与了竞标；2008 年，海尔

① 数据来源：梁海山接受媒体采访时的发言

还与 GE 就洗衣机产品开展过研发、生产等方面合作。

（二）在跨国并购中构建多品牌协同的全球网络

在征战全球市场中，海尔推出了具有意大利元素的卡萨帝品牌。1999 年，海尔进入意大利市场；2001 年，并购了意大利迈尼盖蒂（Meneghetti）公司的一家冰箱厂，这一跨国并购活动让海尔获得了欧洲的白色家电生产基地。2006 年，海尔推出源自“意式生活灵感”的国际高端家电品牌——卡萨帝（Casarte）。Casarte 名字源于意大利语，“La casa”意为“家”，“arte”意为“艺术”，两者合为“Casarte”，意为“家的艺术”，卡萨帝（Casarte）家电定位为“艺术家电”。2007 年，卡萨帝品牌面向全球发布。卡萨帝（Casarte）除了名称上展现“意大利元素”以外，产品设计强调“意式风格”，品牌运营采用“卡萨帝品牌 + 意大利制造”模式。

卡萨帝品牌自创立开始，就确立实行全流程的高端定位，即从研发、设计、生产到销售、服务等全流程依托高端平台，为用户提供高端体验，打造的高端生活。在卡萨帝的消费用户中，不乏有马来西亚国王、迪拜公主等具有国际影响力的人物。海尔对 GEA、三洋 AQUA 和斐雪派克等国际高端家电品牌的业务的收购，为卡萨帝的技术迭代创新提供了进一步支撑。从产品看，卡萨帝很多产品均融合了多元化的国际高端元素，如 F+ 自由嵌入式冰箱的核心卖点在于卡萨帝的原创技术加上 3 节精钢滑轨（来自新西兰）、散热扇（来自日本）、气悬浮无油压缩机（来自巴西）等部件整合而来；双子云裳洗衣机则使用了斐雪派克变频直驱电机技术。作为海尔的高端子品牌，在国内市场，卡萨帝冰、洗、空三大产业已成功抢占高端家电市场第一地位，并呈现出行业内其他企业难以企及的“高增幅、高单价与高份额”市场景象。欧睿国际（Euromonitor）数据显示，2018 年第一季度卡萨帝品牌价格万元以上的产品市场份额高达 35%，其中万元以上冰箱为 36.5%，万元以上洗衣机为 70.5%，1.5 万元以上空调为 35%，三者均居同行业第一位。卡萨帝品牌的国际表现也可以用“既‘叫座’，又‘叫好’”来形容。2017 年，卡萨帝冰箱在欧洲市场的整体销售同比增长 50%，增速位列行业第一。在欧洲市场，卡萨帝已经与米勒品牌并肩，价格甚至超过米勒，成为欧洲家电消费市场翘楚。至 2018 年 3 月，卡萨帝产品荣获全球顶级设计大奖总计达 33 项，其中世界三大工业设计奖 iF 设计奖 12 项、红点奖 19 项、IDEA 大奖 2 项。

以收购 GEA 为标志，海尔形成了全球最大的家电品牌品牌集群。2017 年 3 月，海尔向世界发布 6 大全球化品牌战略，辐射范围覆盖全球 5 大洲。其中，海尔、卡萨帝、统帅为海尔集团自创品牌，AQUA、斐雪派克、GEA 为收购品牌。除海尔品牌面向全球推广外，其他品牌在推广区域上各有侧重，三大并购品牌推广的基本思路是坚守品牌原产国。

根据海尔集团对旗下品牌的发展规划，针对五大细分人群的多元化需求提供家电解决方案。其中斐雪派克强化人与电器、食物的“三角关系”的理念，定位智能社交厨房，面向明星贵族人群，打造“奢侈品牌”；AQUA 对准日本市场的高端人群；GEA 强调美式专业家电、卡萨帝定位艺术家电，针对精英人群；海尔面向白领时尚人群提供智慧家电；统帅则定位为年轻时尚家电，面向年轻大众人群。

在高端市场中，包括卡萨帝、AQUA 与斐雪派克等品牌。卡萨帝与斐雪派克有明确的针对人群，但品牌内涵定义可能有重合，艺术也可以包括奢华的风格，因此，两者可能产生内部竞争；AQUA 则依靠技术优势定位高端，因此可能与卡萨帝、斐雪派克、统帅产生市场内部竞争。总体而言，海尔集团旗下的品牌定位也覆盖占领全部的高端市场，如富有文化涵养的高级知识分子、偏爱稳重端庄风格的中老年成功人士等。2017 年，卡萨帝在中国万元以上家电市场份额达到 35%，提升 9 个百分点；GEA 高端家电品牌 MONOGRAM 在美国高端市场份额达到 20%，提升 1 个百分点；全球顶级家电品牌 Fisher 和

Paykel 在新西兰高端份额达到 36%，提升 1 个百分点（见表 5-5）。

表 5-5　海尔集团旗下品牌架构矩阵

<table>
<tr><th rowspan="2">市场</th><th colspan="6">品　牌</th></tr>
<tr><th>海尔</th><th>卡萨帝</th><th>统帅</th><th>AQUA</th><th>斐雪派克</th><th>GEA</th></tr>
<tr><td rowspan="2">高端市场</td><td></td><td></td><td></td><td></td><td>奢华</td><td></td></tr>
<tr><td></td><td>艺术</td><td></td><td rowspan="2">节能环保</td><td></td><td></td></tr>
<tr><td rowspan="2">中端市场</td><td>中国市场</td><td></td><td></td><td></td><td>美式</td></tr>
<tr><td></td><td></td><td rowspan="2">互联网定制</td><td></td><td></td><td></td></tr>
<tr><td rowspan="2">低端市场</td><td>海外市场</td><td></td><td></td><td></td><td></td></tr>
<tr><td></td><td></td><td></td><td></td><td></td><td></td></tr>
</table>

在中端市场中，海尔集团旗下有海尔、统帅、AQUA 和 GEA 4 个品牌。其中，海尔定位为绿色家电，占领中国的大部分中高端家电市场；统帅同样还是由低端市场转为互联网定制中端市场，存在争议；AQUA 强调日本特色；GEA 代表美式的中高端家电风格。根据 Stevenson 研究报告，2017 年 GEA 美国家电销量份额为 20.4%，其中，厨电 28.7%（位居行业第一）、洗碗机 21.2%、冰箱 19.8%、洗衣机 15.4%。海尔与 GEA 品牌内涵可能有重合，美式家电同样也能达到绿色的标准，因此两者存在内部竞争的可能。

在低端市场中，海尔集团旗下有海尔和统帅两个品牌。海尔品牌在海外市场中的定位为低端，随着全球化进程的推进，容易与国内市场定位产生冲突；统帅品牌从最初定位于三四级市场，完成海尔对高中低端用户的覆盖，到成为互联网定制品牌，品牌定位的调整表明海尔针对市场形势的变化，一直在不断创新和变革，让消费者成为统帅产品的“设计者”，满足互联网时代定制化需求。统帅则在向互联网定制方向转型，意图放弃低端市场。

经过多年的绿地投资、跨国并购等途径，通过海尔、卡萨帝、统帅、美国 GEA、新西兰 Fisher & Paykel、日本 AQUA 等六大品牌的全球化战略协同，构建起了世界最大[①]的家电产业集群与品牌集群，实现了世界级品牌的全球化布局与运营。2017 年全年实现销售收入 1592.54 亿元，增长 33.68%，其中海外收入占比 42.1%，增长 42.23%。

（三）多品牌协同下全球布局状况及其编码结果

以品牌全球化布局为核心构念，对海尔集团跨国并购事件进行测量与编码，从并购动因 / 原动力、市场范围、协同效应、品牌覆盖面（国际化的品牌系统）等维度进行测量（见表 5–6）。测量结果能得到文献验证以及其他案例验证，构念具有较强的内部效度和外部效度。品牌组合理论、品牌架构理论以及企业并购中品牌整合策略等理论、工具在海尔集团跨国并购及其品牌全球化布局中得到较好运用。

表 5–6　典型表达举例及开放式编码结果

<table>
<tr><th>核心构念</th><th>测量维度</th><th>典型表达举例</th><th>编码结果</th></tr>
<tr><td rowspan="4">品牌全球化布局</td><td rowspan="2">并购动因 / 原动力</td><td>进驻日本市场近十年，始终没能在日本打响“海尔”品牌，销售额很少，市场占有率极低</td><td>在日本市场占有率低</td></tr>
<tr><td>“尽管海尔自称是全球销量最大的家电生产商，但（2015 年）在美国市场的知名度仅限于小型冰箱和窗式空调在内的小众产品。”（James R Hagerty）</td><td>在北美市场占有率低</td></tr>
<tr><td rowspan="2">市场范围</td><td>收购三洋（SANYO）及其子品牌 AQUA，海尔亚洲改名“AQUA”，并采用“重振日本国产家电”口号，加速在日本市场“去海尔化”</td><td>布局日本及东南亚市场</td></tr>
<tr><td>“并购对海尔品牌在澳洲市场将会有很好的促进作用。斐雪派克用技术征服消费者，所以在澳洲市场，斐雪派克是新技术和高端家电的代名词”（当地销售员）</td><td>布局大洋洲市场</td></tr>
</table>

① 根据欧睿国际（Euromonitor）数据：海尔大型家用电器 2017 年品牌零售量占全球市场的 10.6%，连续 9 年蝉联全球第一；同时，冰箱、洗衣机、酒柜、冷柜继续蝉联全球第一；公司智能空调全球份额 30.5%，连续 2 年位居全球互联空调销量第一。

续表

核心构念	测量维度	典型表达举例	编码结果
		“让 GEA 成为海尔全球化布局中的美洲基地，稳固海尔在全球家电市场的地位，也可以与 GEA 实现产品、供应链、销售网络等方面协同效应”（梁海山）	布局北美市场
	（国际化）品牌系统	2017 年 3 月，海尔向世界发布 6 大全球化品牌战略，辐射范围覆盖全球 5 大洲。	世界第一家电品牌集群
	协同效应	2016 年完成各大跨国并购；2017 年，海尔全年实现销售收入 1592.54 亿元，增长 33.68%，其中海外收入占比 42.1%，增长 42.23%	全球市场协同效应显著

三、从 OPM 模式到多品牌全球布局：好孩子

（一）在跨国并购中打造国际化的品牌系统

1. 好孩子国际及其附属公司发起的跨国并购事件

好孩子公司，是全球领先的儿童用品公司，以及中国最大的母婴产品分销和零售平台，于 1989 年由宋郑还在江苏昆山创立，专业从事儿童用品及母婴产品的研发、制造及全渠道分销和零售。2010 年，好孩子集团旗下好孩子国际控股有限公司在香港联交所上市。

2014 年 1 月，好孩子国际（1086.HK）以 7.51 亿港元收购德国 Columbus Holding GmbH 的全部股权。[①]Columbus 公司成立于 2005 年，主要生产汽车安全座椅、婴儿车等儿童用品，在欧洲大陆、英国及中国香港设有分公司，其旗下品牌“Cybex”是欧洲的著名品牌。

2014 年 6 月，好孩子国际再次宣布以 11.09 亿港元全资并购美国百年婴童耐用品品牌 Evenflo。Evenflo 于 1920 年在美国创立，其

① 好孩子国际收购 Columbus Holding GmbH 公司全部股权一案，从某种程度上，可以看成两个公司合并。因为 Columbus 公司整体进入好孩子国际的同时，该公司股东除了获得了收购价约 54.5% 的现金外，其余部分以股权的形式被安排进了好孩子国际，而且该公司管理层也在好孩子国际得到了新职位。

产品包括汽车座椅、旅行系统、儿童门、高脚椅、便携式婴儿游戏床、背带及跳跳椅等。Evenflo 的产品主要在美国俄亥俄州 Piqua 和墨西哥 Tijuana 进行生产，然后通过 Walmart、Target、ToysRus、Amazon 等各大零售渠道销往全球，是名副其实的国际名牌，深受全球消费者的喜爱。

2014 年年底及 2015 年年初，Cybex 收购其在斯堪的纳维亚（Scandinavia）的分销商（总部位于丹麦），并在西班牙开设新的直销办事处，以完善欧洲市场网络。

如今，好孩子集团以德国、美国和中国为母市场，通过设计、研发、制造、销售儿童汽车安全座、推车、服饰及棉纺品、喂养和洗护用品、床、自行车、三轮车及其他儿童用品，服务全球育儿家庭。凭借全球性布局、本土化运营、结构化品牌体系、卓越研发能力和制造设施，在全球行业中处于领先地位。

2. 跨国并购后好孩子集团实现品牌国际化全面升级

在跨国并购之前，好孩子公司产品品牌主要有 gb、Goodbaby、小龙哈彼（Happy Dino）和 Geoby 等，而且这些品牌主要满足国内外中低档市场需求。其中，Geoby 作为好孩子公司的自有品牌，1996 年与美国第二大婴儿用品制造商 COSCO 公司推出联合品牌“CASCO-Geoby”。

2014 年，好孩子集团收购欧洲市场上著名品牌 Cybex 和在北美市场享有盛誉的 Evenflo 品牌后，业务模式和品牌结构实现全面升级。以往，好孩子主要是 OPM 生产商，为国际领先的品牌提供产品及技术。并购以后，可以通过自有品牌直接向市场销售自己的产品，经过一系列调整、整合，自有品牌体系得到了极大丰富。

好孩子国际 2014 年报和 2015 年报描述的“品牌金字塔”显示（见图 5-7），Cybex 品牌一直保持在金字塔顶端满足高端消费者需求；Evenflo 品牌则由中低端上升到中高端；gb 品牌实行主副品牌策略，分别推出 gb Platinum、gb Gold 和 gb silver 等 3 个系列，分别满足高端市场和中端市场，不过 gb silver 系列在 2017 年中后期以后被弃用。Goodbaby 虽然不再作为产品品牌使用，但仍为企业品牌（见图 5-4）。

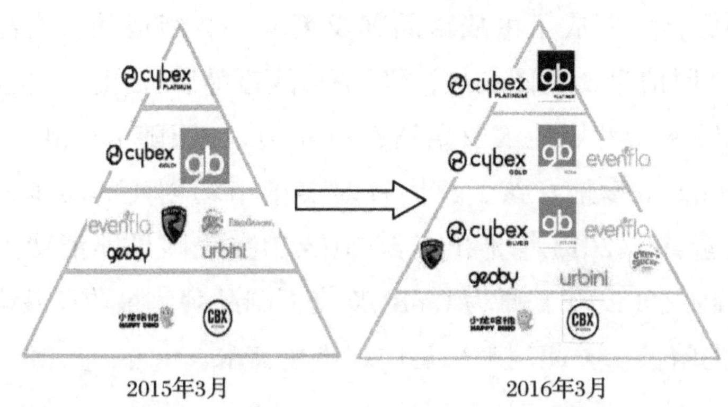

图 5-4 跨国并购后好孩子自有品牌的“金字塔”变化

资料来源：好孩子国际 2014 年报和 2015 年报。

跨国并购事件发生后，好孩子集团尤为可贵的变化体现在 gb 品牌上。gb 品牌在中国是著名品牌，但其在世界其他国家不为人知，这一问题在 2015 年 9 月后才得到改变。gb 品牌借助于并购过来的渠道参加在德国科隆国际儿童用品展和拉斯维加斯美国少儿婴童用品展，面向全球推出 gb 品牌并赢得业界一致好评。在美洲，2014 年好孩子集团与 ToysRUs（TRU）合作，将 gb 品牌引入美国市场（2018 年 3 月，TRU 公司宣布其计划逐渐结束美国业务）；2015 年，gb 在北美的销售增加了 411.8%。2015 年，好孩子集团品牌仍主要为区域经营——“gb 品牌 79% 的收入来自中国，Evenflo 品牌 97% 的收入来自北美，Cybex 品牌 91% 的收入来自欧洲”。尽管如此，对于 21% 的销售收益来自海外的 gb 品牌来说，这一销售状况为其下一步走向品牌全球化创造了充分的条件。在 EMEA，①2016 年向欧洲新推出 gb

①EMEA 地区是 Europe, the Middle East and Africa 的字母缩写，为欧洲、中东、非洲三地区的合称。

Platinum 和 gb Gold，gb 品牌才正式进入欧洲市场；2017 年在 EMEA 地区的销售额延续了 2016 年的强劲增长趋势。

在完成收购后的整合阶段，好孩子集团再次对品牌体系进一步的梳理和优化，形成了由战略品牌及策略品牌组成的自有品牌体系（2018 年官网信息，见图 5-5）。其中，战略品牌面向全球提供产品；策略品牌服务于特定地区及渠道；ExerSaucer 跟随 Evenflo 一同收购过来；Urbini 品牌是好孩子集团针对美国市场创建的品牌，由沃尔玛独家经营，于 2013 年推出，至 2015 年在美国母婴消费人群中就拥有了超高人气；CBX 原为 CYBEX 旗下副品牌，被收购后与 Happy Dino（小龙哈彼）一起用来满足中端市场需求。

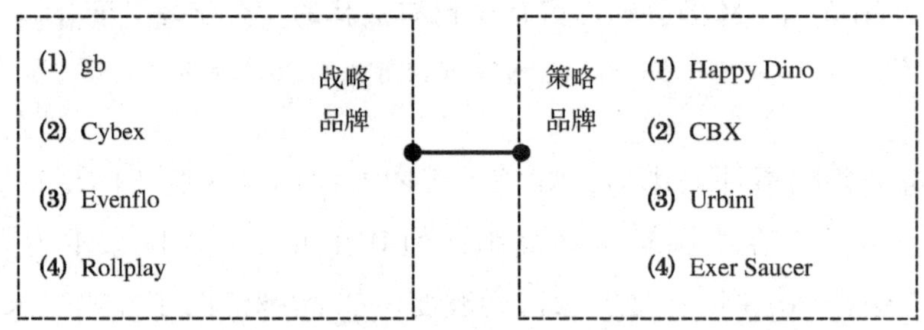

图 5-5　好孩子集团的自有品牌分工

资料来源：根据好孩子国际官网（http：//www.gbinternational.com.hk/）整理。

Rollplay 是儿童电动车品牌。2011 年，在好孩子集团美国波士顿研发中心，一群拥有资深背景的极客设计师和营销大师提议创立该品牌。Rollplay 直译为“飞转的车轮和骑行玩耍”，寓意为“鼓励儿童自由发挥自己的创造力和想象力”。2012 年，Rollplay 推出系列名车品牌仿真车，其中包括拥有剪刀门专利设计的捷豹超跑儿童电动车、大众 T1 儿童巴士、MINICooper 及甲壳虫原版儿童助载车等，进一步丰富产业线。2014 年，成功推向市场；2015 年，遂成为全球儿童骑乘产品顶级供应商；2016 年 Rollplay 成为好孩子集团旗下四大国际战略品牌之一。Rollplay 大部分收入来自北美市场，并于 2016 年该品牌进入中国。

根据好孩子集团的全球化的品牌规划，“gb 主攻中国市场，Cybex 占据欧洲市场，Evenflo 重点在美国市场，这三大品牌各自深耕中、欧、美三大母市场，Rollplay 则侧重于儿童户外汽车玩具市场，其他战术品牌提供必要的‘策应’”。

3. 跨国并购后好孩子集团的协同效应明显

好孩子集团发生跨国并购事件的前一年即 2013 年，集团来自海外市场的收入约为 28.31 亿港元，较 2012 年下降了 12.9%。2012 年下半年，好孩子集团开始与北美市场的零售商开展战略合作，启动直销[①]和自有品牌业务。2013 年开始出货，包括欧洲和北美市场在内的直销和自有品牌业务收入约为 1.13 亿港元，占欧美市场总收入的 5.3%。这些收益表明，在好孩子集团发起跨国并购前，其品牌国际化效果不很明显。

好孩子国际（01086.HK）2014—2017 年公司年报显示：跨国并购以后，集团收入和纯利润都有较大提升，毛利率更是逐年呈稳健上升态势（见表 5-7）。

表 5-7　跨国并购事件发生后的好孩子国际经营状况变化

报告期	经营状况		
	收入（百万港元）	毛利率（%）	纯利（百万港元）
2014.12.31	6115.6	25	57.7
2015.12.31	6951.1	29.5	202.7
2016.12.31	6238.2	33.8	212.2
2017.12.31	6723.9	38.5	184.4

注：① 2017 年 7 月 25 日，好孩子国际收购好孩子中国旗下的 Oasis Dragon Limited，为确保项目具有可比性，上述 2017 年收入不包括新并购业务；

②数据来源于好孩子国际（01086.HK）2014—2017 年公司年报。

① 好孩子集团所说的“直销”，是指把产品直接卖给零售商。

数据显示，并购整合后的第一年——2015年，Cybex、gb、Evenflo三大品牌市场经营状况有大幅度提升，市场协同效应显现（见表5-8）。并购的当年即2014年，gb品牌收益数量比Cybex品牌、Evenflo品牌要多，但2015年起，销售规模反而不如两个品牌，主要是因为：①gb品牌在欧洲、美洲的部分业务被分别整合进了Cybex、Evenflo等品牌；②业务模式转变的冲击。gb品牌以往主要采用OEM、OPM模式，在国外的销售活动借助合作伙伴开展，好孩子集团并购Cybex、Evenflo品牌后，原来的合作者变成了竞争者，拒绝继续合作。如全球著名儿童用品公司Dorel industries从1996年开始与好孩子集团合作，但它对好孩子集团的并购行为是非常敏感的，并购事件一发生，Dorel就去寻找新的合作伙伴。

表5-8 跨国并购后好孩子集团旗下三大品牌经营状况变化（百万港元）

报告期	品牌		
	Cybex	gb	Evenflo
2014-12-31	730.3	908.3	697.3
2015-12-31	1213.2	972.8	1796.5
2016-12-31	1257.1	1274.2	1680.6
2017-12-31	1753.6	1582.5	1734.4

注：①2017年gb品牌收益达29.3亿港元，其中包括耐用品（原业务）15.8亿港元和非耐用品（从好孩子中国并购过来的新业务）13.5亿港元；

②数据来源于好孩子国际2014—2017年公司年报。

被收购后的Cybex品牌市场表现非常强劲。2014年品牌收益约为7.30亿港元，较2013年增长32.1%。2015年，Cybex已在超过100个国家销售，销售收入高速增长（以欧元计），增幅达到87.7%；尽管2015年中国经济增速下降，但Cybex品牌在中国的收益增长111.5%；在亚太地区，2016年，Cybex品牌翻倍；2017年，推出了80多种新产品，Cybex品牌更是增长100.8%。

Evenflo 品牌被收购后，很好地补充了好孩子集团的研发能力，并且增添了 7 款新产品，同时 Evenflo 品牌在美国市场的地位得到提升，并为集团所有品牌提供在北美的物流及仓储服务。在收益方面，2014 年收益总额约为 6.97 亿港元，较 2013 年增长 6.9%，而 Evenflo 品牌在被收购前，其收益基本上按年下降约 8.0%；2015 年，Evenflo 品牌增长了 16%，实现转亏为盈。2016 年，好孩子集团将 Goodbaby 和 Evenflo 的运营整合进统一的 Goodbaby North American 公司。由于市场对这一整合行为的反应较为强烈，好孩子集团在美洲市场收益由 2015 年约 20.31 亿港元下跌至 2016 年约 18.82 亿港元，Evenflo 品牌收益由 2015 年下跌 6.4%。不过通过整合、优化好孩子集团在美洲的生产线，形成了持续增长的稳固基础。尽管收益下滑，但毛利率和纯利润率却在上升，Evenflo 品牌在美洲市场的毛利率 2015 年为 22.9%，2016 年达到 25.9%；纯利润率由 2015 年的 3.2% 上升到 2016 年的 5.8%。2017 年，Evenflo 品牌收益增长了 3.2%。

（二）成功推进品牌系统国际化的关键因素：实施并突破 OPM 模式

跨国并购领域有条“七七定律”——“70% 的并购没有实现期望的商业价值，而其中 70% 失败于并购后的文化整合。”然而，为什么好孩子集团能破除这一定律，不仅能成功整合，而且还能推进品牌国际化呢？在对好孩子集团实施跨国并购前后的工作作深入分析后，发现好孩子集团的成功不是偶然的。

1. OPM 模式的由来

在更早的 1994 年，好孩子集团开始布局海外市场，第一站选择在美国纽约。经过大量尝试之后，发现当时的好孩子集团在美国在经营独立品牌根本不存在可能性。1995 年，好孩子公司研发了一辆“秋千式”婴儿车，这款车具有流线型的车架造以及型平行、弧形两种秋千式的摇摆，分别取了个动听的名字“妈妈摇”“爸爸摇”，并为它申请到了 5 项美国发明专利以及外观专利。

1996 年，宋郑还找到美国第二大婴儿用品制造商 Cosco，当时该公司刚刚从童车市场退出来。Cosco 公司总裁看到这款秋千式婴儿车后，对产品很满意，表示愿意贴牌生产（OEM），但宋郑还坚持在产品中要出现好孩子“Geoby”品牌名字，最后以联合品牌“Cosco By Geoby”将产品推向市场，并迅速获得成功。1999 年，成为美国市场最大婴儿车供货商。

进入美国市场的这一步，对好孩子集团走上国际化道路具有里程碑式的意义。利用同样的办法，2002 年，好孩子集团打入了欧洲市场；2006 年，好孩子集团成为欧洲市场最大婴儿车供货商。好孩子集团将这种用自主设计的产品为其他企业贴牌的运营方式称为“OPM 模式”。

以带有自主设计的产品为国际领先企业贴牌或者实施联合品牌，这种进入国际市场的做法逐渐促使好孩子集团形成了获取海外收益的基本业务模式：以 OPM 业务为主，OBM 业务为辅，兼有 OEM 业务。OPM（Original Product Manufacturer）是好孩子集团进入国际市场的特有方式。OPM 即原产品制造商，指企业自主研发产品但使用客户品牌产品的销售。通俗地讲，OPM 模式就是“卖设计、卖产品、卖制造”，在产品上面，除了品牌，其他都是自己的。好孩子集团讲的 OPM，实质就是 OEM（Original Equipment Manufacturer），但又不是单纯的 OEM。OPM 与通常讲的 OEM 最大的不同是，OPM 拥有产品自主设计的知识产权（见图 5-6）。

好孩子集团 OPM 客户基本上全是世界级大品牌，如美国 Dorel 工业集团、英国高端婴童品牌 Silver Cross、婴儿伞车品牌 Maclaren、日本母婴用品品牌贝亲（pigeon）、英国母婴用品服饰品牌 Mothercare、意大利母婴用品品牌智高（chicco）、美国婴儿车品牌 UPPAbaby 等。其中，Dorel 旗下的荷兰推车品牌 Qunniy、荷兰安全座椅品牌 maxi-cosi、美国推车及座椅品牌 safety 1st 和 Cosco，以及法国座椅及推车品牌 bebeconfort 等在全球市场上非常有竞争力。

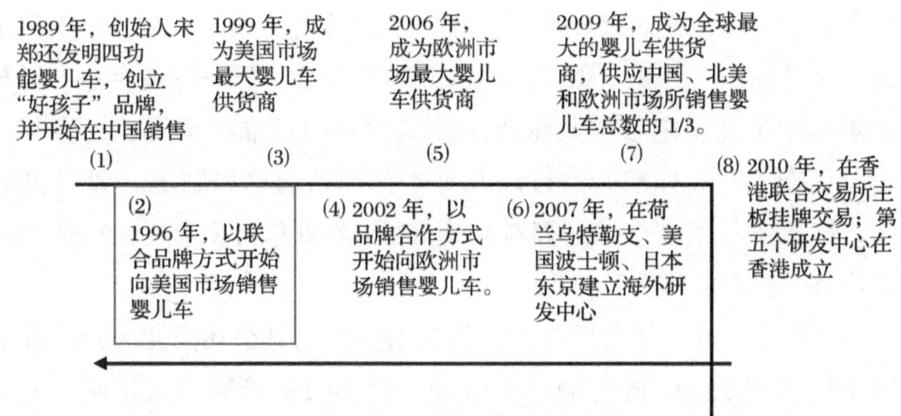

图 5-6 “好孩子”国际化之路

OPM 模式为好孩子集团在行业内赢得了全球性大品牌的高度信赖，积蓄了巨大优势和能量，最终在推动好孩子集团实现企业国际化和品牌国际化过程中起到了极其重要的作用。

2. OPM 模式重点：自主研发产品

好孩子集团的 OPM 模式，通俗点说，就是“研发 + 制造 + 贴牌”。“研发”是很多贴牌生产企业不愿意去触碰的领域，因为“研发”不仅耗资金，而且有风险。但对好孩子来说，“研发”是它的“杀手锏”，甚至可以说是它的核心竞争力，因为好孩子集团一直非常重视“研发”工作，并取得了重大成果。这对好孩子集团成功地跨国并购和成功地跨国整合至关重要。

2007 年，在已经拥有中国昆山研发中心的基础上，好孩子集团在荷兰乌特勒支、美国波士顿、日本东京等地建立“海外研发中心”；2010 年，第五个研发中心在中国香港成立；并购事件发生后的 2014 年，“全球研发中心”调整为 8 个；2016 年，进一步调整为 7 个。

来自世界顶级研发人员和设计师组成的好孩子集团全球研发中心

推出的新产品，连续多年获得德国“红点设计大奖”；2013年获得全国“质量标杆”称号，这是国内获此称号的唯一母婴行业企业。好孩子集团除了在国内参与儿童产品及其材料的标准制定了，还参与了美国标准、欧洲标准的修订以及日本标准的起草和制定。截至2017年，好孩子集团在全球已拥有高达8500多项专利技术，在行业里被笑称是“新产品机器”。

事实上，好孩子集团早在跨国并购前夕，其公司婴儿车产品在美国市场占据55.1%的份额，在欧洲占据24.1%份额。这说明，好孩子集团的产品研发设计与产品生产制造已经获得美国与欧洲市场认可，所以在并购Cybex和Evenflo两个品牌以后能够全面、迅速掌握北美和欧洲市场，充分满足消费者需求。

（三）成功推进品牌系统国际化的重要条件：企业国际化基础厚实

2016年，好孩子集团董事会主席宋郑还将好孩子走向世界之路概括为：“1988—1996年，用中国资源做中国市场；1996—1999年，用中国资源做世界市场；1999—2010年，用世界资源做世界市场；2010年至今，用世界资源在做中国市场。”宋郑还这番话表明好孩子集团的国际化已进行了三个阶段。

1. 树立“全球化就是本土化”理念

好孩子集团董事会主席宋郑还说：“某种意义上而言，全球化就是本土化，在各大区域市场，我们希望用本土化品牌去开疆拓土。”这是他在国际市场开拓中经过艰难探索和取得丰硕成果后形成的关于“全球化”的认识。他还说：“一个品牌往往在某个区域里影响力特别大，像Evenflo在美国影响力特别大，但走到欧洲却没有多少人知道。”

好孩子集团进入美国市场以后，察觉到美国人“性价比高的实用主义”消费观并不排斥“Made in China”，而且“中国制造”的优势恰好能满足美国的这种消费要求。然而，虽然“Made in China”在美国没有问题，但是“中国品牌”在美国做起来却非常困难，除了让美国消费者接受“中国品牌”存在难度外，在还没有进入市场之前就存在种种障碍，比如当地保险公司对中国品牌产品要求的售后保费极高，这无异于大大增加中国品牌的销售成本，削弱了中国品牌在美国的市场竞争力。后来，好孩子集团在美国市场注册了 Geoby、Urbini 等自有品牌，采用与美国本土大品牌进行联合的方式开拓美国市场，大获成功，好孩子集团儿童车产品在美国市场占有率屡创新高，一度超过 55%。正因为此，宋郑还开始用“本地化”思维推进国际化市场运作。

好孩子集团的“本土化”体现在方方面面，比如经营团队的本土化、产品设计的本土化等。他们为“符合当地消费者的审美要求”，能够做到“卖给意大利人的就让意大利的设计师来设计，卖给英国人的就让英国的设计师来设计”。通过“全球化布局 本土化经营”，三大品牌相得益彰，集团整体实力大增，好孩子集团对跨国业务的整合已基本成功。因此，用本土化去实现全球化，对中国多数企业来讲，特别是在那些“逆袭并购”活动中，可能是一个现实选择。

2. 始终坚持国际化导向的市场拓展策略

为开拓海外市场，好孩子自创立伊始，就积极寻求与当地最好的儿童用品制造商、大型连锁零售商合作，比如美国 Dorel 工业集团、美国大型连锁超市四巨头 WalMart、Kmart、TRU/BRU、Target 和英国乐购（Tesco）公司代工以扩大业务范围。在早期，尽管 OEM、OPM 业务利润非常低，但好孩子集团仍然积极推进，并努力从中找到突破的机会。2010 年，在中国香港联交所上市以后，更是如此。

数据显示，自上市至今，好孩子集团的本土市场（中国大陆）在其总收益的比重一直未曾超过 1/3，而且近些年有逐步下降的趋势（见表 5-9）；欧洲市场及北美市场一直以来都是好孩子集团的主阵地，这两大市场给好孩子集团贡献超过 50% 的收益，一度接近 60%。

这对于好孩子集团了解并购企业和被并购企业所服务的市场，并成功整合都起到了至关重要的作用。

表 5-9 好孩子国际公司各区域市场分部收益占总收益的比重（%）

报告期	欧洲市场	北美市场	中国大陆市场	其他市场
2010-12-31	29.85	34.60	22.31	13.24
2011-12-31	31.02	28.94	25.39	14.65
2012-12-31	27.91	29.20	28.61	14.28
2013-12-31	24.24	26.90	32.41	16.45
2014-12-31	32.90	32.53	23.98	10.59
2015-12-31	30.88	40.35	19.39	9.38
2016-12-31	29.55	42.65	18.52	9.28
2017-12-31	28.45	39.48	23.54	8.53

资料来源：根据好孩子国际（01086.HK）2010—2017 年公司年报数据计算得出。

3. 不忘初心地将自有品牌推向全球

好孩子国际（01086.HK）的年度报告中，区域市场分部收益中包括自有品牌、零售商品牌以及蓝筹业务等三部分业务收入。其中，自有品牌部分是指使用自己品牌进行产品销售的业务；零售商品牌指“好孩子集团直接售给零售商且品牌为零售商所拥有的业务”；蓝筹业务被界定为“好孩子集团向品牌客户进行销售，且品牌由第三方拥有的业务”。

数据显示，好孩子集团的自有品牌业务在总收益中的比重呈逐年上升趋势（见表 5-10）。在跨国并购前的 2013 年，仅依靠 gb 品牌及其附属品牌就已经达到了 40.70%。2015 年包括 gb、Cybex、Evenflo 在内的自有品牌收益占总收益的约 73%，表明好孩子集团已完成由 OPM 主导的向自有品牌主导的业务模式成功转型。

表 5-10　好孩子国际按业务模式划分的收益占比（%）

报告期	自有品牌	零售商品牌	蓝筹业务
2010-12-31	28.16	71.84	
2011-12-31	32.08	67.92	
2012-12-31	35.86	64.14	
2013-12-31	40.70	59.30	
2014-12-31	57.2	2.3	40.5
2015-12-31	73	2	25
2016-12-31	77.9	2.4	19.7
2017-12-31	84.6		15.4

资料来源：根据好孩子国际（01086.HK）2010—2017 年公司年报数据整理得出。

当然，好孩子集团仍然还有一些重点品牌商的 OPM 业务，如好孩子集团最大的蓝筹客户——美国 Dorel 工业集团、重要的蓝筹客户——英国高端婴童品牌 Silver Cross。好孩子集团希望在与这些大品牌的合作中消化自己产能，并了解到市场最新动态，学习先进技术。跨国并购以后，好孩子集团也就成为这些蓝筹客户的竞争对手。显然，这些客户与好孩子集团持续合作的可能性将降低，蓝筹业务收入也将逐渐减少。

4. 公司高层预先对跨国并购进行深入研究

在好孩子集团不断推进国际化过程中，董事会主席宋郑还就开始研究跨国并购理论与实践，并形成了一些有见地的认识，如“并购要有人文基础，常年合作过的，文化冲突会相对而言较少”“并购是要组成一个新的内核，而不是简单买下某个品牌”等。好孩子集团并购 Cybex 品牌，一个重要的原因是宋郑还与 Cybex 品牌创始人 Martin Pos 两人有着“相似的价值观”以及“看待事情的方式是一样的”。

在实际操作中，也能把握住一些准则。如在并购 Evenflo 之前，作为好孩子集团最大蓝筹客户的 Dorel 集团也提出希望好孩子能够将其并购，尽管之前有合作基础，而且 Dorel 集团约 2/3 的婴幼儿产品及其专利来自好孩子，但宋郑还考虑到婴幼儿产品也只是其业务的一部分，产品过于庞杂，以及如果并购过来，无形中会加大整合难度，增加运营风险。

5. 高度重视国际人力资源的开发利用

好孩子集团实施跨国并购以后，高度重视国际人力资源的开发利用，很多岗位安排了外国人士担任。好孩子集团逐渐演变成一个高度跨文化企业，其跨文化程度从其高管的构成可见一斑。

2016 年 1 月 15 日，好孩子国际宣布，Martin Pos 接替宋郑还担任集团行政总裁，宋郑还留任董事会主席。Columbus Holding GmbH 被收购后，Columbus 管理层被吸收进好孩子集团，Martin Pos 是 Cybex 品牌创始人，2014 年被委任为好孩子集团副行政总裁。

2016 年 1 月 15 日，同时宣布的人员安排还有：Tim Maule 出任好孩子集团欧洲的首席执行官，Maule 继续担任集团的首席商务官及供应链高级副总裁，Johannes Schlamminger 出任 Cybex 首席执行官，Thierry Aubry 出任集团全球制造的高级副总裁，Raoul Bader 出任集团技术高级副总裁，Frankie Tse 出任中国市场的行政总裁，Philip Raum 出任集团全球营销的高级副总裁。在此之前，2015 年，Simone Berger 出任集团人力资源高级副总裁。2011 年，委派美国执业律师、法学博士 Gregory E.Mansker 出任好孩子国际控股有限公司海外市场首席执行官，主要负责战略市场推广及业务开发；2014 年改任美洲事务行政总裁。2016 年 7 月，Jan Rezab 出任集团数字科技行政总裁等。

来自世界各地的跨文化经营团队对好孩子集团最终走向真正的全球化显然大有裨益，并购后续年份的市场数据和利润状况正说明了这一点。这一做法也必将帮助好孩子集团在品牌国际化的征程走得越远越稳。

（四）跨国并购的续言：开启全球孕婴童生态圈布局

1. 收购兄弟企业，整合国内业务

在完成了从依靠 OPM 业务“走出去”到借力跨国并购实现自有

品牌全球化布局的蜕变之后，好孩子集团启动构建全球孕婴童生态圈的发展战略，自觉担负起引领行业健康永续发展的使命。2017 年 7 月 25 日，好孩子国际发布公告称，该公司收购好孩子中国旗下的 Oasis Dragon Limited。好孩子国际和好孩子中国同为好孩子集团旗下的兄弟公司，此前，好孩子中国曾有独立上市计划，且代码（06186.HK）都已核发，但因当时发生股灾，最终放弃独立上市。

事实上，好孩子国际是一个儿童耐用品制造公司，而好孩子中国则是儿童非耐用品的开发、品牌管理及分销，并在中国市场以全渠道零售的平台。好孩子中国旗下 Oasis Dragon Limited 的核心业务包括母婴护理用品和服装产品的产品生产及销售。通过此次收购，好孩子国际获得庞大的线上线下零售网络，产品组合从儿童耐用品延伸到母婴护理用品及童装等（见图 5-7）。收购全渠道 Oasis Dragon Limetee，对于好孩子国际的转型及进军电商市场都是一个契机和途径，为好孩子集团下一步构建全球孕婴童生态圈落下一棋。

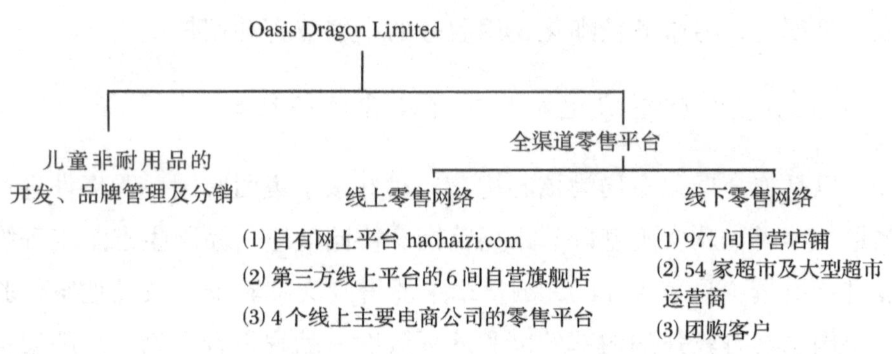

图 5-7　Oasis Dragon Limited 的业务构成（2017）

成功收购 Oasis Dragon Limited 后，好孩子集团将中国市场的所有品牌及其团队整合进一个领导团队带领下的、线上线下完全融合的全新零售与销售组织，2017 年年报显示，此次内部业务整合，好孩子在中国市场“一个品牌”“一个团队”“一个系统”的协同效应已经开始显现。

2. 构建全球孕婴童生态圈[①]

在好孩子集团董事会主席宋郑还的构想中，好孩子集团的全球孕婴童生态圈有两大重要触点：品牌和服务。其中，品牌不仅包括好孩子集团的自有品牌，而且还包括已经入驻好孩子集团星站（gb kids station） 的 NIKE、adidas、The North Face、Reebok、GEOX、SKECHERS、CONVERSE、PUMA、Clarks、new balance、Columbia 和 Wilson 全球 12 大知名运动与户外品牌在内的战略合作品牌，以及在中国市场范围的合资品牌 mothercare。

生态圈中的“服务”被赋予“重要职责”。宋郑还认为，“服务是这个生态圈的核心动能，由服务驱动一切”。服务的内容主要是线上线下向用户提供个性化孕婴童服务咨询和定制化解决方案。在线上，通过 BOOM 商业模式（B= 品牌、O= 线上、O= 线下、M= 移动终端），实现全网销售，构建用户社区。线下，实行“移动试衣箱”（客户要 1 件，好孩子集团送去 3~5 件供挑选）、“门店看中，送货进家”等项目，将服务精细化，用服务的小细节打动用户。

（五）多品牌全球化布局状况及其编码结果

以品牌全球化布局为核心构念，对好孩子集团跨国并购事件进行测量与编码，从实施基础、市场范围、协同效应、品牌生态系统等维度进行测量（见表 5-11）。测量结果能得到文献验证以及其他案例验证，构念具有较强的内部效度和外部效度。品牌组合理论、品牌架构理论、品牌生态理论以及企业并购中品牌整合策略等理论、工具在好

① 宋郑还还制定了生态圈战略“三步走”的路线图：第一步，打造三大平台，包括：一是聚焦品牌和产品的内容平台；二是形成自成一体的零售分销、研发、制造、服务的新商业平台；三是提供数据、资本、组织、管理等要素的孵化平台。第二步，合纵连横，衍生扩张产业链，开放整合外部资源，形成新的组织形态、新的平台生态。第三步，在吸纳诸多元素之后，构建出一个共生、互生、再生的生态系统，这一系统能够根据环境的变化自我更新、持续进化。通过搭建平台，构建生态圈，整合各类合作企业资源，对用户服务、产品、研发、供应链、流通等进行统一组织管理，向全球孕婴童用户提供全方位的闭环服务。

孩子集团跨国并购及其全球化品牌布局中得到很好地运用。

表 5-11　典型表达举例及开放式开放式编码结果

核心构念	测量维度	典型表达举例	编码结果
品牌全球化布局	实施基础	好孩子集团实施 OPM 模式，且其 OPM 客户基本上全是世界级大品牌	全球性大品牌高度信赖
	市场范围	并购德国 Columbus Holding GmbH 全部股权，其旗下品牌 Cybex 是欧洲的著名品牌	提升了在欧洲市场占有率
		全资并购美国百年婴童耐用品品牌 Evenflo，该品牌是名副其实的国际名牌	提升了在北美市场占有率
	协同效应	“gb 主攻中国市场，Cybex 占据欧洲市场，Evenflo 重点在美国市场，这三大品牌各自深耕中、欧、美三大母市场”	全球市场协同效应显著
	品牌生态系统	全球 12 大知名运动与户外品牌在内的战略合作品牌，以及在中国市场范围的合资品牌 mothercare	构建全球孕婴童生态圈

四、案例启示：跨国并购中多品牌全球化布局及其实施路径

案例研究表明，企业在全球范围内，通过实施并购同行业中在特定区域（如欧洲、北美、日本等）有明显优势的国际高端品牌，以及推出新创国际化高端品牌等路径，从而实现品牌系统全球化布局（见图 5-8）。

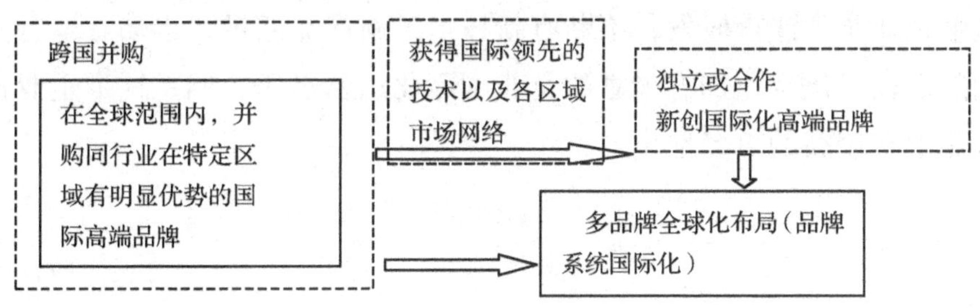

图 5-8　跨国并购视角多品牌全球化布局路径

1. 并购本土品牌是实现品牌系统全球化布局的现实选择

“全球化就是本土化”“并购而来的品牌就是自有品牌”等关于品牌国际化的新认识，在海尔集团、好孩子集团等公司高层基本达成共识，这也是他们选择利用本土化品牌去开疆拓土的重要原因。事实上，他们一开始并不这么认为，而是试图用自创品牌去开拓全球市场，在付出了大量的努力而不能如愿以后，逐渐解放思想，调整思路，由此取得了丰硕国际化成果。

在跨国并购国际性强势本土品牌而形成国际化的品牌系统后，企业可通过品牌整合策略，在全球范围内开展品牌协作分工，继续发挥各品牌在区域市场优势，实现品牌系统内全球化布局，由此占领全球市场。同时，还可以实施品牌组合策略，带动各个自有品牌进入其他国际市场，由此建立起国际化品牌系统的稳定性。

2. 自身为受尊敬企业是成功并购国际优质企业 / 品牌的先决条件

与很多企业并购的对象为亏损、停产、破产企业不同，海尔集团并购的 GEA、好孩子集团并购的 Cybex 都是处于盈利状态的优质企业，这么一个优质企业在面对多个竞购者的情况下，为什么愿意出售给一家中国企业？除了竞购价格对方愿意接受以外，一个重要的原因是海尔集团、好孩子集团分别是这两家企业眼里受尊敬企业。企业能否赢得社会和同行的尊敬，已经成为衡量企业成功与否的重要因素。对于什么样的企业会受同行尊敬？在他们看来，一是要有一个受人尊敬的企业领导者，他对事业的孜孜以求，带动着企业健康发展；二是这个企业非常注重研发，不断有新技术、新产品问世，推动着本行业朝前走；三是企业拥有丰富的企业国际化运营经历；四是这个企业在行业中有较高的市场地位。

第 6 章 “中国并购”事件品牌的国际存在

一、“中国并购”事件品牌在发达国家间兴起

（一）“中国并购”事件品牌的出现

中国企业在开拓发展中国家和发达国家等不同区域市场时，走的是不一样的道路。多以直接出口产品、投资建厂等方式进入发展中国家，然而，这种方式用在开拓发达国家市场时却遇到重重困难，进而多采用跨国并购的方式进入发达国家市场。“中国并购”与发达国家企业并购在表现形式上存在着很大不同。

1.“中国并购”的品牌内涵

一般情况下，跨国并购主要表现为“大吃小”“强并弱”，或者“互补性联手”。然而，中国企业发起的并购事件，其基本特征是“逆袭并购”，通俗地说，中国企业跨国并购以“蛇吞象”形象示人。当一种具有明显的“与众不同”特征事件，在长时间、大范围内持续、频繁地发生时，这类事件就会不断强化人们的记忆和认知，于是在社会上形成“事件品牌”。具有明显特征的“中国并购”事件在国际上不断冲击人们的原有认知，强化企业跨国并购的中国形象，由此逐渐形成了事件品牌——“中国并购”。那些被中国企业跨国并购的企业基本会继续维持原有管理团队独立运营，企业文化会得以保留，这一做法给“中国并购”事件品牌赋予了特殊含义。

“中国并购”通常会做出“不裁员”“不迁移公司总部”“不改变企业文化”等承诺，奉行保留被并购企业管理团队并允许其独立运行

的做法，实行“一企多制”，体现了中国智慧，充分展现了“兼容并蓄”“多元融合”等特征的中国文化，使其更容易被世界接受，并减少跨国运营的阻力。这些构成了“中国并购”事件品牌的重要内涵。

“中国并购”（Acquired by China）作为一个与“中国制造”（Made in China）、“中国创造”（Created in China）相类比的概念，具有鲜明的时代性，也将成为中国国家形象的重要组成部分。在当前特定的历史阶段，“中国并购”与“中国制造”“中国创造”相得益彰、相互支撑，“中国并购”为“中国制造”“中国创造”获取技术和市场，“中国制造”“中国创造”为“中国并购”积蓄未来发展力量。当然，随着中国社会经济发展与企业国际竞争力提升，“中国并购”“中国制造”等形式、内涵将可能会发生变化。

2.“中国并购”事件品牌的市场反应

发达国家对中国企业开展跨国并购的反应相对比较复杂，这主要表现在政府和企业对待并购事件的态度上存在差异，不同国家政府的态度上存在差异，以及企业在并购发生前中后也存在差异等。

美国政府对中资背景企业在美国（或涉及美国）的收购、入股活动相当严苛。如2016年2月，紫光集团计划37.75亿美元认购约15%美国老牌存储公司西部数据（Western Digital）被告吹；2017年9月，美国政府阻止腾讯等中国企业收购诺基亚HERE地图，还阻止中资私募基金Canyon Bridge收购已连续亏损两年的美国芯片厂商莱迪思（Lattice）；2018年1月，蚂蚁金服被迫放弃已耗时1年，3次提交申请，以12亿美元收购美国速汇金（MoneyGram）的计划。事实上，这类事件不胜枚举。

欧盟对中国企业跨国并购的态度正发生改变。普华永道《中国企业并购市场2017年回顾与2018年展望》报告显示，长期以来欧洲是中国企业跨国并购交易金额最多、宗数最多的地区，为欧洲企业带去了资金和市场，有力促进了各自经济发展。不过这种情况目前面临着挑战，因为2017年以来，德国、法国和意大利等3国不断呼吁在欧盟层面加强对非欧盟国家收购欧洲高科技公司的交易审查；

2018 年年初，德国、法国、意大利 3 国共同起草了一份相关立法草案，已递交议会审议，要求对外国直接投资进行更为严格的监控，以有效地遏制以中国为主要对象的外国资本在欧洲的收购行为。

国外企业被中国企业收购以后通常会经历一个“从反对到庆幸、感恩”的戏剧般过程。例如，2012 年普茨迈斯特被收购时，工人因担心失去工作而在工厂大门外集体抗议，在中国收购方三一重工做出各种承诺后抗议活动才得以平息。然而，4 年以后的 2016 年，普茨迈斯特工会负责人 Joerg Loeffler 表示，“很庆幸被中国企业收购，如果当时的收购方是美国企业，对员工来说会糟糕很多。”为什么会德国员工会发出这样的感叹？因为收购完成后，三一重工并没有将其生产基地转移到中国，没有裁员，普茨迈斯特公司销售额也获得了增长，品牌在全球竞争力更强，2015 年，普茨迈斯特被德国联邦经济与科技部评为“最优秀的健康管理企业”；2016 年，进入德国杂志《焦点》“最佳雇主榜单”；2017 年，三一重工品牌系统的混凝土机械产品稳居全球第一品牌。企业员工在中国企业并购前后发生的重大变化，三一重工并不是个案，大量的案例表明，这种变化是一个普遍现象。

（二）跨国并购中中方企业承诺的品牌学解释

中国企业在发达国家实施跨国并购过程中，通常会做出“不迁总部、不裁员工、不减待遇”等承诺。比如，2014 年 9 月中车公司发起并购生产车用橡胶和塑料的德国博戈（BOGE）公司时，遭到博戈公司员工的集体反对。为化解逆反效应，中车公司做出了愿景承诺、待遇承诺等，包括“（完成此次收购后）承诺将现市场从以前的欧美市场扩展到全球市场；承诺保持现有管理团队和总部地点不变、运营机制不变、员工福利不变，绝不裁员”等。作为并购方——企业的新拥有者，中国企业为什么会做出看起来如此不对等承诺？这是出于“中国自信”还是“被迫选择”？仔细分析后可以发现，企业实施这种行为，说到底，其目的主要在于：一是化解市场的担心；二是化解员工的担忧。那么，跨国并购中，消费者（市场）会担心什么？员工又会担忧什么？这可以从品牌学的角度进行解释。

研究表明，由于国家品牌的刻板效应存在，品牌来源地会影响消费者的品牌认知、联想和决策；品牌刻板印象的形成是个长期的过程，一旦形成又将长期存在，且很难轻易改变。然而，在国际市场上，“中国制造”向来给人一种“廉价劣质”的刻板印象。据《中国国家形象全球调查报告 2016—2017》[①] 显示，62% 的国外受访者对中国产品的质量问题表示担忧，这一比例较上一轮调查的 2015 年结果并没有改善。事实上，正如苗圩（2015）表示：“全球制造业已基本形成四级梯队发展格局。第一梯队是以美国为主导的全球科技创新中心；第二梯队是高端制造领域，包括欧盟、日本；第三梯队是中低端制造领域，主要是一些新兴国家；第四梯队主要是资源输出国，包括 OPEC（石油输出国组织）、非洲、拉美等国。……中国现在处于第三梯队，目前这种格局在短时间内难有根本性改变。”因此，在“中国制造”的“廉价劣质”的刻板印象一时难以扭转情况下，中国企业跨国并购以后，保持被并购企业的总部和生产基地不变，即可维持原产国形象，也可从中获益。

跨国并购的最大风险之一在于文化整合上没有无法获得被并购企业员工有效的文化认同。中国企业在跨国并购中没有沿用发达国家企业“并购—整合”的思路，而是采用“隐形整合”的做法，不强调集团公司内部的企业文化、管理制度方面的整合，对不同文化采用开放包容的态度，让文化融合交给“时间”，交给员工个体（即不是有组织地推动），让员工在日常的生产、生活交流中实现文化融合。如 TCL 集团李东生董事长（2017）表示：“兼并方的能力不足以承担责任，就需要向被兼并方反向学习。当兼并方的能力成长到与责任相匹

①《中国国家形象全球调查报告 2016—2017》于 2018 年 1 月 5 日由当代中国与世界研究院（原中国外文局对外传播研究中心）联合知名调查机构凯度华通明略（Kantar Millward Brown）和光速公司（Lightspeed）共同完成并发布。这是该机构开展的第 5 次中国国家形象全球调查。

配的时候，再推动融合，形成合力。”在跨国并购中，中国企业虽不在价值观等文化层面寻求整合，但通常在价值链、供应链、产业链等链网节点企业间寻求效率效益方面的整合。比如，海尔收购斐雪派克后，不仅保留了原管理团队，而且还实行三权让渡，把决策权、用人权、分配权交给他们。尊重对方文化和价值观，导入“人单合一”管理模式，在开展研发平台、核心部件生产、智能装备等方面开展整合调整。因此，中国企业跨国并购中的品牌内化[①]与基于员工的品牌资产国际化路径，其基本特点是不回避“文化冲突”，不刻意强调“文化差异”，推崇不同文化的相互包容。

（三）“中国并购”事件品牌的代表企业选取

哪些企业最能代表“中国并购”？中国化工集团有限公司是一家“中央企业”，在公司创始人任建新董事长提倡“并购，并非征服，而是最大程度地寻求融合与协同效应”的理念下，通过发起一系列跨国收购活动，迅速发展成拥有16万员工，其中有8.3万人在境外工作（数据截至2017年年底），被国内外媒体称为“海外并购之王”；同时，根据全国工商业联合会主办，国家工业和信息化部、国家工商行政管理总局支持的“2017中国民营企业500强”榜单数据，华为公司蝉联中国民营企业500强首位，继续扛起“中国最大民营企业”旗帜。因此，国有企业中的中国化工集团有限公司和民营企业中的华为公司可算得上是“中国并购”事件品牌的典型代表。

二、世界级大并购的演绎者：中国化工

2003年，国务院国资委刚成立就将压减央企数量作为工作重点

① 品牌内化是将品牌的核心理念与价值根植于企业对内宣传的触角之中，使其成为员工思想和行为的一部分。换言之，品牌内化是指企业内部人员（尤其与顾客接触人员）对于本企业品牌的认识和感受，其实质是品牌在企业内部的传播。

之一。在这一背景下，2004年原化工部所属的蓝星集团、昊华集团等企业合并组建中国化工集团公司（简称“中国化工”）。据审计署《2017年第23号公告》，中国化工2015年年底拥有全资和控股子公司537家、参股公司259家；资产总额3725.14亿元，负债总额3018.57亿元，所有者权益706.57亿元，资产负债率81.03%；当年实现营业总收入2602.52亿元，利润总额32.1亿元，净利润1.17亿元，净资产收益率0.17%。此外，至2015年年底，中国化工有24家所属企业被国资委认定为“僵尸企业”或特困企业。中国化工目前已有“化工新材料及特种化学品、基础化学品、石油加工、农用化学品、轮胎橡胶和化工装备”等6个业务板块，计划到2020年，形成“材料科学、生命科学、环境科学加基础化工的‘3+1’产业格局”，而要实现该目标，主要通过“国际并购”实现（见表6–1）。

表6–1 中国化工及其附属公司国际并购一览表

序号	交割时间	并购对象	所在国	交易金额	行业地位	发起企业
1	2006	安迪苏（Adisseo）	法国	4.0亿欧元	全球最大的动物营养添加剂企业	蓝星
2	2006	凯诺斯（Qenos）	澳大利亚	2.3亿澳元	澳大利亚最大的乙烯生产商和唯一的聚乙烯生产商	蓝星
3	2006	罗地亚（Rhodia）有机硅业务	法国	3.9亿欧元	全球第五大有机硅生产企业	蓝星
4	2011	埃肯公司（Elkem）	挪威	19.5亿美元	世界微硅粉市场最主要的供应商	蓝星
5	2011 2016	马克西姆—阿甘工业公司	以色列	24亿美元	全球最大的非专利农药企业	中国化工农化总公司

续表

序号	交割时间	并购对象	所在国	交易金额	行业地位	发起企业
6	2011	伊诺维亚公司（Innov'ia）	法 国	90% 股权	添加剂塑性领域欧洲市场领先企业	安迪苏
7	2015	REC	挪 威	6.4 亿美元	全球前三位的太阳能硅片、电池、组件一体化企业	蓝星埃肯
8	2015	倍耐力（Pirelli）	意大利	71 亿欧元	全球第五大轮胎企业	中国化工橡胶有限公司
9	2016 2018	摩科瑞（Mercuria）	瑞 士		世界上最大的独立一体化能源及大宗商品贸易公司之一	中国化工油气公司
10	2016	克劳斯玛菲（Krauss Maffei）	德 国	9.25 亿 欧元	全球领先的橡塑加工机械设备制造商	中国化工装备公司
11	2017	先正达（Syngenta）	瑞 士	430 亿美元	全球第一大农药、第三大种子公司	中国化工集团公司
12	2018	纽蔼迪（Nutriad）	比利时	1.93 亿 美元	全球饲料添加剂生产商	安迪苏
13	2018	TM 技术公司	英国		全球领先的特种合金供应商	埃肯

注：①2014 年马克西姆—阿甘公司更名为安道麦（ADAMA）；对安道麦公司的收购分两次完成，2011 年以 24 亿美元收购 60% 股权，2016 年又收购了剩余 40%；

②对摩科瑞进行过两次战略投资，2016 年持股比例达 12%，2018 年做了增持，具体金额和比例不详；

③主要资料来源：中国化工集团公司官网。

（一）在全球并购浪潮中“攻城掠地”

1. 跨国并购“元年”拿下三家全球领先企业

中国化工集团成立后，蓝星公司创始人任建新由蓝星总公司总经理转任中国化工集团公司总经理。2006 年在任建新总经理主导下，中国化工旗下的蓝星公司成功进行三起跨国并购：1 月，对法国安迪苏集团完成交割；4 月，收购了澳大利亚 Qenos 公司；10 月，收购了法国 Rhodia 公司有机硅和硫化物业务。三起并购，耗资近 100 亿元人民币。

安迪苏公司拥有世界最先进蛋氨酸生产技术，销售网络遍及 140 个国家和地区。收购安迪苏前，中国不具备生产蛋氨酸技术，长期依靠进口解决国内市场对蛋氨酸的需要。2008 年，蓝星和安迪苏投资 33 亿元，利用安迪苏生产专利技术，在南京建设一套全新的蛋氨酸装置；2014 年，南京蛋氨酸工厂投产。2018 年 1 月，安迪苏宣布决定在南京建造新的液体蛋氨酸工厂，预计将于 2021 年年中投入运营。

凯诺斯公司实施的 SHE 管理体系[①]处于世界领先行列。并购凯诺斯公司，中国化工不仅获得了澳大利亚的上游油气配套资源，而且还将 SHE 系统转移到集团所属国内企业。

收购罗地亚公司的有机硅和硫化物业务，蓝星公司除了获得全球销售网络以外，还得到了 500 多项国际专利以及处于国际领先地位的有机硅深加工技术，从而一跃成为世界第三大有机硅单体制造商。[②]

在“2015 中国国际石油化工大会分论坛”上，中国化工表示，“（2006 年并购）这 3 家公司的（2014 年）市场价值目前已达到了当初投资的 2 倍”。这充分说明，这些国际并购活动不仅让中国化工获得了所期望得到的全球领先的生产技术、管理体系，以及庞大的全球市场网络，而且被并购企业也取得了快速发展。

①SHE 管理体系是安全（Safety）、健康（Health）和环境（Environment）管理体系的简称。

② 在当时，罗地亚有机硅产能全球第五，蓝星排在罗地亚之后位列全球第六。蓝星收购罗地亚，有机硅产能跃居全球第三。

2. 中国化工发起中国企业最大海外并购案：430 亿美元收购先正达

2017 年 6 月，中国化工完成对瑞士先正达公司的收购。并购金额为 430 亿美元，创下中国企业海外单笔收购价格的最高纪录。这既是全球农化行业大整合的结果，更是中国化工多年以来积极准备的结果。

中国化工并购先正达是在全球农化领域再掀并购潮的大背景下完成的。2015 年，全球农化行业大整合从“六巨头”[①] 开始。陶氏化学（Dow Chemical）与杜邦公司（DuPont）于 2015 年 12 月宣布合并为“陶氏杜邦公司”；2017 年 8 月，这一并购案获得了所涉及的所有监管批准；合并后的“陶氏杜邦公司”市场价值接近 1500 亿美元，超过巴斯夫成为全球最大的化工公司。孟山都（Monsanto）是全球最大的种子供应商，拜耳（Bayer）是全球第二大杀虫剂供应商。2016 年 9 月，拜耳宣布拟收购孟山都；2018 年 4 月，随着美国司法部的同意，这场 625 亿美元收购落下帷幕。在收购先正达公司和杜邦公司失利后，大巨头巴斯夫公司（BASF）在这场行业性大整合中也没闲着。2016 年 12 月，巴斯夫以 32 亿美元收购凯密特尔（Chemetall）的表面处理业务；2017 年 9 月，巴斯夫以 16 亿欧元收购索尔维（Solvay）的聚酰胺业务；2017 年 10 月，巴斯夫以 59 亿欧元收购拜耳公司因反垄断审批要求舍去的种子和除草剂业务等。由此可见，全球农化行业正在重新“洗牌”。行业巨头们正纷纷抓住并购潮大机会，以保持自己在日后的竞争中仍居于有利位置。

先正达公司拥有农药、种子、草坪和园艺等业务板块。截至 2016 年，先正达在全球 90 个国家和地区拥有 107 个生产供应基地和 119 个研发中心，拥有国际专利超过 1.3 万件，农药和种子分别占全球市场份额的 20%（全球第一）和 8%（全球第三）。

先正达公司是 2000 年由诺华集团农业业务与捷利康农化部门合并

① 全球农化行业“六巨头”包括巴斯夫、先正达、杜邦、孟山都、拜耳和陶氏化学等六家跨国公司。

组建而成。但其前身在 1938 年就在上海成立办事处，1979 年在北京成立办事处，1987 年在北京成立公司。先正达公司成立后，其在南通、苏州等地设有 5 家独资企业、在承德、西安等地设有合资企业、合作企业和办事处。

长期以来，中国化工的农化板块缺少核心技术，缺乏国际竞争力，在面对全球农化行业大整合浪潮时，希望通过跨国并购来改善这一局面。从 2009 年起，中国化工开始关注先正达公司，并且在 2015 年先正达拒绝孟山都的收购要约后，随即向先正达表达收购意向。几经周折，2016 年 1 月中国化工与先正达公司达成并购协议，并在美国、欧盟等国家与地区经过长达 18 个月的反垄断审查后，2017 年完成并购交割。

这项并购促使中国化工一跃进入全球农化行业“第一梯队”，并其弥补种子业务空白，完善生命科学板块的产业链，且掌握种子与作物培育技术，获得种质资源以及领先的经营管理模式，实现“育繁推”一体化等。

（二）全球业务整合下的国际品牌布局分析

中国化工开展的国际并购基本是围绕现有六大业务板块展开的，而全球业务整合则是充分利用国内八大上市平台资源，以及推进企业在境外重组上市。其业务整合的基本策略是：将境外企业资产注入国内上市公司，但用境外企业替换掉国内上市公司名称，由此推进境内企业的国际化经营，由此形成了中国化工在全球范围内行业地位与国际品牌布局（见图 6-1）。

1. 安迪苏借壳蓝星新材（600299）在 A 股上市

2015 年，安迪苏（Adisseo）借壳 ST 新材（“蓝星新材”）正式登陆 A 股，上市公司更名为“安迪苏（600299）”，这距被蓝星公司收购已经过去了 9 年，公司总资产已由并购金额 4.0 亿欧元（约 40 亿元人民币）增长为 179 亿元人民币，其中境外资产占总资产的比例为 84%；

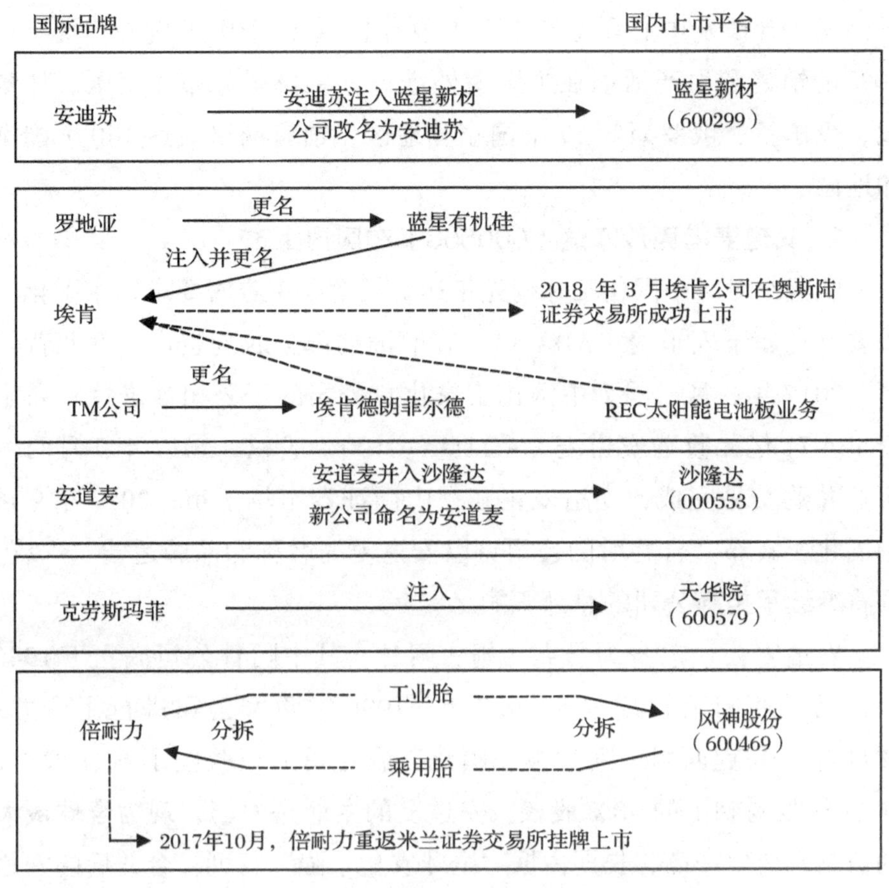

图 6-1　中国化工跨国并购后的全球业务整合

公司主要产品包括蛋氨酸、维生素、酶制剂等动物营养添加剂，蓝星新材的全部业务转售给母公司蓝星集团。

安迪苏公司总部位于法国安东尼，其历史可追溯到 1939 年在法国科芒特里成立的 Alimentation Equilibrée 公司，2002 年正式采用“安迪苏”作为公司名称，2006 年安迪苏加盟蓝星公司以后，发起过几起“补强式并购”，如 2011 年收购法国 Innov'ia 公司近 90% 的股权，2017 年收购比利时饲料添加剂生产商 Nutriad 公司。

安迪苏公司的国际化程度非常高。截至 2017 年，安迪苏全球共有 6 个研发中心、7 个生产工厂分布在法国、西班牙和中国；30 家子公司（含研发中心和生产工厂）中有26家位于中国境外，且有愈80%的销售和生产活动在中国境外进行。子公司分布在美国、加拿大、爱尔兰、俄罗斯等17个国家和地区，销售网络通达140个国家和地区。

2. 安道麦借壳沙隆达（000553）在国内上市

欧盟在对"中国化工并购先正达"反垄断审查时要求，中国化工需要剥离旗下安道麦（ADAMA）在欧洲的部分农药资产。在此背景下，2017年3月，同为中国化工农化总公司的子公司沙隆达宣布出资184.71亿元收购安道麦（ADAMA）100%股权；2017年7月两个企业并购交易完成，安道麦正式在中国证券市场上市；2017年9月中国化工宣布"合并后的公司将以安道麦的名称和品牌运营"，以色列将继续承担新公司的总部职能。

安道麦公司前身为马克西姆·阿甘，其中阿甘公司成立于1945年，马克西姆公司成立于1952年，1996年两家公司进行了合并；2011年，马克西姆·阿甘被中国化工农化总公司收购了60%股权，2016年收购剩下的40%股权。安道麦的主业是农药，现为全球最大的仿制农药生产商，长期占据"全球农化十强"行列。合并后的安道麦（截至2017年）拥有7个全球产品研发中心、21个生产基地（包括原药合成和制剂配制）；270多种原药和1000多种终端产品，在40多个国家设有子公司，产品销往100多个国家，具备为全球市场所有主要农作物的全部需求提供解决方案的能力。

3. 克劳斯玛菲公司注入天华院（600579）

2017年12月，天华院（600579）发布公告称，拟收购德国企业克劳斯玛菲（KM），预计收购价格约为60亿元人民币；天华院公司和克劳斯玛菲公司的实际控制人同为中国化工集团；收购完成后，克劳斯玛菲（KM）进入中国证券市场，表明中国化工旗下的机械设备领域业务整合取得重大进展。

2002年，以轮胎生产销售为主营业务的黄海股份（600579）上市，2007 年进入 ST 状态，即 ST 黄海；2013 年，中国化工将同处青岛的天华院公司注入“*ST 黄海”，将其主营业务转型为高端化工装备制造，股票更名“天华院”。天华院的经营状况并不理想，2015 年销售收入为 6.90 亿元人民币，2016 年销售收入为 4.76 亿元人民币，2017 年进入亏损状态，销售收入为 4.46 亿元人民币，净利润 –4694 万元。

克劳斯玛菲创立于 1838 年，被誉为塑料和橡胶加工机械设备行业中的“劳斯莱斯”，公司总部设在德国慕尼黑。2014 年，KM 公司在浙江海盐投资建厂；2016 年，中国化工以 9.25 亿欧元将其收购，这是迄今中国在德国最大并购案。并购发生后，KM 公司希望“加速其在中国的和亚洲扩张计划”，中国化工则希望借力 KM 公司全球销售网络，扩大产品市场；借助“德国工业 4.0”实现化工装备行业的“中国制造 2025”。KM 公司被并购后获得持续增长，2015 年销售收入为 12.12 亿欧元，2016 年为 12.72 亿欧元，2017 年为 13.7 亿欧元。

4. 埃肯在挪威奥斯陆证券交易所上市

截至 2017 年，埃肯公司营业收入达 214 亿挪威克朗（约 167 亿元人民币）；2018 年 3 月，埃肯公司在奥斯陆证券交易所正式上市，成为首家在挪威上市的中资企业。埃肯公司总部位于奥斯陆，其历史可追溯到 1904 年，最初生产电炉冶炼产品，1944 年埃肯公司开始进入有机硅业务，1973 年埃肯有机硅产品首次向中国市场销售，2000 年埃肯公司到中国宁夏投资建厂——埃肯碳素（中国）有限公司。埃肯公司业务现在包括硅材料、有机硅、铸造产品和碳素等四大领域，2018 年 3 月埃肯公司收购了英国 TM 技术公司铸造合金业务，并将 TM 公司将更名为埃肯德朗菲尔德公司；目前，埃肯公司在铸造领域，已成为全球最大的特殊合金及冶金产品生产商。

1996 年，蓝星公司重组江西星火化工厂，由此进入有机硅材料领域；2006 年，蓝星公司收购了法国罗地亚公司有机硅及硫化物业务，2007 年，在罗地亚有机硅业务的基础上成立蓝星有机硅国际有限公司，总部设在法国里昂；随后成立蓝星有机硅德国公司（2007）、巴西公司（2007）、意大利公司（2009）；2011 年，蓝星集团收购埃肯公司；2012 年，在美国成立北美新工厂，同年，在西班牙建立了实验室。

蓝星集团开始整合公司旗下硅材料业务，2015 年，埃肯收购蓝星有机硅国际公司；2015 年，蓝星集团还推动埃肯公司收购了挪威 REC 公司太阳能电池板业务，完善硅产业链；2017 年，蓝星有机硅更名为埃肯有机硅，蓝星有机硅包括江西星火有机硅、兰州硅材等在内的国内的工厂业务并入埃肯有机硅材料部门。至此，埃肯硅材料是公司最大的业务部门，其业务涵盖从上游的金属硅到全方位的下游特种有机硅应用，拥有遍及全球的销售网络；埃肯公司成为全球第二大硅产业一体化上市公司。

5. 倍耐力重返意大利米兰证券交易所上市

2015 年，因接受中国化工集团收购的需要，于 1922 年上市的倍耐力从米兰证券交易所退市；2017 年 10 月，倍耐力“溢价重返”米兰证交所。这表明中国化工对其旗下轮胎板块的业务整合取得阶段性成果。倍耐力创建于 1872 年，目前是世界排名第五的轮胎制造商，业务遍及 160 多个国家。虽然排名第五，但它在全球高端和超高端汽车轮胎领域，长期占据领导者地位，是兰博基尼、法拉利、玛莎拉蒂、保时捷等汽车认证的“原装”轮胎厂家，是 F1 赛车独家轮胎供应商。

中国轮胎行业和倍耐力有着极其深的渊源，1993 年黄海集团从倍耐力（当时称“皮列里”）引进了全钢丝子午胎生产技术，这套技术帮助中国轮胎行业跟上同时期国际水平，黄海集团也依托该技术产品在 2002 年成为上市公司——黄海股份（600579）；2005 年倍耐力在山东兖州建厂，经过多次扩大产能，现成为其全球最大工厂。

收购倍耐力之前，中国化工在卡客车轮胎、工程机械轮胎领域先后已经拥有双喜轮胎（2003）、黄海轮胎（2006）、桂林轮胎（2006）、风神轮胎（2007）等工业胎品牌。倍耐力的轮胎业务分两块：一块是乘用胎，一块是工业胎。乘用胎服务于高端和超高端轿车市场，工业胎主要满足卡客车用轮胎及农业胎等市场需要。被并购以后，按照中国化工的规划，倍耐力按乘用胎和工业胎“一分为二”，此次重返米兰证交所上市的部分即为乘用胎业务，工业胎业务专门成立了一个 PTG 公司（倍耐力工业胎公司），负责 PTG 公司与双喜轮胎、黄海轮胎、桂林轮胎装入上市公司风神股份（600469）进入中国资本市场；并将倍耐力的先进管理模式，比如数据统计分析系统、流程设计等移植到新公司，同时利用倍耐力品牌的全球销售渠道消化集团各企业现有生产能力。

不过，由于对 PTG 公司的经营状况、资产情况等方面存在疑问，国家发改委、商务部等部门没有给予该项并购境外投资备案；2018 年 1 月，风神股份（600469）宣布 PTG 公司《资产注入协议》自动终止，但同时宣布后续业务整合还会继续进行。

（三）成功开展“大规模国际并购”的基本要素分析

1. 中国市场具有强大吸引力

中国是世界上拥有人口最多的国家，市场需求巨大；不仅如此，而且经济持续增长。据世界银行估测，2017 年中国经济对世界经济增长的贡献率为 34% 左右。这些是国外企业愿意与中国企业“联姻”的根本原因之一，希望被中国企业并购，并借此来扩大中国市场。事实上，中国化工及其下属公司在与各企业开展并购谈判时，均会从中国市场需求角度表达自己观点。

2. 作为央企的中国化工具有国家信用担保

中国化工是在国企改革的大背景下并购 100 多家国内化工企业整合而成，其成长过程充分体现了“国家意志”，换言之，中国化工开展大规模的跨国并购既是企业行为，也是国家行为，这一系列活动显然要获得国家政策的许可与支持。比如先正达公司的核心技术在转基因育种方面，这既是一项先进技术，也是一项社会高度关注的敏感技术，包括中国在内的世界多地都发起过抵制转基因产品的社会事件。作为央企的中国化工发起对先正达公司的并购，有利于中国在转基因技术领域抢占世界制高点，这也是中国政府愿意看到的。转基因技术获得政府认可，这是先正达公司盼望出现的局面。

在并购资金的融资方面，中国化工 71 亿欧元收购倍耐力，430 亿美元收购先正达，这两项属于高杠杆收购，特别是在收购先正达的过程中，虽然对价为 430 亿美元，但实际动用资金超过 500 亿美元，试想，仅凭（2015 年）年纯利润为 1 亿元人民币、资产负债率超过 80% 的中国化工的实力，如果没有国家信用担保，很难相信它会获得中信银行、汇丰银行等银团资金支持，很难相信先正达会把自己卖给这么一个与自身实力不对等的企业。

3.“维持现状”承诺消除被并购企业管理层的心理障碍

在跨国并购事件中，被并购企业，特别是经营状况良好的被并购企业往往担心被收购后品牌被雪藏、核心技术被转移、员工被遣散、公司被肢解等，中国化工为化解被并购企业的种种担心，在谈判过程中通常会做出一些“维持现状”承诺（见表 6-2）。

表 6-2 中国化工跨国并购时做出的承诺

序号	并购对象	并购承诺
1	倍耐力（Pirelli）	不迁移总部（仍设在意大利米兰）； 不转让技术； 不变更管理层（延续现有的企业文化）； 保住倍耐力“轮胎行业普拉达”的声誉； 如果现任 CEO 在任满之前离开，他还有权选择继任者
2	克劳斯玛菲（Krauss Maffei）	保留管理层和员工，保持现有的企业结构； 总部和研发机构不变
3	先正达（Syngenta）	实施纯财务投资，保持现有运营、管理层及员工的完整性； 保持公司核心价值、身份不变 保持办公总部不变（保留在瑞士巴塞尔）

料来源：根据相关报道整理。

4. 以谦和之心打动被并购企业管理层

任建新董事长常对被收购方说，“资产关系上我是你们的‘老板’，在企业管理上你们是我的‘老师’。”这既是对自己实力和需求的充分了解，更是体现了任建新董事长谦和的心态。2002 年，蓝星公司希望把安迪苏公司的蛋氨酸生产技术引入中国，但对方一直没有表明态度。然后，任建新就给安迪苏公司高层写信表达并购意愿，分析双方合作利弊，并利用各种场合接触安迪苏大股东和高管，甚至邀请他们接到家里做客，吃饺子、送中国文化纪念品等，逐渐的，“很有人情味”的任建新被安迪苏高层接受了；于是，后续的并购进展就很顺利，2005 年 10 月，双方签订并购协议；2006 年完成并购。

任建新董事长还提倡“和而不同”的经营之道，提出“并购，并非征服”，与被并购企业的员工交往，不能有“征服者”心态，而应以“学习者”的姿态去进行等。公司董事长如此谦和，也深深地影响了公司其他管理人员。据凯诺斯公司高管反映，中国化工的管理人员派驻澳大利亚后，“对新的岗位很紧张，……花了很多时间去（谦虚地）学习（凯诺斯公司）的系统和流程”。

5. 文化的交流与融合着眼于工作生活的方方面面

举办“国际夏令营”活动。1990 年，蓝星清洗公司为解决了职工常年在外奔波，难以照顾小孩的问题，开设了第一届“蓝星夏令营”；在开展跨国并购后的 2009 年，蓝星公司决定将夏令营活动拓展至全球，为外籍雇员子女开展“国际夏令营”活动；如今，每年一度的“夏令营”发展成为全球性的儿童夏令营活动，成为蓝星公司“国际文化融合之家”。

举行“国家主题月”活动。加强中国化工集团中外企业融合，2016 年起由集团总部与海外企业联合举办的“国家主题月”系列活动。中国化工集团公司在总部举行“意大利主题月”（2016 年 6 月）、举办“法国主题月”（ 2016 年 10 月）、“以色列主题月”（2017 年 4 月）等；2017 年 10 月 1 日在以色列安稻麦总部举办的“中国主题月”系列文化活动，是中国化工首次在境外企业举办“国家主题月”活动。在“中国主题月”活动上，展示中国上下五千年的古老文化及现代化的发展成果，有“中国茶”“中国服装”“中国折扇”“马兰拉面”等。

（四）“中国并购”实践的编码结果分析

1.“中国并购”与品牌系统国际化编码结果

以“中国并购”为核心构念，对中国化工系列跨国并购事件进行测量与开放式编码，从企业所有制、并购规模、（对并购企业的）处置方式、并购后业务整合的协同效应等角度进行测量，测量结果与研究文献以及其他企业跨国并购行为存在高度吻合，得到了验证，具有较强的内部效度和外部效度。例如，海尔集团跨国并购过程中对被并购企业也做出了“维持现状”承诺，好孩子集团同样保持了各并购企业的品牌风格不变，以此实现企业品牌系统国际化和多品牌全球化布局。“维持现状”承诺貌似“无奈之举”，其实也体现了一种文化自信，坚信未来会朝着良性方向发展。

表 6-3 “中国并购”典型表达举例及开放式编码结果

<table>
<tr><th>核心构念</th><th>测量维度</th><th>典型事件（表达）举例</th><th>编码结果</th></tr>
<tr><td rowspan="7">“中国并购”</td><td rowspan="3">并购对象</td><td>跨国并购“元年”完成对法国安迪苏、澳大利亚Qenos、法国 Rhodia 等 3 家全球领先企业并购</td><td rowspan="3">国有企业，“大手笔”并购尽显国家信用担保</td></tr>
<tr><td>发起中国企业最大海外并购案：430 亿美元收购先正达</td></tr>
<tr><td>71 亿欧元收购倍耐力</td></tr>
<tr><td>处置方式</td><td>“维持现状”承诺：不迁移总部；不转让技术；不变更管理层；保住现有品牌声誉等</td><td>文化自信</td></tr>
<tr><td rowspan="3">协同效应</td><td>将境外企业资产注入国内上市公司，如安迪苏借壳蓝星新材（600299）、安道麦借壳沙隆达（000553）、克劳斯玛菲公司注入天华院（600579），同时用境外企业名称替换掉国内上市公司名称</td><td rowspan="3">多品牌全球化布局（全球业务布局整合）</td></tr>
<tr><td>埃肯在挪威奥斯陆证券交易所上市，蓝星有机硅更名为埃肯有机硅</td></tr>
<tr><td>倍耐力重返意大利米兰证券交易所上市</td></tr>
</table>

中国化工的跨国并购还特别注重产业布局和战略掌控，并购企业基本是国际上某些行业的领先企业，以此掌握国际话语权。这种在全球范围内通过“大手笔”跨国并购以进入某个行业，或通过跨国并购改造国内的落后产能的做法，可能是由国有企业承担的战略任务决定的。

2.“病羊理论”与中国化工并购的目的：获取技术、渠道和品牌

中国化工董事长任建新认为，“中国化工的底子是一只‘病羊’，所以病羊的负债率就是 100%”，俗称“病羊理论”。事实上，中国化工从成立开始就承担着很重要的“政治任务”——整合国内濒临破产的国有化工资产，解决它们的脱困问题。直至现在，这些问题都没有完全解决，如截至 2015 年年底，还有 24 家“僵尸企业”或特困企业，以及非常多的亏损企业。在这一背景下，中国化工希望通过海外并购优质资产来快速结束“病羊”状态。

与在国内“专门”并购濒临破产企业不同，中国化工海外并购对象基本都是细分领域“巨头”，并购它们的主要目的：首先是为了获取技术、渠道和品牌等优质资源。从中国化工海外并购活动前后的官方言论、整合行为来看，它既是“并购大王”，又是“整合专家”，其海外并购的首要目的是获取国外的先进技术，其主要做法是将国内企业“装入”国外资源，或是将国外企业“装入”国内上市平台，从而将国外的领先技术在跨国公司“内部”转移，提升国内企业的技术水平。其次是获得被并购企业的全球市场网络。数据显示，中国化工并购的企业其产品销售范围基本上都在 100 个国家以上，有的甚至达到 160 多个，通过并购就可以依托国际公司遍布全球的销售渠道，带动国内企业产品销售，帮助中国化工消化国内产能。最后是获取国外品牌。中国企业普遍缺乏国际性品牌声誉，在品牌的国际化管理不高，在国际竞争中仍处于劣势，从某种程度上讲，并购国际品牌能够迅速解决这些问题，比如先正达公司旗下有 115 个品牌满足行业内全球各类市场需求。

3. 跨国并购中是否存在“中国品牌的国际化和国际品牌的中国化改造”问题

中国化工在全球业务整合过程中，在对原有品牌与国外并购品牌的进行安排和布局时，其基本做法是：停用国内品牌，用国际品牌整合国内外业务，比如“蓝星有机硅更名为埃肯有机硅”“沙隆达与安道麦合并后，新公司将以安道麦的名称开展品牌运营”等。当然，中国化工还提到，“新公司的名称为埃肯，但所有已注册的商标将保持不变。”然而，品牌和商标不是一回事。“停用国内品牌，用国际品牌整合国内外业务”一个可以理解的充分理由——两者不是一个等量级，以 2015 年销售收入为例，安道麦的销售收入约为 191 亿元人民币，而沙隆达的销售收入则为 22 亿元人民币。曾任安迪苏公司 COO、CEO，现任公司董事长的 Deman 的观点也许可能还能支撑中国化工的做法，他认为，“现在的安迪苏已既非简单意义上的法国公司或中国公司，而是真正意义上的跨国公司”。

但这一做法不禁还是让人产生困惑：是对国内品牌国际化改造缺乏自信，还是对国外品牌中国化改造充满自信？首先，国内品牌有没有国际化改造有没有必要？试着去理解中国化工的做法，貌似是没有这种必要，因为他们基本将国内原有品牌处于“不用”状态。其次，国外品牌中国化改造有没有必要？这些被收购的品牌里面，有不少品牌中国化工并不是第一个买家，有点还曾“转手”过好几次。中国化工是否有足够的信心和能力长期拥有它们？如果再次发生“转手”，自有品牌因为及时跟着“走出去”，在国际市场上又没有影响力，未来的市场如何去占有等问题。

4. 中国化工的品牌实践做法可归结为“落款品牌”策略

在品牌策略中，存在着“背书品牌”类型。背书品牌（Endorsed Brand）是指在主品牌背后的支持性品牌。一般来说，“背书品牌”的市场影响力要远远大于被背书的主品牌，如“黄金酒，五粮液荣誉出品”，这就是“五粮液”给“黄金酒”做背书。

“落款品牌”在表现形式上，与“背书品牌”基本相同，也是在主品牌的背后，而且是显性出现。但它与“背书品牌”不同，其市场影响力要逊色于“背书品牌”，多数时候在表明主品牌的出处。中国化工跨国并购后在品牌整合过程中，自创品牌基本上是“落款品牌”的形式和被并购品牌出现在一起（见图 6-2 和图 6-3）；在有机硅产品品牌方面，蓝星由“主品牌”退居到“二线”，变成“落款品牌”；先正达被并购以后，在公司官网有一个专门版块去介绍自己与中国化工的关系。对于缺乏国际知名度的“蓝星”等中国化工旗下的国内品牌来说，采用“落款品牌”的方式出现在国际市场上应该是个现实选择。

图 6-2 安迪苏的品牌标识

图 6-3 埃肯的品牌标识

资料来源：中国化工集团公司官网

三、华为：全球化布局后钟情跨国并购技术见长的中小企业

华为公司主要创始人任正非对企业全球化经营有着独到的见解，他不喜欢“国际化”的说法，2015 年，他在达沃斯论坛上指出：“跨国这个概念不好说，但我们是支持全球化的，因为世界经济走向全球化以后才能有效地提高资源利用率。”

（一）步履坚实的 B2B 全球化之路

华为被认为是“中国唯一一家在主流行业真正实现全球化运营的民营企业，是中国企业全球化运营的典范”（李梦军、欧阳辉，

2017）。其全球化之路大概分为三个阶段（见图 6-4）：1987 年，任正非在深圳创立华为，最初主要生产销售程控交换机等通信设备，实行 B2B 经营模式；1996 年，试水香港市场，获得和记电信 3600 万美元合同；1998 年，华为成为中国最大的通信设备制造商。

试水香港

1996 年，获得了香港和记电信合同，这是华为海外市场第一单

开拓发展中国家市场

1997 年，进入俄罗斯，历时三年才获得项目（两个）；1997 年，在 9 个拉美国家设立代表处；
1998 年，进入印度等南亚国家市场；2000 年，进入中东和非洲；
2000 年，华为公司海外销售额超过 1 亿美元

切入欧洲等发达国家市场

2001 年，涉足欧洲市场，2003 年，获得欧洲电信运营商项目；
2004 年，在英国设立欧洲地区总部，次年成为英国电信公司设备供应商；
2005 年，与全球最大移动通信运营商沃达丰集团签订了全球采购框架协议；
2016 年，欧洲的销售收入占华为总收入的 30%，是华为最大的海外市场

图 6-4　华为的全球化之路

华为创建不久，就确立了明确的国际化导向，意识到“与国际一流对手在全球市场上拼杀，是中国企业走向世界的必由之路”。1995 年规划《华为基本法》时，任正非提出“要把华为做成一个国际化的公司”。在国际化布局上，采取了“农村包围城市”做法，先开拓发展中国家市场，在站稳脚跟后，再谋求进入发达国家市场。在实施策略上，采用借船出海的方式，与当地企业联盟或合资共同开辟市场。

2009 年，按全球销售收入计算，华为超越诺基亚西门子公司和阿尔卡特朗讯，成为全球仅次于爱立信的第二大设备制造商；据美国市场研究公司 Infonetics 公布的报告，2013 年华为的市场占有率超越爱立信，成为全球最大的电信设备服务供应商；研究公司 IHS Markit

报告显示，华为在 2017 年在全球移动基础设施领域以 28% 的市场份额排第一，再次被确认成为全球最大的电信设备制造商。

跨出国门的华为，其市场开拓看似顺利，其实每一步都走得很艰难。由于没有国际品牌知名度，华为进入俄罗斯以后，3 年才获得市场业务，6 年在当地才树立起品牌；在英国，经过 3 年努力，才进入英国电信（BT）的投标人“短名单”（Short List）之列，第 4 年成为设备供应商。不过，华为凭借着高性价比的产品和特有的土狼精神，在进入各地市场后，都能迅速扩大市场份额。

（二）全球化经营状况的数据分析

在实施企业国际化不到 10 年的 2005 年，华为公司的产品已经销往全球 100 多个国家和地区，并通过在当地建立包括销售公司、研发中心、技术支持中心等在内的分支机构提供服务。

1. 华为全球化经营的总体表现

2010 年，华为正式走上跨国并购之路。那么，这阶段的华为其全球化表现如何呢？2010 年华为《年度报告》和《可持续发展报告》显示，华为海外收入占其总收入的 65.0%，外籍员工比例为 19.4%，海外员工本地化率 69%，产品、服务应用于国家和地区超过 140 个。2013 年以后，海外员工本地化率一度达到 79%，华为的产品、服务应用于国家和地区超过 170 个（见表 6-4），员工来自 160 多个国家和地区。据 2015 年华为年度报告，其 70% 零部件来自海外供应商。

表 6-4 华为全球化经营的基本数据

基本数据	年份							
	2010	2011	2012	2013	2014	2015	2016	2017
海外收入（亿元）	1204.1	1383.6	1466.2	1550.1	1795.2	2273.2	2850.6	2985.3
海外收入比例（%）	65.0	67.8	66.6	64.9	62.3	57.5	54.7	49.5
外籍员工比例（%）	19.4	20.2	27.9	20	20.6	20	19.4	–

续表

基本数据	年份							
	2010	2011	2012	2013	2014	2015	2016	2017
海外员工本地化率	69	72	73	79	75	72	71	70
产品、服务应用于国家和地区	超过 140 个			超过 170 个				

资料来源：经整理华为投资控股有限公司 2010—2017 年历年《年度报告》和《可持续发展报告》而来。

不过，国际上不时会对华为人力资源的全球化水平提出质疑声音，比如华为公司的董事会成员和主要高管全部是中国人等。组织变革管理咨询师 Elliott Zaagman（2017）对华为前员工和现员工的调研发现，在运营海外分公司时，华为公司会带着大量中国核心团队前往当地，而且“如果这个员工不是中国人，那不管他赚的多少，不管他头衔多么显赫，他都不会获得公司的实权”。

2. 华为全球化经营面临的新问题

海外收入比重是反映一个企业国际化（或全球化）程度最为重要的指标之一。从表 6–4 可以看出，华为海外收入呈逐年增加趋势，但海外收入在总收入中的比例却呈逐年降低态势。这组数据特别需要高度关注，它能说明什么，或者预示着什么？它究竟是什么原因导致的？非常值得包括华为公司在内的社会各界去思考、分析。

华为公司年度报告显示，其业务收入结构包括运营商业务（B2B）、消费者业务（B2C）、企业业务（B2B）与其他等 4 类，消费者业务（B2C）在华为总收入的比重逐年升高（见图 6–5），而且消费者业务增速远高于运营商业务增速（见图 6–6）。图 6–5 表明，华为的消费者业务比重由 2010 年的 16.9% 上升到 2017 年的 39.3%，而运营商业务比重由 2010 年的 79.9% 下降到 2017 年的 43.3%，同时这种上升（或下降）趋势变化是一致的，没有出现反复。这说明，运营商业务全球布局基本完成以后，华为开始大力发展消费者业务。

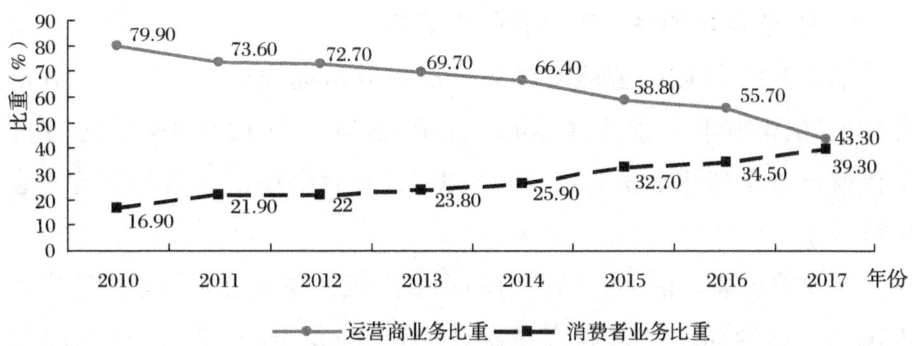

图 6-5 华为运营商业务与消费者业务比重走势

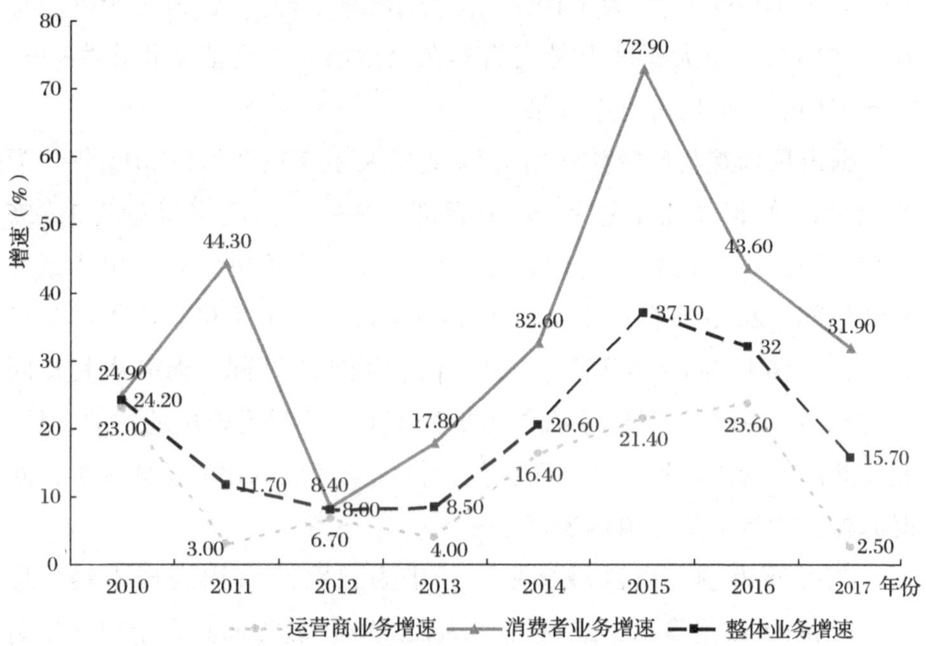

图 6-6 华为运营商业务与消费者业务增速走势

图 6-5 和图 6-6 显示，消费者业务的表现强劲，反而"拖累"了华为的全球化水平。为什么会出现这种情况？主要原因在于消费者业务，特别是智能手机的收入主要来自中国大陆市场。

3. B2C 业务的华为手机国际化表现

华为 B2C 领域的智能手机第一次投放市场源于与中国电信开展合作，2010 年华为推出了 Android 版 C8500，2012 年 Q4 华为智能手机就进入全球排名前三（IDC 数据），此后全球第三名的位置一直保持至今。

在北美市场，由于美国政府的百般阻扰，华为公司基本无法进入该市场。尽管如此，根据市场统计公司 Counterpoint 发布的 2017 年智能手机出货量数据，2017 年三星（21%）继续保持全球出货量第一，苹果（12%）、华为（10%）位列第二、第三。华为之所以能排在全球第三，很大程度上是因为其在全球第一大智能手机市场——中国市场上，市场占有率排第一。

据市场调查与研究机构 IDC 以及 GFK 发布的数据，2017 年华为智能手机在全球出货量为 15300 万部，其中，国内出货量为 10255 万部，国内市场占总出货量 67%；2016 年华为手机的全球出货量为 1.39 亿部，2015 年全球出货量是 1.09 亿部；华为手机在海外出货量方面，2016 年为 6240 万部，2017 年约为 5045 万部，海外出货量同比增速为 -19.2%。智能手机作为华为旗下一个举足轻重地位的产品，它如此高的国内市场销量比重显然会拉低华为全球化的整体水平，同时海外出货量下降也值得警惕。

在海外市场，以区域来划分，华为在欧洲市场表现不错。据 Counterpoint 数据显示，2017 年华为在欧洲排名犹如其在全球的排名一样，排在第三位，市场占有率达到 13%（见表 6-5）；GFK 数据显示，2016 年华为手机在全球有 33 个国家市场份额超过 15%，甚至有 22 个国家市场份额超过 20%，其中接近半数是欧洲国家。因此，无论是运营商业务还是手机业务，华为在欧洲市场都获得了较高的品牌认可度。

表 6-5 2017 年全球智能手机市场份额（%）及排名

区域	年均份额及排名				
	1	2	3	4	5
北　美	34（Apple）	24（Samsung）	17（LG）	11（ZTE）	5（Lenovo）
欧　洲	33（Samsung）	17（Apple）	13（Huawei）	4（Lenovo）	3（ZTE）
亚　洲	15（Oppo）	13（Vivo）	12（Xiaomi）	12（Samsung）	11（Huawei）
拉丁美洲	37（Samsung）	16（Lenovo）	9（Huawei）	9（LG）	4（Apple）
中东和非洲	31（Samsung）	8（iTel）	8（Tecno）	8（Huawei）	4（Apple）

资料来源：根据 Counterpoint 公司发布的 2017 年全球智能手机出货量排行榜绘制。

近些年，华为公司把大部分精力投到高端智能手机（P 系列和 Mate 系列）研发和销售上面，以致华为手机在大部分新兴市场表现欠佳。华为公司自身也意识到了这个问题，2017 年 2 月，华为在数字化转型论坛上围绕“新兴市场 新增长机遇”为主题，强调公司将坚持战略投入新兴市场。

俄罗斯是华为自实施国际化经营以后进入的第一个外国市场，但在该市场的表现明显不如在欧洲发达国家的情况。根据俄罗斯最大通信运营商 MTC 公司公布的信息，2017 年俄罗斯智能手机市场上的三大品牌分别是三星、苹果和华为。这三大品牌按销售量计算，所占市场份额分别为 25.2%、12.8% 和 9.6%；按销售额计算，所占份额分别为 29.2%、34.4% 和 8.5%。可见，在俄罗斯智能手机市场，华为与三星、苹果两大品牌差距较大。不仅如此，2017 年华为公司在俄罗斯的销售量和销售额分别增长 5.3% 和 4.7%，而这组数据均低于俄罗斯智能手机市场容量的本身增长，销售量较 2016 年增长 6%，销售额增长了 17.3%。

2017 年，印度智能手机市场购买量已超过美国，成为仅次于中国的全球第二大智能手机市场，而华为在印度的市场表现却至今都远远不如中国手机品牌小米、vivo、OPPO 和联想等。在国内毫无知名度的中国品牌——传音旗下的 Tecno、iTel、Infinix 系列产品，在非洲市场上占据着当地 40% 的市场份额，2017 年超越三星成为非洲第一大手机品牌。

4. 华为在美国市场遇到的重重障碍

美国是世界上最大的单一市场，也是华为认定的“真正意义上的全球主流市场”，华为产品进入美国市场是华为人长期以来追求的目标。1999 年，华为在美国德克萨斯州素有“美国的通信走廊”之称的达拉斯（Dallas）开设研究所。2001 年，在德克萨斯州成立全资子公司 Future Wei，向当地企业销售宽带和数据产品。2003 年，思科（CSCO）向美国德克萨斯州法院起诉华为侵犯其知识产权，虽然最后双方达成了和解，但是这场纷争引起了美国政府对华为的注意。2006 年，华为与加拿大电信设备商北电网络成立合资公司，试图绕道进入美国，但因北电网络 2009 年宣布破产而没有实现；2008 年，华为试图通过并购美国企业的方式进军美国市场，但被美国政府阻止。由于美国政治势力一直努力把华为排斥在美国市场之外，华为在美国的种种努力基本都落空（见表 6-6）。

表 6-6　华为在美国开展业务受阻情况

受阻类型	受阻经历
企业并购被否	2008 年，与贝恩资本联合收购 3Com，被 CFIUS 否决； 2010 年，收购摩托罗拉公司的无线资产，被美国政府否决； 2010 年，并购宽带网络厂商 2wire，由于出售方担心无法获得美国政府批准，尽管出价高，但还是出局
专利并购被否	2011 年，华为决定撤回收购 3Leaf Systems 专利申请。尽管该交易已经获得美国商务部“无须许可”的批示，但最终却被 CFIUS 否决
设备销售被阻止	2009 年 AT&T 4G 设备合约，美国国家安全局（NSA）干预 2010 年 Sprint 达成的 60 亿美元 4G 设备合约，被美国商务部干预 2012 年美国众议院发布报告，警告美国电信公司不要采购中国华为与中兴的设备

续表

受阻类型	受阻经历
终端产品销售被阻止	2018 年 1 月，迫于政治压力，美国大型运营商 AT & T 宣布终止合作，且不会出售任何华为手机 2018 年 1 月，美国大型运营商 Verizon 放弃销售华为智能手机计划 2018 年 2 月，国家安全局（NSA）警告美国公民不要使用华为制造的手机 2018 年 3 月，美国最大的电子产品零售商 BEST BUY（百思买）宣布停止销售华为所有华为产品（包括智能手机、手提计算机和智能手表）

资料来源：在李梦军、欧阳辉（2017）《华为美国并购得与失》基础上补充而成。

（三）全球化经营中走上跨国并购之路及其编码分析

2008 年，华为试图联合收购 3Com；2010 年，试图收购摩托罗拉公司的无线资产，以及试图并购宽带网络厂商 2wire。但全部因美国政治势力阻扰，没有成功。

1. 华为公司的跨国并购活动

华为第一次实现成交的跨国并购 2010 年发生在欧洲，这以后，华为公司又陆续开展了多起跨国并购（见表 6-7），并购事件发生地仍主要在欧洲，并且被并购对象基本是以技术见长的中小企业。

表 6-7 华为公司跨国并购活动一览表

序号	时间	并购对象	并购对象所处领域	所在国	交易金额
1	2010	Option 子公司 M4S	无线网络设备	比利时	800 万欧元
2	2012	CIP Technologies	光通信技术	英 国	
3	2013	Caliopa NV	硅光技术	比利时	700 万欧元
4	2013	Fastwire PTYLimited	运营支撑系统研发	澳大利亚	1900 万美元
5	2014	Neul Limited	传感器及相关无线电标准（物联网项目方向）	英国	1500 万英镑

续表

序号	时间	并购对象	并购对象所处领域	所在国	交易金额
6	2015	Aspiegel Limited	软件定义网络（SDN）	爱尔兰	1900 万欧元

资料来源：华为公司官网报道和年度报告。

2017 年年初，有国内外媒体披露，华为并购了两家以色列厂商：HexaTier（数据库安全公司）和 Toga Networks（基于软件的系统设计和芯片设计的公司），并购价值分别是 4200 万美元和约 1.5 亿美元。这两则报道没有得到华为公司正面回应，不过被并购企业对此事进行了证实。此前，有业内人士分析，Toga Networks 是华为开设在以色列的子公司，因为 Toga 前员工工作和公开专利记录显示，从 2013 年起，华为申请的“深度数据包检测算法”方面专利，其实 Toga 员工正是专利发明者，但华为官方表示，“Toga Networks 并不是子公司，但是它们在研发上进行合作”。

2. 第一次成交的跨国并购源于应对欧盟“三反”调查

2010 年，Option 公司是欧洲唯一的“无线网卡、USB 闪存和嵌入式笔记本上网模块”厂商。当时，Option 公司指控华为和中兴接受政府补贴，低价倾销，由此，欧盟在 9 月份启动针对“中国产”无线数据网卡的调查。这是欧盟首次对中国出口的同一产品同时进行反补贴、反倾销和保护措施的“三反”调查。为此，华为于 10 月与 Option 公司达成协议：①华为在比利时成立了研发中心，与 Option 公司开展研发合作；②华为同意购买 Option 的连接管理器软件授权；③华为以 800 万欧元收购 Option 公司旗下半导体子公司 M4S 全部流通股；④ Option 公司申请撤销“三反”调查等。

据 Frost 与 Sullivan 研究数据，2009 年，华为数据卡出货量在全球市场占有率约为 43.8%，而在欧洲很多国家其占比超过 70%。时任华为执行副总裁郭平表示，“M4S 正在开发最先进的 4G 射频芯片组，收购 M4S 使华为有能力提供更具创新的移动宽带设备”。收购 M4S

显然使华为在欧洲市场的实力大增，有助于华为参加欧洲的数字化议程计划。

2013 年 8 月，华为再次在比利时实施并购活动，这一次是全资收购总部设在比利时根特（Ghent）的 Caliopa NV 公司。Caliopa NV 公司属于欧洲政府科研基金支持下的开发型公司，主要从事硅光子技术开发。收购 Caliopa NV 公司以后，华为将其整合进了已有的华为比利时研发中心。

华为收购 Caliopa NV 公司的原因主要有两个：一是硅光子技术开始持续受到业界关注。硅光子技术是用光来替代传统的铜导线传输信号，以获得更高的传输速度。二是竞争对手正在通过并购加强该领域力量。如思科（CSCO）2012 年以 2.71 亿美元现金收购总部设在宾夕法尼亚州的硅光子公司 Lightwire；总部设在以色列和美国的 Mellanox 公司也在 2013 年收购了美国硅光子公司 Kotura（8200 万美元）以及丹麦光互连芯片提供商 IPtronics A/S（4750 万美元）。

3. 华为在英国的并购与投资活动

2001 年，华为成立英国办事处。截至 2016 年，华为在英国有 15 个办公地点和 1100 多名员工，其中华为欧洲总部以及华为全球财务风险控制中心都设在英国。在英国，华为不仅是当地品牌知名度最高的中资企业之一，而且还受到英国政府和民众的欢迎。2012 年，任正非总裁在与英国首相卡梅伦会面时表示，将深耕英国市场，加大在英国投资和采购力度；2016 年，在庆祝华为公司进入英国十五周年的夏季酒会上，英国文化和数字经济部部长获邀出席并肯定了华为在英国取得的成就；2017 年，华为参与英国政府工业战略的制定，助力 5G 网络在英国快速发展。

加大研究与开发投入是华为在英国发展业务一大亮点。华为的研究与开发投入主要是两种途径：一种是设立研发中心，如 2013 年在布里斯托尔（Bristol）建立了研发中心，并与萨里大学合作成立 5G 创新中心；另一种是投资并购高科技企业，华为在英国有两次并购、一次股权投资活动。

2012 年 1 月，华为收购了位于英国伊普斯维奇（Ipswich）的集成光子研究中心 Centre for Integrated Photonics（CIP），并承诺加大研发投入。CIP 在混合光子集成领域处于领先地位，拥有多波长 DWDM 激光器、可调激光器、调制器阵列，以及光再生器等光电子元器件设计制造技术，其产品广泛应用于光通信、生命科学、工业和国防等行业。华为并购前的 CIP 隶属于英国政府的 EEDA，2003 年 CIP 濒于破产的时候，EEDA 将其从美国投资人手中收购过来。华为收购后，CIP 研发团队全部加盟华为，并成为华为英国研发中心的组成部分，从而加强光通信技术研发能力。

2014 年 9 月，华为收购了位于剑桥（Cambridge）的物联网公司 Neul Limited，这被视为 Neul Limited 与华为在窄带物联网领域 9 个月合作的“升级版”。Neul Limited 成立于 2010 年 9 月，是蜂窝物联网芯片制造商，其生产的无线电模块，是实现物联网内部的数据通信的核心部件，主要产品是应用于工业环境中间歇性发送微量信息的感应器、仪器和测量设备。

收购 Neul Limited 预示着华为发展新方向——向 IT 公司转型，在物联网领域发力。华为《全球联结指数白皮书》指出：“互联网产业创新焦点正在从消费互联网向产业互联网转移，而物联网将是全联结世界的基础。”由于“一个物联网需要大数据、智能感应和移动联结灯三个关键环节”，在收购 Neul Limited 之前，华为已经在大数据和移动互联网领域有成熟技术，收购 Neul Limited 是对其智能感应领域的关键性补充。收购完成后，Neul Limited 不仅仍独立运作，华为还计划以 Neul Limited 为核心，在剑桥地区扩大投资并大规模招聘，构建“卓越中心”，打造一个全球级物联网。

2014 年 7 月，华为与德国 Bosch、美国 Xilinx 对布里斯托尔（Bristol）的半导体公司 XMOS 联合注资 2600 万美元进行“战略性投资”。XMOS 公司成立于 2005 年，专业生产物联网产品的高性能芯片，可用于嵌入可联网传感器的个人电子产品及家用电器。XMOS在嵌入式语音处理、生物识别和人工智能领域的跨界中表现卓越，华为参股XMOS公司后，可以在上述领域与它合作研发。

4. 华为在其他市场的并购活动

2013年，华为收购了澳大利亚Fastwire Pty Limited。Fastwire Limited主要从事网络库存、故障管理和性能管理等运营支撑系统（OSS）研发，其产品已经在包括英国电信（BT）、澳洲电信（Telstra）等大型电信公司及企业使用。在运营商业务领域，Fastwire Limited和华为有着共同的客户，华为将其收购以后，可以向网络运营商直接销售OSS系统产品，从而增强华为对网络运营商服务能力。事实上，竞争对手爱立信通过收购美国Telcordia（2011年）和加拿大Concept Wave（2012年），进入了OSS市场。

2015年，华为借收购Amartus旗下业务进入爱尔兰电信市场。Amartus成立于2013年，专注于软件定义网络（Software-Defined Networking，SDN）。Amartus的强项是将业务语言翻译为设备语言，能够将第三方的存量不支持SDN的设备与SDN设备在业务上协同起来，实现多厂商自动化管理和业务发放。此次收购将有效拓展华为云计算与网络服务能力。

5.“中国并购”编码结果：信息技术企业视角

华为是中国最大民营企业，目前在众多核心技术领域为中国赢得了在世界的话语权，如基带芯片、大型通信设备核心芯片、WiFi芯片、高端服务器、高端存储技术、云计算操作系统、第四代移动通信技术（4G）、第五代移动通信技术（5G）等技术领域已经具备全球领先地位。以“中国并购”为核心构念，对华为系列跨国并购事件进行测量与开放式编码，从并购对象、并购规模（对并购企业的）、处置方式等角度进行测量（见表6-8）。测量结果显示，华为公司跨国并购与中国其他企业跨国并购行为差异较大，主要倾向于并购以技术见长的中小企业，不过并购某领域技术见长的中小企业在信息技术等科技行业属于常见现象。华为公司作为科技型企业，将这些技术企业并购以后，作为企业自身发展的一个技术补充，既跟进了技术前沿，保持了行业中的技术领先状态，又让自身企业品牌在国际上得到广泛传播。

表 6-8 “中国并购”典型表达举例及开放式编码结果

<table>
<tr><th>核心构念</th><th>测量维度</th><th>典型事件（表达）举例</th><th>编码结果</th></tr>
<tr><td rowspan="6">“中国并购”</td><td rowspan="6">并购对象
并购规模
处置方式</td><td>2009 年，“M4S 正在开发最先进的 4G 射频芯片组，收购 M4S 使华为有能力提供更具创新的移动宽带设备”</td><td rowspan="6">以技术见长的中小企业
科技型企业（行业属性）
在当地建成研发中心</td></tr>
<tr><td>2012 年，收购了英国的集成光子研究中心。</td></tr>
<tr><td>2013 年，收购了比利时从事硅光子技术开发的 Caliopa 公司</td></tr>
<tr><td>2013 年，收购了澳大利亚从事运营支撑系统（OSS）研发的 Fastwire Pty Limited</td></tr>
<tr><td>2014 年，收购英国 Neul Limited 预示着华为发展新方向——向 IT 公司转型，在物联网领域发力</td></tr>
<tr><td>2015 年，收购爱尔兰 Amartus 旗下业务以拓展华为云计算与网络服务能力</td></tr>
</table>

（四）跨国并购对企业品牌全球化的贡献

华为的运营商业务国际市场表现，说明华为已经基本实现了企业经营的全球化，然而华为的消费者业务国际市场表现表明，华为的品牌全球化之路任重道远。从并购各方的反映来看，华为公司跨国并购活动对其品牌全球化有一定的帮助。

1. 华为公司跨国并购的特点分析

华为公司的跨国并购活动跟大多数实施跨国并购的中国企业在做法上面存在很大差异，主要表现在：多数企业实施“逆袭并购”，以及希望借力跨国并购实现品牌国际化，而华为公司却没有这些特征。

（1）进入跨国并购阶段的华为企业经营已经实现了高度全球化。与很多企业希望借助跨国并购开拓国际市场不同，华为开展跨国并购时已经实现了高度全球化：分支机构遍布全球、产品市场占有率高、高度融入当地社会等。在这种情况下，华为的跨国并购表现得非常理性：从未进行过大规模收购、开展基于产业链的并购，从而有效降低整合阻力，极大地规避并购风险。

（2）华为跨国并购的对象是以技术见长的中小企业。并购以技术见长的中小企业，这是华为跨国并购的最大特点。华为本身是一个高技术密集型企业，截至2017年年底，华为累计专利授权74307件；申请中国专利64091件，外国专利申请累计48758件，其中90%以上均为发明型专利。在全球排名逐年前移，并保持领先（见表6-9）。

表6-9 华为公司国际专利申请情况

年份	2010	2011	2012	2013	2014	2015	2016	2017
国际专利申请量（件）	1528	1831	1801	2094	3442	3898	3692	4024
全球排名	4	3	4	3	1	1	2	1

资料来源：根据联合国机构世界知识产权组织（WIPO）公布的年度报告整理而来。

华为的跨国并购活动主要是为了满足运营商业务（包括5G商用、全云化网络和数字化运营运维系统等）、企业业务（包括云计算、数据中心、物联网等）、消费者业务（包括人工智能等）等三大业务发展的技术需要。被并购企业规模都不大，有些属于小企业，但它们所拥有的技术基本是华为三大业务的产业链上“节点”技术，对华为的业务延伸与技术突破有很大益处。

（3）从某种程度上讲，华为的跨国并购是双方合作的产物。多数华为跨国并购活动并不是一时兴起，而是前期合作的升级版。比如华为并购CIP公司之前，两个企业在共同研发、培训交流等方面有过一年多的深度合作；并购 Neul Limited 之前，华为也曾与它开展过 9 个月的合作。在合作过程中，双方看到并购与被并购的价值所在，并购就成了水到渠成的事，而且能减少后期不必要的摩擦。

2. 跨国并购夯实了华为公司品牌全球化的基础

（1）跨国并购提升了华为与东道国政府等品牌利益相关者间的关系。与东道国的品牌利益相关者保持良好互信关系是企业塑造全球化品牌的重要保障。跟在美国处处受到阻碍不同，华为在欧洲等其他地方的跨国并购受到了当地社会热烈欢迎。如 2013 年华为公司刚正式宣布完成对 Caliopa 并购不久，华为的 Logo 很快就出现在 Caliopa 的网站；2014 年华为公司举行“成功收购 Caliopa 公司一周年纪念活动暨 Caliopa 新办公地点开放仪式”，比利时根特市市长、比利时电信总裁等比利时政界、商界领导人获邀出席活动；还有华为在英国的大型活动基本上都会有英国政府的高级官员参加，华为还参与英国政府工业战略的制定。在欧盟层面，2017 年华为参与欧盟 5GPPP，参与欧洲 Horizon 2020，推动欧洲和其他地区的政策对话等。这些活动能够极大地促进华为融入当地社会，加快品牌全球化进程。

华为在一些国家跨国并购很受欢迎，有以下 3 方面的原因：①华为并购的企业属于中小企业类型，这些企业很乐意被“全球第一大电信设备厂商”收购，并进入华为的产业链。②华为在东道国的投资规模大，解决了诸多社会问题。比如 2012 年华为宣布未来 5 年内在英国投资 13 亿英镑，实际上在此期间投资了 20 亿英镑；2012—2014 年 3 年间，华为给英国贡献了 4 亿多英镑税收（牛津经济研究所研究报告）；2018 年，华为再次承诺在未来 5 年内在英国投资 30 亿英镑，帮助英国公司增加对华出口等。并购正是华为的投资承诺范畴。③向当地开放技术，解除政府与民众担忧。比如华为与英国政府通信总部（Government Communications Headquarters，GCHQ）合作设立“华为网络安全评估中心”，对华为参与的涉及英国关键国家基础设施的产品与服务进行独立安全评估，确保在英国的电子设备安全可靠。

（2）跨国并购能够增加华为品牌在国外的曝光度。在华为公司的三大业务中，最能体现“品牌力量”的是消费者业务领域，然而，华为消费者业务在全球影响力远逊色于运营商业务，从这个角度讲，增加华为品牌在国外的曝光度，强化华为品牌全球化传播仍显得必要且紧迫。

从被华为并购企业生产的产品来看，这些企业基本上属于运营商业务和企业业务产业链上的节点企业，消费者与它们接触不多。然而，跨国并购活动本身有着事件营销和品牌传播的效果，这种效果主要体现在传播速度“快”上，但不够持久；品牌传播的持久性要依靠产品、公司官网等相对稳定的载体。

华为自身很注重品牌全球化传播，品牌传播的两大抓手：品牌载体和品牌媒体，其中产品是品牌传播的“天然载体”，2015 年华为曾与谷歌合作推出过 Nexus 6P，但经历了一年的谈判以后，谷歌仍拒绝将华为 Logo 印在下一批手机上，加上渠道选择上没有满足华为的要求，华为公司索性与谷歌的后续合作就没有进行下去。这虽然不是并购领域，但该事件说明华为非常重视品牌全球化传播。在品牌媒体方面，主流媒体起的作用很关键。在英国，由于华为大量的投入以及与当地社会的高度融入，已经被英国媒体很好地接纳，包括跨国并购在内华为发生的各类事件，英国媒体很乐意报道。2016 年华为在英国率先推出的高端手机 P9/P9 Plus 在媒体的助推下销售空前火爆，并带动了欧洲其他国家的销量。如在波兰和芬兰的销售额超过 400%；在法国，销售额增长幅度甚至达到了 1000% 等。2018 年 1 月，英国科技媒体 Stuff 评出了十款最值得买的手机，其中华为手机就有荣耀 9 和 Mate10Pro 等两款名列其中。

品牌国际化更多是在“最终产品环节”起作用（邓兴华、梁正、林洲钰，2017），然而华为公司的国际业务收入主要来自“中间环节”的运营商业务，其消费者业务在国际化方面是短板，因此，华为公司的品牌国际化（全球化）之路仍任重道远！

四、“中国并购”事件品牌背后的商业逻辑

“中国并购”事件之所以能够频繁发生，以及“中国并购”得以成为品牌，是因为其背后有着合乎商业逻辑的力量。这股力量来自中国企业品牌国际化需要、中国市场吸引力、国家信用背书、并购企业（中国企业）与被并购企业（国外企业）的共同成长等（见图 6-7）。

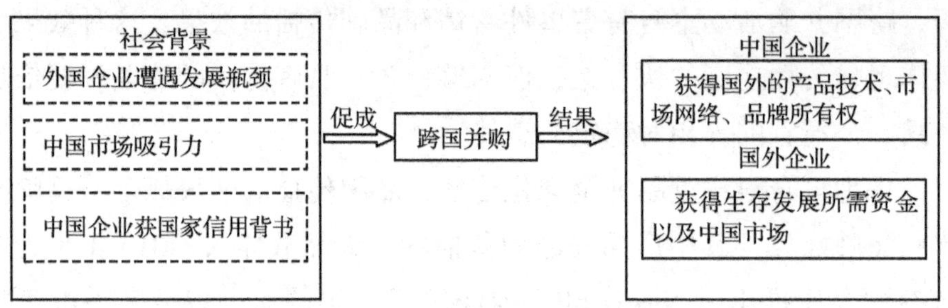

图 6-7 “中国并购”事件品牌背后的商业逻辑

（一）国家形象伴随着大规模跨国并购得到提升

“中国并购”向世界贡献了中国文化中推崇“兼容并蓄”“多元融合”的文化基因，由此被收购的国际企业在并购以后得到了中国并购方的尊重和意想不到的存续与发展。正如普茨迈斯特公司工会组织负责人庆幸被三一重工收购、沃尔沃公司 CEO 感谢被吉利集团收购，中国企业在跨国并购过程中会做出一系列承诺并切实履行，这无疑给中国国家形象的改善带来了帮助。由当代中国与世界研究院（中国外文局原对外传播研究中心）、凯度华通明略（Kantar Millward Brown）和光速（Lightspeed）联合发布的《中国国家形象全球调查报告 2016—2017》显示，中国国家形象在国际上的好感度稳中有升（见图 6-8）。国家形象好感度的信息来源是多方面的，如政治、外交、经济、人物、文化和科技等，当“中国并购”事件在发达国家市

场频繁发生，“中国并购”事件发展成为一个品牌，并将上升到中国国家形象的一个组成部分。国家形象提升对改进中国企业“走出去、走进去、走上去”，以及品牌国际化效果大有裨益。

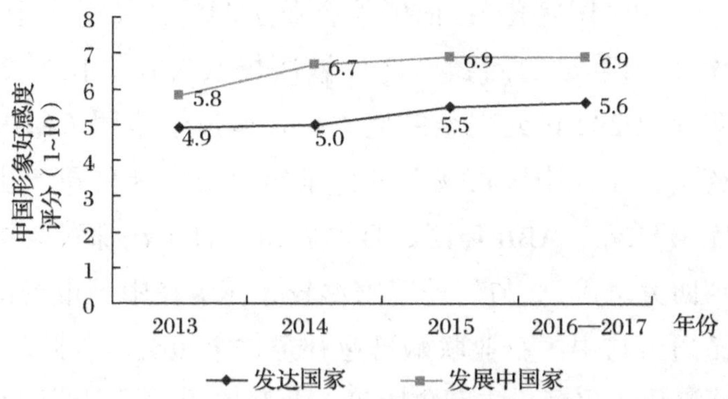

图6-8 2013—2017年发达国家和发展中国家对中国形象得分

（二）国家信用为并购资金提供背书

“国家信用是指以国家为主体进行的一种信用活动。”在中国企业“蛇吞象”跨国并购事件中，几乎所有并购事件背后都有一个强大的国有金融与投资机构支持，特别在那些需要巨额现金交易的并购中更是如此。作为中央企业的中国化工等国有企业在跨国并购中有着国家信用背书，这是显而易见的事情，同时，中国的银行等大型金融机构基本是国有性质，很多民营企业开展“蛇吞象”跨国并购，只有获得国有金融机构的支持才可能得以完成，这些都是国家信用背书的体现。比如打印机耗材生产商珠海艾派克公司2016年11月耗资39亿美元（约260亿人民币），全资收购美国打印机公司利盟国际（Lermark），而此时的艾派克公司市值仅200多亿人民币，同时利盟国际2015年销售额达35亿美元（约220亿人民币），近10倍于艾派克。在艾派克自有资金严重不足的情况下，中信银行、中国进出口银行和中国银行等国有银行提供担保贷款，并购交割才得以完成。

（三）中国市场对被并购企业产生吸引力

“中国动力，是境外公司接纳中国股东的重要因素。”复星集团负责海外并购的高管如是表示。换言之，中国企业跨国并购以后，通常是实行另一种“国际化”：把国外企业生产的产品引入中国市场，以弥补国外需求不足的问题，这一做法极其普遍。比如 2017 年 1 月，美的集团以 292 亿元现金跨境并购德国库卡集团（KUKA），就是因为“德国技术 + 中国市场”的诉求组合对库卡公司产生了吸引力。德国库卡与瑞士 ABB 集团、日本安川、日本法那科等被称为全球机器人“四大家族”。与另外三家比较，库卡在中国市场份额稍显落后，希望通过与中国企业联姻迅速补足这个短板。与此相同的是，中国化工、好孩子集团、吉利集团等企业开展的一系列跨国并购都强调“中国市场规模巨大”这一吸引力。

（四）中国企业希望借助跨国并购获取发达国家的技术和市场

从中国企业的角度，“中国并购”是否发生，取决于企业对先进技术和国际市场需求的紧迫性，其中市场要素又可分为品牌、渠道等。因此，中国企业是否实施跨国并购，主要考虑的因素是：技术、品牌、渠道等，不同的企业根据自身需要不同，在技术、品牌、渠道等三者进行优先排序并做出选择。比如中国化工的跨国并购，首先以获取技术、提升自己为主要目标；其次则为了获得品牌，然后关注销售网络；华为公司跨国并购以获得细分领域小技术来补充自己为主要目标，但基本不在乎并购企业品牌；海尔、好孩子集团等首先为了获得当地市场品牌，实现全球布局；其次吸收部分先进技术。雅戈尔并购新马服装集团看中的是其遍布美国市场的销售渠道。珠江钢琴则为了获得品牌和技术，借以推动品牌系统升级等，各有偏好。

第 7 章　研究结论与展望

品牌的创建不是一件容易的事，在发达国家市场中的品牌动辄有上百年历史，尤其是在高端市场，消费者信任的更是有着深厚历史积淀的老品牌。除非是处在同一起跑线上的新兴行业，否则中国品牌要在美国、日本、欧洲等发达国家和地区市场取得一席之地非常困难。因此，中国企业选择通过跨国并购发达国家传统优势行业的企业品牌，打造国际化的、覆盖全球市场的品牌系统，并寄希望依靠本土品牌在当地市场销量的提升，从而实现全球市场份额的扩大。尽管企业跨国并购之路各有差异，不过在梳理、研究大量的并购案例之后，还是能够发现其中有很多可供他人借鉴之处。

一、企业禀赋与品牌国际化路径选择

品牌国际化路径有多种多样，比较常见的有直接出口品牌产品、海外投资建厂（本地化生产）等，还有公司总部迁移也能推进品牌国际化，如联想集团。为什么不同企业的品牌国际化路径不同？这主要是因为不同企业具有的资源禀赋不同。资源禀赋又称为要素禀赋，指一个企业或组织拥有的包括劳动力、资本、土地、技术、管理等生产要素。企业禀赋的形成，有些是社会制度赋予的，有些是经营环境赋予的（国家宏观大环境或特定历史阶段的市场环境等）；有些是企业在长期的发展演变中累积而成的；有些是因创始人独有的特质作用而成；等等。比如华为公司由于创始人任正非推崇“狼性文化”，华为独特文化的企业禀赋，促使它走出了一条“农村包围城市”品牌全球化路径；华为凭借长期在技术创新上的高投入，获得大量的发明专利，在通信设备领域形成了全球领先的状态，以至国外一些技术企业以被华为公司收购为荣，以跟华为开展国际合作为耀。还比如好孩子集团，自创办开始就非常注重产品创新，走出了一条 OPM 发展模式，赢得全球同行的高度认同，成为全球各大婴童用品厂商的供应商。

那么，中国企业为什么普遍热衷于通过跨国并购的方式“走出去、走进去、走上去”？主要是因为在自创品牌直接出口或海外投资建厂生产自创品牌产品方面遇到了种种障碍，有些甚至是在很长时期内难以逾越的障碍。然而，改革开放以来中国经济持续增长，企业在满足国内市场需求过程中获得了大量收入，即企业手中掌握着大量的资金，这成为中国企业在国际化征程中一个共同的禀赋，当置身于在全球金融危机大背景下，中国企业选择了一条特有的品牌国际化路径——跨国并购。

“中国市场”作为中国企业得以在跨国并购征程中屡有收获的另一个共同的、更深层次的资源禀赋。中国作为一个即将进入小康社会阶段的全球第二大经济体，而且一个有着近 14 亿消费者规模的单一市场，市场容量大，且需求旺盛。很多国外老牌企业之所以愿意“委身”出售给中国公司，很重要的一个原因是希望“借道”进入中国市场——先成为中国企业的“一部分”，然后将产品销往中国，从而实现自我的生存与发展。

与民营企业不同，国有控股企业掌握的各类资源禀赋明显更为厚实。习近平总书记（2016）在全国国有企业党的建设工作会议上强调：“国有企业成为党和国家最可信赖的依靠力量，成为坚决贯彻执行党中央决策部署的重要力量。”在一定程度上讲，党和政府的意志和利益决定了国有企业的行为，并为之赋予厚实的各类资源。王晔（2018）比较了国有企业与民营企业在跨国并购中的表现，提出“国有企业能够利用其国有属性，撬动（包括外交在内）的相关政府部门配合其进行海外并购，而这些对私营企业来说则是相当高的壁垒”。研究还发现，国有企业跨国并购更关注获取自然资源，85% 集中在金融、材料、工业与能源四大行业；民营企业则更关注获取技术资源，涉及的行业分布较为广泛。因此，在跨国并购中，国有控股企业因为有着国家力量的背书，其并购行为更显“大手笔”。以中国化工为例，一个承担着整合国内濒临破产的国有化工资产“政治任务”而组建的企业，在没有明显的核心竞争力情况下，频频巨资收购国外著名企业，以借助海外并购优质资产来快速结束了自身“病羊”状态，并成为“海外并购之王”，这些都说明了国家和政府力量在其中起着重要作用。

当然，企业禀赋不是一成不变的，它具有独特性、集成性、动态性等特征。其中，独特性是指不同的企业有不同的禀赋；集成性指它是在某项关键要素的基础上由企业多项要素聚合而成；动态性是指随着企业发展演变而变化。中国企业随着自身禀赋的变化，其品牌国际化之路也会发生变化。

二、基于编码分析的跨国并购视角品牌系统国际化的基本路径

在第一步对多个跨国并购案例进行开放式编码后，再利用主轴编码、选择性编码等手段，结合研究的“故事线”，构建出跨国并购视角品牌系统国际化的基本路径模型。

（一）主轴编码

主轴编码是资料分析的第二步（见表 7–1）。从开放式编码的范畴中提炼出最能反映和符合品牌国际化的范畴，同时，运用因果关系、结构关系、功能关系、过程关系等一系列内在联系，将各范畴之间联系起来，并重新组合。研究跨国并购与品牌国际化的因果关系是企业跨国并购，不仅通过并购事件的国际传播，增强企业品牌在国际上的知名度；更为关键的是，企业可以通过跨国并购进入更高级的产业，或获取先进的生产技术、高端的国际品牌，以及遍及全球的市场网络；企业还可以在全球范围内并购不同区域市场中高影响力的国际品牌，由此形成国际化的品牌系统，并实现品牌全球化布局。“中国并购”作为一个代表国家形象的事件品牌，也是国际化品牌系统的一部分。

表 7-1 主轴编码表

模 型	内 容
因果条件	自创品牌的国际认可度不高、被并购品牌具有较高的国际知名度
现 象	跨国并购不同国家的国际品牌
脉 络	跨国并购被发达国家市场认可的国际知名品牌，并激活、保持被并购品牌的市场声誉等，条件合适时推出具有世界水准的新创品牌，由此构建国际化的品牌系统
中介条件	并购事件的社会关注度、被并购品牌国际知名度、协同效应、“中国并购”
策 略	自主创新、产品升级、产业转型升级、拥有全球销售网络、品牌系统的国际化升级
结 果	品牌系统国际化（品牌全球化布局）

（二）选择性编码

选择性编码是编码程序的第三步（见表 7-2）。在这个阶段，编码是在更抽象的水平上进行的，研究者在现有范畴的基础上提炼一个最能体现所有现象的核心范畴，并且弄清核心范畴与其他范畴之间的联系，并建立一种“故事线”来描述行为现象发生的过程。在对本研究的范畴进行比较的过程中，确定了以品牌系统国际化（品牌全球化布局）为核心范畴，以并购事件的社会关注度、被并购品牌国际知名度、推出国际高端品牌效应和“中国并购”为主范畴。

表 7-2 选择性编码表

核心范畴	主范畴	内容表达
品牌系统国际化	并购事件的社会关注度	引起国外主流媒体、公众人物的关注、报道，实现“让外国人讲中国企业故事”的品牌传播
	被并购品牌国际知名度	并购同行业高端品牌、新兴产业的领导品牌、不同地区的领导品牌等，并形成协同效应
	推出国际高端品牌	条件合适时合作或独立推出具有世界水准的新创品牌
	“中国并购”事件品牌	形成具有国际好感的“中国并购”事件品牌

（三）模型构建

在跨国并购中构建国际化的品牌系统（见图7-1）。企业实践表明，中国企业基于自创品牌的国际化在发达国家市场实现起来非常艰难，哪怕像海尔集团那样实施“三位一体本土化”策略长达15年以后，其在美国、日本等国家的市场占有率都是微乎其微，只在一些小众产品领域有销量，基本无法进入主流市场领域。由于中国制造的品牌窘境，加之在跨国并购中中国企业自创品牌“失语”，所以，在并购过程中中国企业通常会做出一系列维持现状的承诺，并继续使用并购而来的品牌，从而构建起包括自创品牌、新购品牌在内的自有品牌系统，以此实现企业品牌系统的国际化。从企业品牌系统国际化的角度来评判，对于中国企业来讲，跨国并购不失为一种有效的品牌国际化路径。

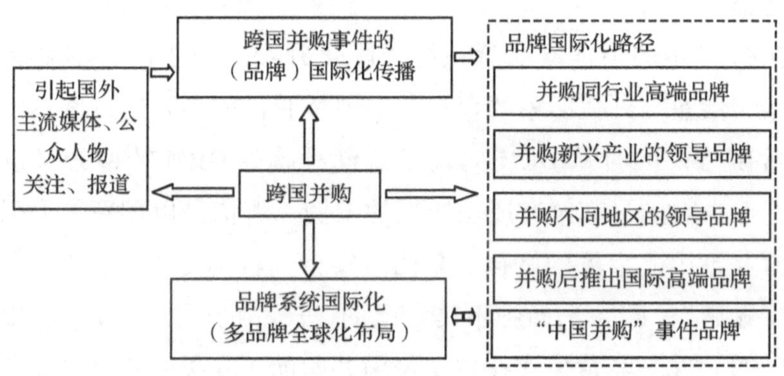

图7-1 跨国并购视角品牌系统国际化的路径模型

实践表明，跨国并购活动以事件传播——“让外国人讲中国故事”的方式能够带来良好的品牌国际化传播效果等；通过跨国并购同行业高端品牌及相关联行业新兴产业的领导品牌等方式，能够实现品牌系统国际化升级；跨国并购不同国家或地区市场的领导品牌、新推出国际高端品牌等方式可以解决多品牌全球化布局问题。“中国并购”作为一个事件品牌、一种国家形象的国际存在，其背后有着特定的商业逻辑，对中国品牌走出去有着一定的帮助。

（四）“中国并购”下的品牌系统国际化策略

努力实施“让外国人讲中国故事”的国际化品牌传播策略。新闻媒体为了迎合公众猎奇心理，一般喜欢报道冲击社会常识的事件，中国企业开展“蛇吞象”“小吃大”类型跨国并购在一定程度上冲击了西方的社会认知，其中差距越大冲击力越强，新闻媒体更会争相主动报道。同时发起并购次数越多，新闻报道、品牌传播的次数就会越多；被并购品牌知名度越大，其溢出效应越高，并购事件的传播范围越广。因此，中国企业在开展跨国并购活动中，要努力处理好与国外新闻媒体、公众人物的公共关系，争取引导它们开展积极且正面报道，传播好“中国并购”的事件、故事，实现有效的国际化品牌传播。

在跨国并购中推动品牌系统国际化升级。由于国外消费者对中国产品“低廉”刻板印象的存在，中国企业自创品牌走进发达国家市场非常困难；同时从 OEM 向基于自创品牌的 OBM 转型升级也非常困难，至少中国目前鲜有成功转型的案例。哪怕是以创新能力强著称于全球儿童用品市场的好孩子集团，实行其自称 OPM 模式：“研发＋制造＋贴牌”，即除了品牌不是自己的，产品的研发、设计、生产都是自己的，这一经营模式让它（跨国并购前）在美国市场占据 55.1% 的份额，在欧洲占据 24.1% 份额。且当它试图推出自创品牌时也是困难重重，最后选择跨国并购方式构建品牌国际化系统布局全球市场。专业化企业在跨国并购中实现品牌国际化升级路径，主要有收购同一领域中的高端品牌，提升整个国际化品牌系统；或收购同一行业中拥有更高附加值产品的企业，实现产品结构高级化带动品牌系统升级。

在跨国并购中“落款品牌”策略运用。在跨国并购中，被并购企业对并购者存在选择，它们不仅希望卖个“好价钱”，也希望卖个“好婆家”，这个“婆家”值得市场与同行“尊敬”，有能力把并购品牌经营好。尽管如此，为防止“蛇吞象”式跨国并购导致消费者的认知失调，中国企业不断摸索应对策略，部分企业选择淡化并购者的中国身份。不过一些领导性企业会制定出清晰的品牌架构和品牌组合策略，明确被并购品牌在当地市场的驱动作用，自创品牌作为“落款品牌”跟随被并购品牌一同出现公众面前，如海尔并购 GE 家电时的宣传海报为“GE APPLIANCES A Haier Company”（GEA，一家海尔的公司），安迪苏的品牌标识为“ADISSEO A Bluestar Company”（ADISSEO，一家蓝星公司），埃肯的品牌标识为“Elkem A Bluestar Company”（Elkem，一家蓝星公司），等等。“落款品牌”策略对跨国并购中的中国企业来说，应该将其作为一项在较长时间内必须坚持的策略，这里有两个主要原因：一是“落款品牌”可以借助被并购品牌提供传播面和知名度；二是因为成熟优秀的品牌具有独立存在性，也正因为它的独立存在性，所以很多品牌几易其手仍能经久不衰，比如奔驰、沃尔沃等，这样就可以防止被并购品牌未来脱离品牌系统时自创品牌还没有建立起足够的国际化知名度的现象发生。

三、“中国并购”变迁下中国制造业品牌国际化路径的突破

（一）“中国并购”事件品牌内涵的变化

国际形势变化可能将会引发“中国并购”事件品牌发生变化。近年来，大规模的“中国并购”牵动着全球政治经济领域的神经，美国政府对来自中国企业的并购、投资变得非常敏感和严苛，诸多赴美收购交易在 CFIUS 国家安全审查下频频受阻，2017 年以来狙击的力度更是加大；欧盟主要国家频频发声，密切关注中国企业并购，2018 年更是出台限制政策。在这一背景下，中国企业赴发达国家开展“蛇吞象”跨国并购的规模在未来发生可能会有所缩小。中国市场强大的吸引力也是那些大企业愿意委身于中国企业的一个重要原因，然而随

着中国经济放缓，这一吸引力将会有所减弱。中国企业也可能在攻城拔寨中获得发展以后，不再采用“蛇吞象”而改用“大吃小”并购方式，像华为那样。形势的变迁、环境的变化，将可能促使“中国并购”的品牌内涵和表现形式发生变化。

（二）“大吃小”式并购可能会成为“中国并购”的一个发展方向

与很多企业不同，华为并不依靠跨国并购实现品牌（系统）的国际化，而是依靠持续的产品研发高投入、过硬的产品质量、遍布全球的营销网络，以及强大的扩张意志与定力等而取得成功。华为的跨国并购也不像中国很多企业“蛇吞象”式并购，而是有其自有的特点：①并购对象以技术见长的中小企业为主，兼并而来的企业是华为公司业务领域的技术补充或完善；这一点非常不同于一些企业以获取品牌或市场为目的的跨国并购。②被并购企业以加入华为公司这个“大家庭”为荣。比如华为公司的第一次跨国并购就是因为对方提出倾销诉讼后，并要求华为公司将其并购。这大大降低了并购谈判的时间成本。因此，华为的跨国并购活动对被并购而言，它是一项富有吸引力的事件，同时，并购整合的难度更小，成功率更高。随着中国企业内生能力增强，产品的高科技含量增多，国际化运营能力提升，华为（“大吃小”）式跨国并购可能会成为“中国并购”今后的一个发展方向。

（三）国家形象提升将助力“中国制造”企业品牌国际化

“中国并购”是中国企业因应时局巨变而出现的，是时代的产物。在跨国并购中，中国企业实力得到增强，品牌国际化水平得到提升。随着国际局势变化，特别是“逆全球化”现象来袭，中国企业需要思考“中国并购”难以再用作品牌国际化路径优先项时的路径选择。不过，近些年来中国的实力和面临的环境也出现了一些令人欣喜的变化：一是国家形象好感度（满分 10 分）。在国际上稳中有升，

2016—2017年达到历史最高值，发展中国家达6.9分、发达国家达5.6分；二是部分产业已在技术的制高点上具备与发达国家企业展开竞争的实力。如中国高铁、中国桥梁等；三是在部分新兴产业领域，中国企业与发达国家处在同一起跑线上。如互联网应用、新能源汽车等，又如据2018年8月德国咨询机构罗兰贝格（RolandBerger）和汽车研究机构fka从技术、产业和市场等方面开展的全球纯电动车竞争力调查中，中国排在首位，其中比亚迪纯电动大客车已连续多年稳居全球第一。

中国产品高科技含量增加、产品质量提升并获得发达国家市场认可，有助于提升中国的整个国家形象，改变发达国家消费者对中国产品的刻板印象。同时，中国国家形象提升对中国产品以自创品牌走进发达国家市场也有极大的帮助，这两者相辅相成，相互促进。因此，在国家形象提升到一定层次以及产业技术占领制高点以后，中国企业品牌国际化路径将更趋多样性，更为多元化。

参考文献

[1] Freeman R E. Strategic management: A stakeholder approach [M]. Pitman Publishing, London, 1984.

[2] Olins W. Corporate identity[M]. Thames & Hudson, London, 1989.

[3] Aaker D. Managing brand equity: Capitalizing on the value of a brand name [M]. Free Press, New York, 1991.

[4] Keller, Kevin Lane. Conceptualizing, measuring, and managing customer—based brand equity [J]. Journal of Marketing, 1993, 57(1): 1-22.

[5] Levitt T. The globalization of markets [J]. Harvard Business Review, 1993, 61(3): 92–102.

[6] Park C S,Srinivasan V. A survey-based method for measuring and understanding brand equity and its extendibility [J]. Journal of Marketing Research, 1994, 31(2): 271-288.

[7] Winkler A. Warp-speed branding: The impact of technology on marketing [M]. New Jersey John Wiley & Sons Incorporated, 1999.

[8] Aaker D A, Joachimsthaler E. The brand relationship spectrum: The key to the brand architecture challenge[J]. California Management Review, 2000, 42(4): 8-23.

[9] Keller, Kevin Lane. Building customer-based brand equity: A blue-print for creating strong brands [J]. Marketing Management, 2001, 10 (7/8): 15-19.

[10] Michael Petromilli, Dan Morrison, Michael Million. Brand architecture: Building brand portfolio value[J]. Strategy & Leadership, 2002, 30(5): 22-28.

[11] Rao V, Agarwal M and Dahlhoff D. How is manifest brand strategy related to the intangible value of a corporation? [J]. Journal of Marketing, 2004, 68(4): 126-141.

[12] Cheng M S, Blankson C, Wu P C S, et al. A stage model of international brand development: The perspectives of manufacturers from two newly industrialized economies——South Korea and Taiwan [J]. Industrial Marketing Management, 2005, 34(5): 504-514.

[13] Etteson R, Knowles J. Merging the brands and branding the merger [J]. Mit Sloan Management Review, 2006, 47(4): 39-49.

[14] Gylling C, Kristi L R. Investigating the links between a corporate brand and a customer brand [J]. Brand Management, 2006, 13(4/5): 257-267.

[15] Eisenhardt K M, Graebner M E. Theory building from cases: Opportunities and challenges[J]. Academy of Management Journal, 2007, 50(1): 25-32.

[16] Chailan C. Brand architecture and brands portfolio: A clarification [J]. Euromed Journal of Business, 2009, 4(2): 173-184.

[17] Muzellec L. and Lambkin M. Corporate branding and brand architecture: A conceptual framework [J]. Marketing Theory, 2009, 9(1): 39-54.

[18] http: //www. commondreams. org/newswire/2009/05/11-10.

[19] Saraniemi S, Juntunen M, Niemelä T, et al. Internal elements influencing the corporate brand equity of small firms[C]. 6th Thought Leaders of Brand Management Conference. 2010, 18(20. 4).

[20] Dawn McCarty and Michael Bathon. HMX acquisition files to sell

assets to authentic brands[N]. Bloomberg, October 19, 2012.

[21] Keller K L. Strategic brand management (4th Edition)[M]. New Jersey: Prentice Hall, 2012.

[22] Philip Kotler, Kevin Lane Keller. Marketing management (14th Edition) New Jersey: Prentice Hall, 2012.

[23] Kapferer J N. The new strategic brand management(5th Edition) [M]. London: Kogan Page, 2012.

[24] Yin R K. Applications of case study research [M]. London: Sage Publications, 2012.

[25] Keller Kevin Lane. Strategic brand management (4th Edition) [M]. New Jersey: Prentice Hall, 2013.

[26] Datzira-Masip J, Poluzzi A. Brand architecture management: The case of four tourist destinations in Catalonia [J]. Journal of Destination Marketing & Management, 2014, 3(1): 48-58.

[27] Roy S, Sarkar S. To brand or to rebrand: Investigating the effects of rebranding on brand equity and consumer attitudes [J]. Journal of Brand Management, 2015, 22(4): 340-360.

[28] Aria Hughes. David Hart for Hart Schaffner Marx Men's RTW Spring 2017[N]. Women’s Wear Daily, July 14, 2016.

[29] Rao-Nicholson R, Khan Z. Standardization versus adaptation of global marketing strategies in emerging market cross-border acquisitions [J]. International Marketing Review, 2017, 34(1).

[30] Per Asber. A dualistic view of brand portfolios: The company's versus the customers' view [J]. Journal of Consumer Marketing, 2018, 35(3): 264-276.

[31] 谌飞龙 . 品牌系统角色解构下品牌资产价值评估研究 [M]. 北京：中国财政经济出版社 , 2016.

[32] 陈放 . 品牌学 —— 中国品牌实战原理 [M]. 北京：时事出版社，2002.

[33] 于春玲，赵平．品牌资产及其测量中的概念解析 [J]. 南开管理评论，2003，6（1）：10-13.

[34] 唐任伍，董杰．西方并购动因与并购效应理论的发展 [J]. 经济学动态，2003（2）：61-65.

[35] 许婕．OBM 杉杉 雅戈尔：十年成长路 殊途何以同归？[J]. 中国服装：北京，2003（15）：62-65.

[36] 江萍，季红．海尔：国际化的先行者 [J]. 经济导刊，2004（7）：22-34.

[37] 李超，崔海燕．华为国际化调查报告 [J]. IT 时代周刊，2004（18）：24-38.

[38] Aaker. 品牌组合战略 [M]. 雷丽华，译．北京：中国劳动社会保障出版社，2005.

[39] 任荣，邓荣霖．跨国公司对华品牌扩张模式 [J]. 改革，2005（10）：68-75.

[40] 原永丹，董大海，刘瑞明，等．品牌联合的研究进展 [J]. 管理学报，2007，4（2）：243-248.

[41] 吴友富，章玉贵．中国自主品牌制造业的品牌升级路径 [J]. 上海管理科学，2008,30（2）：9-12.

[42] 苏华，肖坤梅．雅戈尔收购新马集团 中国服装品牌海外并购第一案 [J]. 中国品牌与防伪，2008（3）：38-40.

[43] 张黎明，胡豪．企业品牌位移：实现品牌升级的战略路径 [J]. 四川大学学报：哲学社会科学版，2008（5）：30-33.

[44] 陶海青．雅戈尔海外并购六个月 [N]. 财经时报，2008-06-27（D01）.

[45] 韩中和．品牌国际化研究述评 [J]. 外国经济与管理，2008，30（12）：32-38.

[46] 刘红艳，王海忠，郑毓煌．微小属性对品牌评价的放大效应 [J]. 中国工业经济，2008（12）：103-112.

[47] 王海忠，陈增祥，尹露．公司信息的纵向与横向溢出效应：公司品牌与产品品牌组合视角 [J]. 南开管理评论，2009（1）：84-89.

[48] 周胜，段淳林．中小企业品牌升级的内外驱动力研究 [J]. 黑龙江社会科学，2009（2）：75-77.

[49] 陆娟，吴芳，张轶．品牌联合研究：综述与构想 [J]. 商业经济与管理，2009（3）：90-96.

[50] 陈益锋．中国化工："和而不同"的海外并购 [J]. 化工管理，2009（4）：11-13.

[51] 许娟娟，付雅莲．品牌架构类型分析：公司品牌和产品品牌的结构性关系 [J]. 现代管理科学，2009（8）：62-64.

[52] 罗伯特·K. 殷．案例研究：设计与方法 [M]. 第 3 版．重庆：重庆大学出版社，2009.

[53] 卫海英，姚作为，梁彦明．基于企业—顾客—利益相关者三方互动的服务品牌资产研究：一个分析框架 [J]. 暨南学报：哲学社会科学版，2010，32（1）：79-83.

[54] 张锐，张燚，周敏．论品牌的内涵与外延 [J]. 管理学报，2010，7（1）：147-158.

[55] 李梅，吴松．创造性资产寻求型跨国并购的经济效应——基于雅戈尔收购美国新马集团的案例分析 [J]. 经济管理，2010（4）：56-63.

[56] 杨志忠．品牌升级的核心逻辑 [J]. 销售与市场：管理版，2010（5）：68-69.

[57] 周全，侯乐．好孩子：隐形冠军的品牌谋略 [J]. 销售与市场：评论版，2010（6）：50-53.

[58] 杨桂菊．代工企业转型升级：演进路径的理论模型——基于 3 家本土企业的案例研究 [J]. 管理世界，2010（6）：132-142.

[59] 张敏，武齐．发展中国家企业品牌国际化路径分析——来自韩国的启示 [J]. 国际贸易问题，2010（10）：52-56.

[60] 王分棉，林汉川．国际品牌：一个新的概念框架及实证分析 [J]. 中国工业经济，2011（5）：129-138.

[61] 谌飞龙．考虑品牌延伸“强化—稀释”效应的品牌价值计量模型与实证研究 [J]. 财贸经济，2011（7）：84-90.

[62] 肖明超．中国品牌的国际化传播困境与出路 [J]. 广告大观：综合版，2011（7）：147.

[63] 张辉，白长虹，郝胜宇．品牌资产管理新视角——基于员工的品牌资产研究述评 [J]. 外国经济与管理，2011（9）：34-42.

[64] 唐润华，刘滢．媒体国际传播能力评估体系的核心指标 [J]. 对外传播，2011（11）：6-9.

[65] 徐颖，殷娟娟，李远远．基于利益相关者视角的品牌资产概念及评价模型 [J]. 吉林大学社会科学学报，2012（2）：137-142.

[66] 袁文华，孙曰瑶．品牌授权的经济分析——基于米老鼠的授权案例分析 [J]. 南京财经大学学报，2012(2)：71-76.

[67] 郭锐，陶岚，汪涛，等．民族品牌跨国并购后的品牌战略研究——弱势品牌视角 [J]. 南开管理评论，2012，15（3）：42-50.

[68] 王红君，刘进平．基于利益相关者价值承诺的企业品牌管理模式创新 [J]. 企业经济，2012（5）：11-14.

[69] Travyn Rhall. 中国品牌国际化进程 [J]. 中国广告，2012（6）：121-123.

[70] 于春玲，李飞，薛镭，等．中国情境下成功品牌延伸影响因素的案例研究 [J]. 管理世界，2012(6)：147-162.

[71] 郑成凤．中国企业海外并购经济效果研究——以雅戈尔收购美国新马集团为例 [J]. 经济研究导刊，2012（28）：62-64.

[72] 刘胜军．中国品牌全球化——障碍、路径与最佳实践 [J]. 中国广告，2012（10）：100-101.

[73] David A Aaker. 创建强势品牌 [M]. 李兆丰，译．北京：机械工业出版社，2012.

[74] David A，Erich Joachimsthaler. 品牌领导 [M]. 耿帅，译 . 北京：机械工业出版社，2012.

[75] David A，吴进操 . 品牌领导 [M]. 常小虹，译 . 北京：机械工业出版社，2012.

[76] 陈昊 . 中国企业对法国直接投资研究 —— 以蓝星集团的跨国并购为例 [D]. 北京：对外经济贸易大学，2012.

[77] Sylvie Laforet. 现代品牌管理 [M]. 周志民，等译 . 北京：中国人民大学出版社，2012.

[78] 谌飞龙 . 品牌运作与管理 [M]. 北京：经济管理出版社，2012.

[79] 吴先明 . 我国企业跨国并购中的逆向知识转移 [J]. 经济管理，2013（1）：57-69.

[80] 张婧，邓卉 . 品牌价值共创的关键维度及其对顾客认知与品牌绩效的影响：产业服务情境的实证研究 [J]. 南开管理评论，2013，16（2）：104-115.

[81] 戴翔，张雨 . 开放条件下我国本土企业升级能力的影响因素研究 —— 基于昆山制造业企业问卷的分析 [J]. 经济学（季刊），2013，12（4）：1387-1412.

[82] 曾光安 . 柳工：从海外营销到投资并购 [J]. 清华管理评论，2013（4）：24-32.

[83] 王星桥 . 意大利：海尔品牌举足轻重 [N]. 经济参考报，2013-10-08（006）.

[84] 沈志渔 . 中国企业战略管理案例 [M]. 北京：经济管理出版社，2013.

[85] 王海忠 . 重构世界品牌版图 [M]. 北京：北京大学出版社，2013.

[86] 张松林，程瑶，唐国华 . 零售业品牌升级的“大国优势” —— 基于大国国家价值链与全球价值链的比较分析 [J]. 学习与实践，2014（1）：55-65.

[87] 李自杰，梁屿汀，李卓璠 . 跨国并购中的知识转移 —— 沈阳机床并购德国希斯的案例研究 [J]. 对外经济贸易大学学报：国际商务，2014（1）：14-22.

[88] 吴先明，杨兴锐．跨国并购与企业价值：资产寻求视角 [J]. 经济管理，2014（1）：45-55.

[89] 杨军敏，徐波．不同文化模式对跨国并购知识转移的影响作用研究 [J]. 上海对外经贸大学学报，2014（1）：50-58.

[90] 杨光玉，王海忠．中国企业品牌国际化升级路径研究——从品牌机制角度探究国际化品牌长青基因 [J]. 科技进步与对策，2014（3）：98-102.

[91] 吴东英．全球化与品牌传播的多元文化整合——以汽车品牌广告诉求设计为例 [J]. 西安交通大学学报：社会科学版，2014，34（3）：57-62.

[92] 刘云华．红帮裁缝推动宁波现代服装产业转型升级的模式研究 [J]. 宁波大学学报：人文科学版，2014（3）：94-97.

[93] 白长虹，刘春华．基于扎根理论的海尔、华为公司国际化战略案例相似性对比研究 [J]. 科研管理，2014，35（3）：99-107.

[94] 吴先明，苏志文．将跨国并购作为技术追赶的杠杆：动态能力视角 [J]. 管理世界，2014（4）：146-164.

[95] 侯立松，刘永新，张燚．品牌与利益相关者的互动机理和互动模式研究 [J]. 云南财经大学学报，2014（6）：36-43.

[96] 李桂华，黄磊，卢宏亮．要素品牌化研究进展述评 [J]. 外国经济与管理，2014，36（6）：42-50.

[97] 李杰，孙立本，陆雄杰，等．中国自主品牌发展路径探究——破解中国自主品牌的“国内化陷阱”[J]. 上海管理科学，2014，36（6）：55-59.

[98] 谌飞龙，龚艳萍．我国品牌发展格局分布及其内在产业协调性分析——基于 Interbrand 和 BrandZ 品牌价值榜的比较 [J]. 兰州学刊，2014（7）：156-163.

[99] 王兴元．品牌生态学科发展趋势及其应用 [J]. 企业经济，2014（7）：5-8.

[100] 张红明，杨晓燕．中国企业跨国品牌收购——模式与路径研究 [J]. 国际经贸探索，2014，30（8）：107-116.

[101] 张红霞，高宏志．与消费者共创品牌价值——利用社交媒体实现品牌价值共享与内化 [J]. 北大商业评论，2014（10）：60-67.

[102] 姚作为．品牌社会责任及其对可持续发展的影响 [J]. 科技和产业，2014，14（11）：27-32.

[103] 蒋汶峻，王振全．全球化视角下的跨国并购及其对中国企业的影响 [J]. 经济研究导刊，2014（35）：18-20.

[104] 汝毅，吕萍．绿地投资和跨国并购的绩效动态比较——基于制度理论和组织学习双重视角 [J]. 经济管理，2014（12）：146-156.

[105] 王海忠．高级品牌管理 [M]. 北京：清华大学出版社，2014.

[106] Kevin Lane Keller. 战略品牌管理 [M]. 第 4 版．吴水龙，何云，译．北京：中国人民大学出版社，2014.

[107] 张明立，任淑霞．品牌管理 [M]. 2 版．北京：北京交通大学出版社，清华大学出版社，2014.

[108] 谌飞龙．企业品牌复杂系统存在的角色论解构 [J]. 江西社会科学，2015，35（2）：217-224.

[109] 罗顺均．企业吸收能力对“引智”学习的影响研究——珠江钢琴纵向案例研究 [J]. 科学学与科学技术管理，2015，36（2）：122-131.

[110] 赵寰．中国企业品牌国际化的传播历程及发展路径探析 [J]. 渤海大学学报：哲学社会科学版，2015，37（2）：133-137.

[111] 姚鹏，王新新，靳代平．“蛇吞象”式并购条件下的品牌管理研究述评与展望 [J]. 外国经济与管理，2015，37（2）：51-58+68.

[112] 孙振源，高桂英，杨国涛．浅析我国母婴用品原产地品牌国际化的挑战与出路 [J]. 宁夏大学学报：人文社会科学版，2015，37（3）：152-155.

[113] 陆亚东，孙金云，武亚军．“合”理论——基于东方文化背景的战略理论新范式 [J]. 外国经济与管理，2015，37（6）：3-25+38.

[114] 杨桂菊，李斌．获得式学习、非研发创新行为与代工企业品牌升级——基于三星电子的探索性案例研究 [J]. 软科学，2015（8）：25-28.

[115] 罗顺均，李田，刘富先．后发追赶背景下“引智”学习促进企业升级的机制研究——基于珠江钢琴 1987—2013 年嵌套式纵向案例分析 [J]. 管理世界，2015（10）：144-159+188.

[116] 杨桂菊，李斌．代工企业品牌升级的 5W-1H（360 度）创新模型 [J]. 科学学研究，2015，33（11）：1749-1759.

[117] 丁利剑，何佳讯．中国企业跨国品牌并购战略：决策框架与建议 [J]. 华东师范大学学报：哲学社会科学版，2016，48（2）：136-145.

[118] 董海伟．论国家旅游目的地营销的品牌架构——印度的实践与借鉴 [J]. 地域研究与开发，2016，35（2）：91-95.

[119] 朱汉祺．中国民营企业海外并购的公共外交视角分析——以华为为例 [J]. 公共外交季刊，2016（3）：25-31.

[120] 吴先明．我国企业知识寻求型海外并购与创新绩效 [J]. 管理工程学报，2016，30（3）：54-62.

[121] 张婧，蒋艳新．产业服务企业品牌导向对品牌资产的影响机制研究 [J]. 管理评论，2016，28（3）：184-195.

[122] 张辉，牛振邦，张新圣．酒店品牌资产述评：兼论基于员工的品牌资产的管理 [J]. 旅游学刊，2016，31（3）：70-78.

[123] 苟德培．助力“走出去”发展：跨国并购与文化传播双轮驱动 [J]. 对外传播，2016（3）：28-30.

[124] 乔宇．中国互联网品牌国际化的劣势与机遇 [J]. 华东经济管理，2016，30（6）：47-53.

[125] 苏钺．西王食品：收购海外保健品牌，打造健康食品专

家 [R]. 安信证券研究报告，2016-10-19.

[126] 程聪，贾良定 . 我国企业跨国并购驱动机制研究 —— 基于清晰集的定性比较分析 [J]. 南开管理评论，2016，19（6）：113-121.

[127] 常理 . 好孩子：用世界资源做中国市场 [N]. 经济日报，2016-08-23（010）.

[128] 严凯，贾睿 .“好孩子”宋郑还 [J]. 中国企业家，2016（18）：53-59.

[129] 杨光，史亚娟，庄文静 . 梁海山：海尔整合 GEA 的“协同逻辑”[J]. 中外管理，2016（10）：44-47.

[130] 史亚娟 . 凭什么拿下 GE 家电？—— 海尔 -GE“兄弟联盟”诞生记 [J]. 中外管理，2016（10）：32-43.

[131] 吕进玉 . 婴儿车霸主宋郑还 [N]. 第一财经日报，2016-10-26（A10）.

[132] 钟超 . 用创新、品质和标准打造的“好孩子”[N]. 光明日报，2016-12-02（001）.

[133] 黄燕 . 海尔真的需要 GE 吗？[J]. 中国企业家，2016（z1）：98-102.

[134] 吴漪，何佳讯 . 全球品牌资产：概念、测量与影响因素 [J]. 外国经济与管理，2017，39（1）：29-41.

[135] 王娟，张勇，张景云 . 中国品牌国际化：中国中车如何融入印度市场 [J]. 公关世界，2017（1）：70-73.

[136] 牟宇鹏，汪涛，周玲 . 外来者劣势下企业的国际化战略选择：基于制度理论的视角 [J]. 经济与管理研究，2017，38（1）：119-130.

[137] 刘博，朱竑 . 跨地方品牌升级的影响因素与路径 ——ZARA 广州案例 [J]. 地理研究，2017，36（2）：281-293.

[138] 陶勇 . 华为国际化熵变史 [J]. 经理人，2017（3）：26-37.

[139] 宋耘，王婕 . 企业能力对企业自主品牌升级的影响研究 —— 基于广东省制造业企业的调查分析 [J]. 广东财经大学学报，2017（3）：85-98.

[140] 金源，李东红，金占明 . 社会资本在跨国并购逆向知识转移中的作用 —— 以中国化工并购法国安迪苏为例 [J]. 国际经济合作，2017（3）：57-62.

[141] 刘肖．国际传播力：评估指标构建与传播效力提升路径分析 [J]. 江淮论坛，2017，284（4）：172-177.

[142] 杨桂菊，程兆谦，侯丽敏，等．代工企业转型升级的多元路径研究 [J]. 管理科学，2017，30（4）：124-138.

[143] 郭光华．我国新闻媒体国际传播能力评估体系研究 [J]. 湖南师范大学社会科学学报，2017，46（4）：147-151.

[144] 韩哲．从“中国制造”“中国资本”到“中国品牌” [N]. 北京商报，2017-05-11（002）.

[145] 赵磊．企业要“走出去”“走进去”“走上去” [N]. 经济日报，2017-05-14（008）.

[146] 许晖，单宇，冯永春．新兴经济体跨国企业研发国际化过程中技术知识如何流动？——基于华为公司的案例研究 [J]. 管理案例研究与评论，2017，10（5）：433-448.

[147] 李锋，鲍捷．当斐雪派克搭上“海尔巨轮” [N]. 人民日报，2017-05-21（A03）.

[148] 王晓玉，汪俊．跨国并购对本土品牌国际化形象的提升效应 [J]. 软科学，2017，31（6）：129-133.

[149] 王中美．宋郑还：一位乡镇老师的经商之路 [J]. 商业观察，2017（Z1）：38-41.

[150] 冯芸清，重华．央企“并购王”10 年海外融合路 [N]. 第一财经日报，2017-07-11（A09）.

[151] 贾培煜．中国企业参与跨国并购的发展态势与形势研判——基于中国“走出去”战略的实践 [J]. 对外经贸实务，2017（7）：77-80.

[152] 孙斌．组织忘记、知识整合能力对跨国并购知识转移绩效的影响研究 [D]. 长春：吉林大学，2017.

[153] 陈国兴．430 亿！直挂云帆济沧海——中国化工收购先正达的前前后后 [J]. 中国石油和化工，2017（7）：12-17.

[154] 方远．品牌升级大战，为何在电梯里打响？[J]. 销售与市场：管理版，2017（7）：74-77.

[155] 李梦军，欧阳辉．华为美国并购得与失 [EB/OL]. 财新网，2017-7-25.

[156] 长江．珠江钢琴："全球最大"的国际化之旅 [J]. 国际品牌观察，2017（8）：58-61.

[157] 昆联文．"好孩子"是如何长大的 [N]. 中华工商时报，2017-08-16（008）.

[158] 张敏．好孩子布局全球孕婴童生态圈 [N]. 国际商报，2017-10-06（A08）.

[159] Elliott Zaagman. 联想和华为，一个"巨亏"、一个"称王"为何在海外，却是不同印象 [EB/OL]. 虎嗅网，2017-09-19.

[160] 刘志强．中国的跨国公司什么样？[J]. 中国经济周刊，2017（19）：34-36.

[161] 陈莉．品牌国际化，海尔在路上 [J]. 电器，2017（10）：44-46.

[162] 陈伟权．消费者主权时代，品牌传播的升级套路 [J]. 销售与市场：管理版，2017（9）：87-89.

[163] 黄升民，张驰．传播能力：中国品牌升级的关键能力 [J]. 中国广告，2017（10）：126-129.

[164] 王媛媛．西王集团：从村子里走出来的国际大品牌 [J]. 走向世界，2017（15）：56-59.

[165] 潘秋玥，杨洋，魏江，等．中国企业创新国际化的三种模式 [J]. 清华管理评论，2017（7）：60-64.

[166] 国家发展改革委，商务部，人民银行，外交部．关于进一步引导和规范境外投资方向的指导意见（国办发〔2017〕74 号）[Z]. 2017-08-04.

[167] 邓兴华，梁正，林洲钰．全球价值链视角下的品牌国际化与出口：基于海外商标的实证分析 [J]. 世界经济研究，2017（9）：87-101.

[168] 刘文纲．跨国并购中的品牌整合研究 [M]. 北京：经济科学出版社，2017.

[169] 胡军华．只要品牌不要工厂 李如成披露雅戈尔收购美国品牌内幕 [EB/OL]//. http：//www.yicai.com/news/5356897.html，2017-10-18.

[170] 李平，杨政银．"第二故乡"战略："一带一路"格局下的企业转型模式 [J]. 商业评论，2017（12）.

[171] 丁利剑．跨国品牌并购有效性感知对基于员工品牌资产的影响机制研究 [D]. 武汉：华东师范大学，2017.

[172] 王政．整合国际资源 持续技术创新，吉利——从民营小企业到全球大集团 [N]. 人民日报，2018-02-23（A02）.

[173] 张树成，徐永明．不忘初心创名牌 老区精神谱新篇——好孩子集团创建全球孕婴童产业生态圈 [J]. 上海农村经济，2018（2）：45-47.

[174] 孙冰．新国货出海：为世界人民造手机 [J]. 中国经济周刊，2018（z1）：58-60.

[175] 王辉耀．中企对外投资：回归理性塑造新格局 [N]. 云南经济日报，2018-03-05（B03）.

[176] 李知政，尤畅．雅戈尔：不再重复昨天的故事 [N]. 浙江日报，2018-03-20（008）.

[177] 刘国民．民营企业全球化各显神通 [N]. 中国贸易报，2018-04-19（003）.

[178] 李淼，邓兴华．高标准国际投资规则能否推动品牌国际化——基于投资协定异质性的实证研究 [J]. 国际经济合作，2018（4）：20-29.

[179] 许景南．匹克集团的国际化战略 [N]. 中国贸易报，2018-05-24（A7）.

[180] 吴先明，高厚宾，邵福泽．当后发企业接近技术创新的前沿：国际化的"跳板作用" [J]. 管理评论，2018，30（6）：40-54.

[181] 王晔 . 国有企业与民营企业跨国并购的动因与比较 [J]. 商业经济研究，2018（8）：101-105.

[182] 苏敬勤，刘静 . 案例研究规范性视角下二手数据可靠性研究 [J]. 管理学报，2013，10（10）：1405-1409+1418.

[183] 许晖，许守任，王睿智 . 网络嵌入、组织学习与资源承诺的协同演进——基于 3 家外贸企业转型的案例研究 [J]. 管理世界，2013（10）：142-155.

[184] 李敏 . 中国品牌国际化：中国中车深度进入国际市场 [J]. 跨文化管理，2017（02）：8-15.

[185] 谢洪明，章俨，刘洋，等 . 新兴经济体企业连续跨国并购中的价值创造：均胜集团的案例 [J]. 管理世界，2019（5）：161-178.